浙江大学管理学院院史

（第一卷）

魏江　朱原　编

2020版

图书在版编目（CIP）数据

浙江大学管理学院院史. 第一卷 / 魏江，朱原编. —杭州：浙江大学出版社，2020.10
ISBN 978-7-308-20651-8

Ⅰ.①浙… Ⅱ.①魏… ②朱… Ⅲ.①浙江大学管理学院—校史 Ⅳ.①G649.285.51

中国版本图书馆 CIP 数据核字(2020)第 193051 号

浙江大学管理学院院史(第一卷)
魏 江 朱 原 编

策划编辑 吴伟伟
责任编辑 钱济平 陈佩钰
责任校对 许艺涛 郭琳琳
封面设计 应佳佳
出版发行 浙江大学出版社
(杭州市天目山路 148 号 邮政编码 310007)
(网址：http://www.zjupress.com)
排　　版 杭州中大图文设计有限公司
印　　刷 浙江省邮电印刷股份有限公司
开　　本 710mm×1000mm 1/16
印　　张 22.5
字　　数 416 千
版 印 次 2020 年 10 月第 1 版 2020 年 10 月第 1 次印刷
书　　号 ISBN 978-7-308-20651-8
定　　价 68.00 元

序

古人云："鉴前世之兴衰，考当今之得失。"在迎接浙江大学管理学院建院40周年之际，我校管理学院组织力量，回顾总结过去，展望更美好灿烂的未来，即为创建世界一流大学、一流管理学院而努力奋斗。这是一件很有意义的工作。

浙江大学是一所综合性大学，早在20世纪50年代就设有管理学科。1956年，浙江大学工程经济教研组的成立，标志着浙江当代管理学科教育的发端。而浙大管理学院的构成更复杂，发展更曲折。就其大方面而言，主要表现在以下两个方面：从纵向时间来看，它先后经历了专业分化、分支复归这样分分合合的过程；而就横向空间来看，它在发展的过程中同时整合了原浙江大学工商管理学院、原杭州大学管理学院、原杭州大学旅游学院、原杭州大学决策优化所、原浙江农业大学经济贸易学院等，最后诸流汇聚，于1998年融入新成立的浙江大学而发展成为现在的浙江大学管理学院。如果从1956年工程经济教研组成立算起，浙大管院已历春秋70余载；倘若将1980年学校正式批准成立浙江大学科学管理系（筹）视作当代意义上的浙大管院的源头，那么它迄今已走过40多年的历史。

追忆过往，春华秋实。管理学院先辈们筚路蓝缕、艰辛创业和发展的历史，是一笔宝贵的精神财富，也是浙江大学校史中的璀璨篇章。四校合并后，管理学院的各项工作获得长足发展，并与时俱进、逐步形成21世纪新的优势和特色。我们今天的办学成绩，都是在前人筑就的基础上取得的。管理学科的发展史从侧面展示了浙大人求是创新的风采，是在新时期更好地弘扬求是精神。

编写院史也是构建和谐学院文化的重要部分。通过总结、宣传历史上的杰出人物、感人事件，展示不同时期的价值追求和学术范式，可以进一步增强学院的认同感、向心力和凝聚力。管理学院组织力量编写院史，充分体现了学院领导和广大师生建设和谐学院的追求和决心。

我相信，携历史之雄风，秉求是之精神，在“双一流”建设的历史使命前，管理学院一定会发展得更好，一定会谱写出更加辉煌的历史篇章。

是为序。

（金德水）

2020 年 5 月 20 日

行双廿载致高远

这本院史，意义非凡。

与时俱进，砥砺前行。1978 年党的十一届三中全会开启了改革开放和社会主义现代化的伟大征程。同年，浙江大学从教育部划归中国科学院领导，原属电机系的“工程经济教研组”脱离电机系独立出来，创立“科学管理教研组”，成为直属学校的一级教学机构。1980 年科学管理教研组被学校升格为科学管理系（科管系）。1981 年，浙江大学归属关系从中国科学院再次改属教育部管理，科管系更名为“工业管理工程系”。经学界同仁的奔走呼吁，1985 年国务院学位委员会学科评议组管理学科会议讨论，决定将管理学科提升到第 10 个大门类，肯定了管理学科在改革开放新形势下的重要地位。过去的 40 年，我们学院坚持内涵办学理念，着力特色发展，各个学科齐头并进，筑造了创新型学科高峰，构建了国内一流，具有国际影响力的学科生态。

尽忠尽职，立德树人。1979 年与上海交通大学联合招收第一届管理工程硕士生 20 人（每校 10 人），1980 年接受浙江省委组织部的委托，浙江大学招收经济管理干部专修班学员进行为期 2 年的脱产学习。专修班的生源由省委组织部在本省企业干部中选拔。有不少专修班毕业的学员后来担任了中央、地方党政领导工作，其中任省部级干部的有 2 人。自 1983 年起，工业管理工程系开始招收 4 年制的管理工程本科生。1986 年经国务院学位委员会批准，浙江大学列入第一批“管理科学与工程博士点单位”，并开始招收博士生。历经 40 年的发展，我们学院的学生涵盖全日制本、硕、博、在职研究生、MBA、EMBA 等多个层次，校友规模 6 万余人。他们正在各个岗位为国家的繁荣昌盛贡献自己的力量。

勇立潮头，立言献策。20 世纪 80 年代，经省领导吕祖善的协调，学院开始与邮电部522厂（东方通信的前身）、杭州制氧机厂等本地企业的调研和合作。基于这种扎根企业的深度调研，并结合国情，于1982年提出并传播“技术创新须以企业为主体、产学研三结合”的思想。国家经贸委在“八五”期间推动产学研联合的开发工程和扶持大型企业建立技术中心等工作。90年代初学院倡导推动并积极参与国家技术创新工程启动与实践，长期在一线深入国家技术创新工程试点企业，探索中国特色技术创新管理理论与模式。1995年第一期全国技术创新工程拉开序幕，首先在6个企业中推广，包括海尔集团、方正科技、南京化工、江南造船厂、华北制药、邯郸钢厂，这是技术创新管理首次成为国家层面政策的参考依据。这些只是我们学院恪于行动、立言献策的缩影。总之，过去的40年，我们学院秉持“干在实处、走在前列、勇立潮头”的科研精神，集聚、培养和发展国内外一流学术领军人才和创新团队，不仅创建了植根于中国管理实际问题的重大理论，而且为服务国家和区域重大战略需求、政府治理和企业实践贡献了举足轻重的认知和智慧。

殷殷关切，玉汝于成。纵观管理学院各个历史时期的发展，党中央和学校的领导们都给予了关怀和支持。管理学科的发展初期，被设置在工程类“机械工程”学科（一级学科）的二级学科“机械工程管理”中。在时任国务院学位委员会主任朱镕基的主持下，经1985年6月北京会议讨论，决定将管理学科提升到第10个大门类，肯定了管理学科在改革开放新形势下的重要地位，推动了管理学科的持续大发展。2008年，时任国务院总理温家宝亲自为管理学院农经专业张栋梁等4位同学暑期实践的新农村建设调研报告和充满真情实感的信做了回复。温总理在回信中写道：“大学生开展农村调查是一件很有意义的事，回想60年代我上大学时，几乎每个假期都到农村去，结识了许多农民朋友。在中国不懂农村就不会真正懂国情。对大学生来说，无论将来从事什么工作，了解农村都是不可或缺的一课。”温总理的回信不仅对学生是一种鼓舞，更是对学院各项工作的一种鞭策。而在学校层面，早在1986年，路甬祥校长就明确指出，工程师不懂管理是不行的，他要求全校所有工科专业都要开设管理课程，并要求管理系选派优秀教师在浙江大学顶尖学生组成的混合班（竺可桢学院前身）开设“系统工程与管理”课程。2006年全国高校服务地方发展工作会议在浙江大学召开，校党委书记张曦和校长杨卫邀请出席会议的教育部长和50余位大学党委书记、校长考察参观了王重鸣教授在杭州高新技术开发区创建的“创业教育零距离”基地，学院的创新创业教育获得了参访嘉宾的高度评价。亦是通过此次会议，我们争取到了全国第一家创业管理专业的硕士点和博士点。此外，校党委书记金德水在任职期间，蹲点联系管理工程系教师党支部，和党员教师共议管理学科的发展。校长杨卫在离任后，仍多次以咨询委员身份参加学院国际咨询委员会会议，为学院国际化发展出谋划策。

守正创新，引领未来。我们学院40年的历程，是各届学院党政领导班子在守正创新中薪火相传、继往开来的接力赛。学院原院长王重鸣教授和吴晓波教授与现任院长魏江教授率领党政领导班子和全院师生在人才培养、科学研究、学科建设和社会服务等方面做出了卓越的贡献，管理学院已经形成全国乃至全球有影响力的创新管理等学科，成为引领创新型国家建设的重要研究平台和人才培养基地。我们学院40年的历程，不仅是一个美好的阶段性句点，而且是一个引领未来的新的开始。我们学院将继续锐意改革，拥抱勇于担当、登高望远的理想追求，为早日实现"世界一流的中国管理学院"而持续奋进。借此机会，感谢对我们学院的发展发挥了重要作用的国务院相关领导、国家经贸委相关领导、浙江省相关领导和浙大老校长；感谢社会贤达和各界人士，感谢学院历届党政领导与所有师生。最后，谨向付出了艰辛劳动的院史全体编写人员致以崇高的敬意。

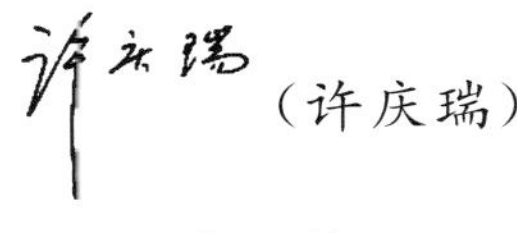（许庆瑞）

2020年5月20日

不管走多远，记住来时路

人生四十始不惑，学院四十正年轻。溯历史长河，浙江大学管理学院成长四十载倏忽一瞬，未来尚百载千载可期；然，观管理学科发展，这四十年则为值得记入史册的四十年，是伴随新中国从富起来到强起来的四十年，是跟随浙江大学走向世界一流的四十年。这四十年进步之迅速，可谓前无古人，也可能后无来者。不管未来走多远，回首来时路，我们细数家珍，我们倍感珍惜，我们充满自豪，因为我们既是这个伟大时代的见证者，也是这段伟大历史的创造者。

自 1979 年招收研究生，1980 年成立科学管理系（筹）以来，管理学院四十载春秋正是国家改革开放、迎头发展、锐意进取的四十年。顺势而为，方能借千钧之力。管理学院于 1986 年获国务院学位办批复成为管理类博士学位授予单位之一；1998 年借四校合并之东风聚合力量更创辉煌，形成了以许庆瑞院士为旗帜，包括浙江省特级专家、浙江大学文科资深教授、教育部长江学者特聘教授、国家杰出青年基金获得者等一大批杰出人才队伍，先后创建国家首个以创新管理研究和教育为使命的国家创新基地，亚洲首个创业管理博士点，国内领先的全球浙商研究平台，全方位探索基于创新创业的管理学“浙大学派”，探索出“以创新为基础的创业”人才培养 IBE 浙大方案。

记录为了不忘初心，记录为了牢记使命！感谢学校领导，学院前辈，社会贤达！综观管院过去四十年之成就，正是一代代求是人接续奋斗的结果！在建院四十周年之际，我们策划编写“浙江大学管理学院院史”，就是希望记录管理学院开创发展的点滴，从立德树人、科学研究、文化传承、服务社会等视角，以梗概之文字和图片，呈现纷繁历史中的岁月积淀，展现浙江大学管理学院之独特品格、独特历史、独特文化。在历史与现实的互相映照中，告诸往而知来者。

新时代，新使命，新担当！浙大管院人承求是创新之精神，秉“三好四一流”之文化，以“双一流”建设学科和高峰学科之依托，团结奋斗，争锋一流！展望未来，我们有信心不辜负全体六万多校友之重托，进一步把学院建设成为引领中国的系统管理教学研究发轫地，创新创业人才培养始航地，全学科链高端人才璀璨地，管理教学国际化开拓地。新时代，重新出发，管院全体师生员工正以为人类贡献浙大管理智慧，培养引领中国发展的健康力量，建设“世界一流的中国管理学院”的使命与愿景，团结奋进，开拓创新，撸起袖子加油干！

岁月著章，继往开来，睹史铭志，以励当下。

（魏　江）

2020 年春节于良渚

目　录
Contents

第一篇　回　顾

第二篇 机 构

第一篇　回　顾

第一章

原浙江大学管理学科发展历程

原浙江大学的管理学科发展，从 1956 年成立工程经济教研组，到 1998 年四校合并前，可分为四个时期：

(1)工程经济教研组时期；

(2)科学管理系时期；

(3)管理工程学系时期；

(4)工商管理学院时期。

工程经济教研组时期(1956—1979 年)

1952 年，经过全国范围的院系调整，浙江大学从一所学科覆盖理学、工学、农学、人文学科的综合性大学变为一所以工科为主的理工科院校。校址从大学路迁移至现玉泉校区所在地。主要由机械系、电机系、土木系、化工系等工科系组成，后来又逐步恢复了数学系、物理系、化学系、地质系。除了上述这些系，还有外语、体育、政治等公共课教研室。当时经济与管理类课程作为工科专业学生的公共必修课，没有建立全校性的专业教研组而是分散于各系，由专业教师或教学小组进行授课。

当时正值我国第一个五年计划时期（1953—1957 年），是我国工业化的起步阶段。国家宏观经济管理和微观企业管理，都全面推行苏联的计划经济模式，授课内容以苏联教材的“生产组织和计划”为主。浙大没有全校性经济管理课程的教学机构，只是在一些工科系中有相关的教研组，课程内容主要是企业生产组织。有的工科系甚至连教研组都没有，只有一两位经济管理类课程的任课教师。

浙大机械系有一个“生产组织与安全防火”教研组，教师有王爱民、王夔臣、翁永麟、黄邦达、金引康、林超然等，分别为机械系机械制造专业专修科学生开设“机械制造生产组织与计划”课程和“防火技术”课程，洪鲲老师为电机系发配电专业学生开设“动力经济”课程，林超然老师为化工系化工设备专业学生开设生产管理课程。浙大土木系很早就有建筑施工管理课程，此课程针对性很强，内容与其他系的管理课程差别也比较大。从当初的土木系到现在的建筑工程学院，建筑施工管理专业和课程始终没有融入浙大的管理学科，一直是隶属于土木系，由建筑工程学院的一个教研组负责教学。

1956 年 4 月，浙江大学行政会议决议：“为了适应教学需要，将本校各系企业经济与组织计划及保安防火课程合并组成‘企业经济与组织计划及保安防火技术’教研组，请洪鲲先生任教研室主任。”①这是浙江大学历史上第一个全校性的统一负责企业经济与企业管理课程的教学机构，成员包括全校各系管理和工程经济类课程的教师，人员有洪鲲、王爱民、王夔臣、翁永麟、金引康、林超然等。1957 年 6 月，改为工程经济教研组，洪鲲为教研组主任。1959 年，黄擎明、张秘机、安邦、石瑛、孙亚贤、黄振年、谢佑铭等相关专业的毕业生分配到校任教，谭仁甫、沈沛霖、许庆瑞、王笑曼等老师先后加入，壮大了工程经济教研组的师资队伍。

1966 年“文化大革命”开始，全校师生参加运动，学校停课，工程经济教研组的教师也下放工厂农村或校办工厂劳动，教研组停止活动。

“文化大革命”结束后，1978 年，浙大从教育部划归中国科学院管理，工程经济教研组亦随之改名为“科学管理教研组”，许庆瑞任教研组主任。

1978 年，高校恢复招收研究生。1979 年，科学管理教研组为将来的发展做准备，招收了 10 位硕士研究生，他们是：陈德行、陈祝平、顾新一、胡介埙、蒋绍忠、李静、马庆国、许龙贵、赵良臣、郑渝生。当时由于师资力量不足，浙大的 10 位硕士

① 校长办公室〔56〕校办 8043 号《各系企业经济与计划及保安防火技能合并成教研组》。

研究生和上海交通大学管理系的10位硕士研究生组成一个班级，轮流在浙大和上交大合班上课。任课教师除了浙大和上交大管理系的老师以外，还聘请了中科院系统所的老师。

科学管理系时期（1980—1983年）

1980年学校批准成立浙江大学科学管理系（筹），简称科管系，并批准成立“中共科管系总支”，任命黄擎明为教工党支部书记，邵忠范为学生党支部书记。[①]同时，浙大接受浙江省委组织部委托，招收经济管理干部专修班学员（两年制脱产学习），专修班生源由省委组织部在本省企业中选拔推荐。[②]之所以有此举措，是因为“文化大革命”期间，高校停止招收新生。在此期间全国各地的企业管理干部无法从高校毕业生中得到有效补充。“文化大革命”结束时，企业管理干部，特别是年轻干部的学历层次都不高，培训企业领导干部成为当务之急。

为了解决科管系的行政用房、干部专修班教学用房和学员住宿，科管系从浙大本部（现玉泉校区）搬迁到当时的浙大分部（现之江校区），与当时在分部办学的无线电系合并成立分部党总支，任命王加微为分部党总支副书记，分管科管系的党务工作[③]。

干部专修班从1980年至1988年共招生9届，共培养学员459人。干部专修班的学员中，有不少后来担任了中央、浙江省、杭州市的党政领导工作。如国家财政部部长谢旭人、浙江省政府秘书长蔡惠明、省计经委主任孙永森、杭州市常务副市长马时雍、杭钢集团董事长童云芳等。

1981年，浙江大学从隶属中国科学院管理变更为隶属教育部管理，按照教育部的学科目录，科管系更名为“工业管理工程学系”[④]，简称工管系。

---

① 浙大党委〔1980〕122号《关于部分系所党支部书记/副书记任职通知》。

② 浙大发教〔1980〕186号《关于开办二年制“工业经济管理专修科”的通知》。

③ 浙大党委〔1981〕722号《关于浙大分布的体制和陈文彬等同志任职的通知》。

④ 浙大发办〔1981〕334号《关于启用“浙江大学建筑设计院”“浙江大学外事办公室”等七枚印章的通知》。

1982 年，工管系接受浙江省及省内各地、市、县委托，开展厂长、经理现代企业管理知识全国统考培训。

管理工程学系时期（1984—1989 年）

1984 年，教育部、国家计委发布《高等学校工科本科专业目录》，其中第 20 类名称为“管理工程”，下设本科专业名称为“工业管理工程”。浙大“工业管理工程系”更名为“管理工程学系”，所设的本科专业名称为“工业管理工程”专业。

国内改革开放的大潮进一步掀起，对加强管理学科重要性、迫切性的认识达到了新的高度，学系开展了以下几项工作。

创建浙江大学“工业管理工程”学科及“技术创新管理”专业。自 1983 年起每年招收“工业管理工程”本科生一个班，部分导师自 1982 年起招收硕士生，1986 年浙江大学被授予“管理科学与工程”博士点单位，并开始招收博士生，首届博士生是徐金发和项保华（在职）。

加强师资培训和建设性工作。除调入张友仁、袁利金、陆毓忠、金光跃等教师外，还通过与国外大学签约资助等多种渠道送教师出国访问、培养。如黄擎明、王夔臣、黄宏辉等人赴加拿大多伦多大学等几所院校短期访问或做 2 年期访问学者。与加拿大的大学联合培养博士生，有金可也、朱克勤等 4 人。还有车幼梅、卓俊等 4 位年轻财会教师赴厦门大学培养等等。此外，第一届管理工程硕士生毕业后，有 4 人留校任教（蒋绍忠、胡介埙、马庆国、顾新一），他们成为当时学科师资队伍的中坚力量。

改革开放也带来了前所未有的国际学术交流活动，早在 1978 年，邀请美国天普大学（Temple University）的高培椿博士来我校系统讲授美国的企业管理及经济学，受到校内外师生的热烈欢迎；1980 年香港理工大学管理系系主任白德里来访；1982 年翁永龄参加瑞典国际管理学教师年会（ITP）教学交流；1983 年美国斯坦福大学副校长兼管理系系主任里格斯（Riggs）教授应邀来我校演讲厅并做学术报告；1985 年国际著名战略管理专家彼得森（Peterson）教授应邀在系内讲课，并在当时举办的浙江省邮电部 522 厂的管理骨干培训班上做战略管理报告；等等。自 1982 年起，学系与麻省理工学院等一流大学在技术管理、技术创新等学科建立了紧密合作的国际学术交流网络，联系持续了近30年。

1984年初，时任浙江省教育委员会副主任、浙江大学校友缪进鸿教授等领导赴德国巴伐利亚州慕尼黑市参观访问。多年在德国巴伐利亚州执政的德国基督教社会联盟（CSU）的下属组织“汉斯·赛德尔基金会”，为各区提供面向教育工作者的培训，提高师资水平和蓝领工人的技术水平。浙江省代表团在参观过程中表达与其合作意向，经多次商谈，双方于1985年在杭签约，成立了中德管理培训中心，设在浙江大学，并由时任浙江大学党委副书记周文骞教授领导该项目。考虑到该基金会紧紧围绕管理展开教育管理、企业管理等工作，且管理系当时已有近10名老师已从国外学习回国，这在当时也极具优势。所以浙大校方将该项目交给了管理系，并派管理系系主任许庆瑞赴德参观和学习，管理系委派翁永麟为此项目运作的负责人。该项目于1987年初从浙江大学移交给了浙江省经济管理干部学院，随后又到浙江工业大学办了几年，于1995年又从浙江工业大学回到了浙江大学，落在对外经贸学院（现公共管理学院）。

1977年恢复高考，面对教材陈旧、无法适应新形势下教学的状况，国家教委成立了各学科的教材委员会，要求从速编写和出版能适应新形势的新教材。在系主任许庆瑞的主持下，学系出版了国内第一本教材管理学《研究与发展管理》（1986年），许庆瑞与邢以群、左军、王世良合作编写了我国第一本管理学专著《技术创新管理》。此书于20世纪90年代初送国家经贸委领导阅读后，技术创新这一理念被接受，并决定启动全国技术创新工程活动。1995年第一期全国技术创新工程在6个企业中推广（海尔集团、方正科技、南京化工、江南造船厂、华北制药、邯郸钢厂）。此外，管理工程学系还编写出版了具有中国社会主义经济特色的教材《管理学》等。学系同时组织系内老师编写教材，老教师王爱民、张友仁编写出版了《生产管理学》。实验室主任王燮臣与邬文华出版了全国通用教材《管理信息系统》，此教材浙江大学出版社再版达10年。黄擎明编写出版了教材《技术经济学》。蒋绍忠编著了教材《线性规划与网络优化》，并与袁利金合编了教材《系统动力学：社会模拟理论与方法》等。

学系与管理界同仁大力呼吁并推动提升管理学科的地位。过去，管理学科不被重视，被视为文科或一般学科。原学科目录大门类共9个（天文、地理、生物、数学、工程等），而管理学科被设置在工程类“机械工程”学科（一级学科）的二级学科“机械工程管理”中。1979年后经管理学界同仁们的呼吁奔走，迫切要求提高管理学科的地位，国务院决定设置“国务院学位委员会”来研究学科等问题。朱镕基任学位委员会主任,许庆瑞任第二、三届国务院学位委员会学科评议组管理学科分组成员。经 1985 年 6 月北京会议讨论,决定将管理学科提升到第 10 个大门类,即与天文、地理、工程等大门类并列,较原来“机械工程管理”这个二级学科的地位连升了两级,肯定了管理学科在改革开放新形势下的重要地位,推动了管理学科的持续大发展。

与兄弟院校同仁大力推进国家自然科学基金委成立“管理科学部”,并要求加强对管理科学研究的资助力度。原国家自然科学基金委只有 6 个基础学部(数理、化学、生命、地球、工程材料、信息)。经各校奔走呼吁和争取,到 1986 年初步成立了一个“管理科学组”,并给予管理学界一定的资助和支持,此后管理学科的科学研究工作日益深入并迅速发展。1996 年,自然科学基金委将“管理科学组”升格为学部,即“管理科学部”。从此,管理学科的研究经费大大增加,带来了管理科学研究的大发展和成果的推广应用。

1985 年许庆瑞赴美国自然科学基金委交流,经与我国自然科学基金委联系、讨论,两国自然科学基金委共同商定设立中美技术创新合作项目。中方为浙江大学,美方为加州理工大学北岭分校等,双方开展了 3—5 年的合作研究,并在华盛顿与杭州分别召开了双边合作研究成果交流会。

1988 年,受教育部管理工程教学指导委员会委托,创办《管理工程学报》。管理工程学报是由浙江大学主办的,是当时全国唯一与管理工程学科领域对口的学术性刊物,是国家自然科学基金委员会管理科学部认定的管理科学 A 级重要期刊,同时也被中国科学院文献情报中心认定为管理科学类重要期刊。管理工程学报连续多年入选“中国最具国际影响力学术期刊”。

1989 年,由于学科目录的调整,“工业管理工程学系”改名为“管理工程学系”。①

工商管理学院时期(1990—1997 年)

1990 年,为了加强浙大的经济管理学科,学校决定在管理工程学系和经济系

① 浙大发办〔1989〕08 号《关于“工业管理工程学系”改名为“管理工程学系”的通知》。

基础上，成立浙江大学工商管理学院。[①] 由时任国家经委副主任赵维臣任名誉院长，胡上序任院长，黄擎明、姚先国、吴桑瑾任副院长。下设管理工程学系、经济系、商检教育中心和科技情报教研室。工商管理学院除了培养管理和经济专业的本科生、硕士研究生和博士研究生以外，国家商检局和浙江大学工商管理学院联合办学，为浙江大学本科生开设"进出口商品检验"第二学士学位，还有科技情报教研组为全校学生开设的"科技情报"第二学士学位。

1994 年，工商管理学院开始招收 MBA，当年招收 MBA 学生 14 人。

1997 年，管理工程学科被批准为 211 工程建设学科；设立"管理科学与工程"博士后流动站。

1997 年经国家教育部批准，正式成立"浙江大学—香港理工大学国际企业培训中心"。

1998 年，原浙江大学、原杭州大学、原浙江农业大学、原浙江医科大学四校合并，成立新的浙江大学。原浙江大学、原杭州大学、原浙江农业大学的管理学科同时合并，成立新的浙江大学管理学院。高尚全任院长，王重鸣任常务副院长，黄祖辉任党委书记兼副院长。

（本章由蒋绍忠根据历史文献和老教师访谈记录整理。参加访谈的老教师有：许庆瑞、翁永麟、王爕臣、黄擎明、张秘机、石瑛、王笑曼等）

① 浙大发办〔1989〕69 号《关于设置工商管理学院等机构和胡上序等同志职务任命的通知》。

第二章

原杭州大学经济管理学科发展历程

原杭州大学管理学院及相关专业发展历程

原杭州大学管理学院，以及金融与经贸学院的企业管理专业、市场营销专业和会计学专业的发展大致可分为三个时期来叙述。

经济系时期(1960—1992年)

管理学科在杭州大学的发展最早可以追溯到20世纪60年代。1960—1961年，杭州大学的经济系和政治经济学系(对外是两块牌子，内部是一套系领导班子)设立了工业管理专业，招收具有实践经验的在职人员，学生由推荐选送和报考录取相结合，学制2年，招收了一届学生。1961年底，经济系和政治经济学系调整合并到政治系，取消了工业管理专业。

“文化大革命”期间，全国管理专业遭受严重冲击，除中国人民大学和上海、湖北、陕西、四川、辽宁的五大财经院校外，管理专业都停止招生。1978年12月，中国共产党第十一届三中全会开启了改革开放的历史进程，为了适应发展经济和吸引外资的需要，综合性大学和工科院校相继恢复或成立了经济管理或管理工程专业。

1980 年 9 月，杭州大学政治系分为 3 个系，经济系得以恢复。经济管理成为经济系下设的 3 个专业之一，并成立了经济管理教研室。

1980 学年开始，在经济系 77 级开设了管理类课程。

1981 年 9 月，从经济系 77 级学生中选派了 4 人去中国人民大学和湖北财经学院进修经济管理类课程，作为经济管理专业师资培养。

1981 年 9 月，经济管理专业开始招收本科学生。

1982 年春开始，先后与上海复旦大学、上海社会科学研究院联合培养经济管理的硕士研究生。首届招收学生 3 名，1984 年 12 月毕业，由复旦大学授予经济管理硕士学位。

经济管理教研室首任教研室主任是王荣老师（杭州大学经济系政治经济学教研室调入），先后调入的专业教师有李耕瑶（外校调入，讲授会计学）、王福英（中国人民大学人大工经系毕业，从山东大学经济系调入，讲授工业经济管理和工业企业管理）、潘超霖（外校调入，讲授统计学）、胡振芳（中国人民大学人大财政系毕业，从浙江省财政厅调入，讲授财政学）、嵇耀明（杭州大学杭大数学系调入，讲授管理数学）、张明樑（杭州大学杭大数学系调入，讲授管理数学）、石文玉（杭州大学政治系 79 级毕业留校，讲授企业管理）、顾士俊（武汉工学院管理工程系调入，讲授企业管理）等。

1982 年春起，“文革”后恢复高考的大学生毕业，一批来自杭州大学经济系、数学系以及中国人民大学、南京大学、中央财经学院等国内其他高校管理专业的本科毕业生充实了经济管理教研室。

1985 年左右，王荣教授回经济学教研室，王福英副教授接任经济管理教研室主任。1990 年，王福英教授退休后的接任者是来自数学系的周诚副教授。

初创期的杭州大学经济管理专业，积极顺应了改革开放的时代潮流，以“走出去、请进来”的方式，推进理论与实践的结合。比如参观、调研名动全国的企业改革先锋步鑫生的海盐衬衫总厂、鲁冠球的杭州万向节厂，及其他杭州著名的管理优秀的国有企业和“老字号”企业；请首届全国优秀企业家、杭州中药二厂厂长（后杭州青春宝集团董事长）冯根生等改革开放代表性人物给学生做报告；举办厂长、经理培训班，为企业讲授现代管理的理论与方法；参加省企业家协会、管理现代化研究会等组织，积极参与《管理者》杂志编辑部的工作。并在 1985 年春季学期，就聘用了一位美籍华裔教授王小静，给经济管理专业的学生讲授管理学课程。

师资队伍建设是杭州大学经济管理专业初创期的重点任务。早期进入经济管理教研室的青年教师绝大多数是本科毕业生。为了提高师资质量，学校积极鼓励青年教师在职攻读研究生学位的同时，选派部分青年教师公费出国进修，也允许一些青年教师以自费公派的形式出国读书。1988 年起，经济管理教研室出国进修或攻读学位的青年教师多达 10 余人，在国内攻读硕士、博士学位不少于 4 人。由于各种原因，出国的青年教师只有 2 人回国，流失率超过 80%。

在全体教师的努力下，杭州大学经济管理专业依然保持了稳步发展，培养的本科毕业生得到用人单位的普遍好评。

经济与管理学院时期(1992—1996 年 2 月)

1992 年，杭州大学成立了经济与管理学院。经济与管理学院是一个松散的机构，经济系、财经系、旅游系、心理学系（管理心理学科）、区域与城市科学系、决策优化所、国土与城市规划设计研究所、人口研究所和房地产研究所等系所组成了经济与管理学院。杭州大学党委副书记马裕祥教授任院长兼党委书记，杭州大学研究生部主任王重鸣教授任常务副院长，陈纲教授（旅游系系主任）、史晋川教授（经济系系主任）、谢敦礼教授（决策优化所所长）等任副院长，孔红满任办公室主任。

依托经济与管理学院，杭州大学管理学科的发展出现了一个新的格局。

发展工商管理学科的研究生教育是经济与管理学院成立后的一项重要工作。由于杭州大学当时还没有管理学科的研究生学位授予权，因此首先在“工业心理学”学科的硕士学位点名下培养工商管理的硕士研究生。1993 年 9 月，工商管理研究生进修班开始上课。40 位学员有 3 个不同来源：11 位杭州大学在职人员通过研究生单招单考入学；3 位杭州大学心理系应届生通过全国研究生统一考试入学；其余 26 人从杭州大学各系应届生中选拔。进修班课程按全国工商管理硕士（MBA）教学指导委员会的统一要求设置，上课教师主要来自经济系、财经系和心理系。正式入学的学员经过课程学习后，通过论文答辩的被授予研究生毕业证书和“工业心理学”硕士学位。选拔入学的学员完成 2 年课程学习后被分配到相关院系任教或担任行政工作，之后再通过相关学科（比如经济学、金融学、企业管理等）的研究生全国统一入学考试或“单招单考”后成为正式硕士研究生，并在完成硕士学位论文后被授予研究生毕业证书和硕士研究生学位。

1995年和1996年，受浙江省委组织部委托，杭州大学经济与管理学院举办了两期“浙江省委组织部（处级干部）研究生班”，简称“组织部班”，为省委培养跨世纪人才。“组织部班”学员由各市委组织部推荐、省委组织部审定，被选派到杭州大学学习的学员必须是全日制大学本科毕业并获得学士学位证书的副处级以上干部。首届20名学员于1995年9月进校脱产学习研究生部分课程；1996年初通过“单招单考”的研究生入学考试后成为杭州大学正式学生，转入学籍管理，课程学习考试合格，通过学位论文答辩后，授予研究生毕业证书和“工业心理学”硕士学位。

这一时期，经济系的经济管理专业依然以培养本科生为主要使命。1995年，经济系新设置了浙江高校的首个市场营销专业并开始招收本科学生。

管理学院时期（1996年2月—1999年8月）

1996年，杭州大学本着“拓展外部学科发展空间，优化内部办学资源配置”的指导思想，分设了杭州大学金融与经贸学院和杭州大学管理学院，旅游学院保持原有建制。

杭州大学金融与经贸学院以经济系和财政金融系为主组建，成立于1996年2月，史晋川教授为院长，陈申生副教授等为副院长。由于经济系进入金融与经贸学院，这一时期杭州大学的管理本科专业归属金融与经贸学院。金融与经贸学院下设5个系。其中，经济管理系设置了企业管理、房地产经营管理2个专业，系主任张法荣副教授，副主任谢咏恩（张法荣离职后，谢咏恩任系主任，朱秀君任副主任）；国际经贸系设置国际贸易、市场营销2个专业及国际营销专门化，系主任戚译副教授；财政与会计系设置财政学、会计学2个专业及财务管理专门化，系主任朱柏铭副教授。学院的成人教育还设有经济管理专科，开设了经济管理和工商管理的论文硕士班。

杭州大学管理学院成立于1996年3月，院长由杭州大学副校长王重鸣教授兼任，副院长谢敦礼教授、陈旭东副教授，总支副书记张小林，办公室主任杜红。管理学院的其他成员有陈学军、戚振江、史煜均、朱纪平、唐素萍、周平、许幼雅等。

管理学院下设工商管理系、决策优化研究所、高级管理培训中心、三资企业管理研究中心、房地产研究所，旨在培养高质量的管理人才，开展对外学术交流与科研合作。

1996年，管理学院获得管理工程的硕士学位授予权，并于1997年开始招生（学生入学后的第二年四校合并，2000年毕业时授予浙江大学企业管理硕士学位）。

1996年9月，“组织部班”第二届学员20人进校脱产学习研究生课程。1997年初通过“单招单考”的研究生入学考试后，19名学员成为杭州大学正式学生转入学籍管理，课程学习考试合格，通过学位论文答辩后，授予研究生毕业证书和企业管理硕士学位。

1997年，管理学院组织杭州大学各相关院系的师资资源，申请并获得了工商管理硕士（MBA）授予权，杭州大学成为浙江省第二个获MBA授予权的学校。1998年杭州大学管理学院开始向全国招收MBA学生。按教育部全国MBA指导委员会的统一规定，MBA每年招收2次，分别于秋季和春季入学，秋季入学的称为“秋季班”，春季入学的称为“春季班”。两类学员的入学条件和学习结果是有差别的。“秋季班”面向全社会招生，考生自由报考，参加全国统一的研究生入学考试；考生的最低学历是大专；完成学业后获研究生学历和工商管理硕士（MBA）学位。“春季班”学员的最低学历必须是大学本科，且需经省计委推荐；“春季班”学员的入学考试由全国MBA指导委员会单独组织、全国统一命题；学员完成学业后获工商管理硕士（MBA）学位，但没有研究生学历。杭州大学管理学院第一批“秋季班”学员共25位，1998年9月入学；第一批“春季班”学员共30位，1999年春季入学。

1997年秋学期开始，杭州大学管理学院推出面向全校本科学生的工商管理本科辅修课程，开设了管理学、会计学、管理统计、组织行为学、营销管理、人力资源管理、财务管理、国际商务、企业战略管理、人事选拔与测评10门课程。

在社会服务方面，杭州大学管理学院与宁波市委党校，吉利汽车集团，台州市、杭州市政企单位合作，举办了多期研究生课程进修班。

在国际合作和与在华跨国企业的合作方面，杭州大学管理学院不断开创新局面。比较重要的项目有：每年组织召开人力资源管理的国际会议，如“跨国公司与三资企业战略管理国际研讨会”“中国三资企业人力资源管理战略国际研讨会”等；1996—1997年的中美澳合作的跨文化管理项目（王重鸣）；1997—1998年与荷兰皇家科学院合作的人力资源师资培训的欧盟项目（王重鸣）；为杭州中萃公司开办面向公司经理人员的 Mini MBA 培训等。

原杭州大学旅游学院发展历程

杭州大学旅游学院前身为杭州大学旅游系，并可追溯到杭州大学经济系旅游经济专业——1980 年由国家旅游总局首批投资布点的我国第一个旅游经济本科专业。1987 年，杭州大学经济系旅游经济专业发展成为杭州大学旅游系。1993 年，成立杭州大学旅游学院。旅游经济专业 1984 年开始与上海社科院联合培养旅游经济硕士研究生，1990 年经国务院学位委员会批准，成为我国第一个旅游管理硕士点。

杭州大学旅游学院以“培养德才兼备，能适应我国旅游事业发展需要，具有现代经营管理理论知识和实际操作能力以及良好素质修养的旅游管理专门人才和教育、科研人才”为教学目标，积极开展教学科研活动，形成了一套完整的教学体系，积累了较为丰富的办学经验，锻炼出一支具有较高理论水平和专业水平的师资队伍。1990 年全国主要旅游院校工作会议上，国家旅游局人教司领导同志指出：“杭州大学旅游系与其他同类院校相比，具有两个明显的特点，一是建立了一支具有一定理论水平、学科门类较齐全而又稳定的师资队伍；二是在理论与实践结合方面比其他院校跨前了一步。”

至 1998 年，杭州大学旅游学院有专业教师 33 人，其中教授 4 人、副教授 10 人、讲师 12 人、助教 7 人，博士学位 2 人、硕士 10 人；设有旅游经济教研室、旅游饭店管理教研室、旅行社管理教研室、外语教研室、旅游研究所、图书资料室、计算机实验室、电教语音室等机构设施；主要教学和研究方向为旅游经济管理、旅游饭店管理、旅行社经营管理、旅游资源开发与规划等；建立起了由公共课、专业基础课、专业课和专业选修课组成的课程体系，并在全国旅游院校中率先开设了众多旅游管理专业课程，如旅游学概论、旅游地理、旅游饭店管理概论、旅游资源开发和利用、饭店设备管理、饭店电脑系统应用、旅行社经营活动分析、旅游娱乐设施经营管理、中外旅游文化比较等；培养本科毕业生 638 人，专科毕业生 241 人，硕士研究生 25 人，专业证书班 312 人；在校本、专科学生 356 人，硕士研究生 14 人；

承担并完成国家及省市各类科研项目 54 项，主编和合编专业教材 36 种，出版专著 12 种、译著 17 种，编写讲义教材 15 种，在各类刊物发表论文 120 余篇、译文 30 余篇。

杭州大学旅游学院不仅培养德才兼备的中高级旅游业管理人才、教育人才和科研人才，同时也为旅游企业和旅游部门提供培训、管理咨询、旅游资源评估、规划和开发服务。从 20 世纪 80 年代经济系旅游经济专业和旅游系时期开始就为全国各地培训旅游企业管理和服务人员，为提高我国旅游行业从业人员素质和旅游企业管理水平做出了贡献。据不完全统计，至 1997 年，共举办各类培训班包括全国旅游饭店经理培训班、旅游饭店销售经理培训班、旅游行业管理干部培训班、旅游管理大专函授班、饭店企业中层管理干部培训班、饭店企业服务人员培训班等 65 期，近万人次参加培训。1991 年，杭州大学旅游系开始承担国家旅游局定点的全国旅游饭店总经理岗位培训工作，至今已举办全国旅游饭店总经理岗位培训班共 45 期，培训饭店总经理 4000 多人次。在努力为经济建设和社会发展服务中，杭州大学旅游学院与全国各地的旅游部门和饭店企业建立了紧密的合作关系，不仅为各地培养了大批旅游管理和服务人才，同时也为学院师生创建了教学实践基地。

1998 年，浙江大学、杭州大学、浙江农业大学、浙江医科大学四校合并。杭州大学旅游学院并入浙江大学管理学院，成立了浙江大学管理学院旅游管理系。鉴于杭州大学旅游学院的学科地位及社会影响，保留了“旅游学院”的称谓，并制“浙江大学旅游学院”公章用于对外联络。2003 年，浙江大学管理学院旅游管理系获得旅游管理方向博士学位授予权，2005 年开始招收旅游管理方向博士后研究人员；2013 年与香港理工大学酒店及旅游业管理学院合作开设经教育部批准的国内首个酒店与旅游业管理博士学位项目（DHTM），进一步拓展了旅游学科与旅游管理专业的发展空间。2016 年，浙江大学管理学院旅游管理系更名为浙江大学管理学院旅游与酒店管理学系。

旅游经济专业创建过程及时代背景

1978 年是我国现代社会发展的一个重要转折点，从此走上了改革开放之路。1978 年是现代中国旅游业发展元年，中共中央召开了十一届三中全会，做出了将全党工作重点转移到社会主义经济建设上来的战略决策。同年10月，邓小平同志在与当时的国家旅游总局（中国旅行游览事业管理总局，1982年8月后改称国家旅游局）、民航总局的领导谈话时说，（民航、旅游）用管理经济的办法来管理，要抓利润，利润不是“帅”，也是“将”嘛。1978年12月，陈云同志在中央工作会议东北组的发言中提出：要重视旅游事业的发展，现在的旅游事业是行政管理，还不是业务管理。旅游收入比外贸出口收入要来得快，来得多。在此之前，发展旅游业（入境旅游）的着眼点主要在于政治宣传，并没有将其作为经济事业来发展。正是邓小平同志和陈云同志的讲话成为我国现代旅游业转型的发号令，为了解决国家经济建设中的外汇短缺，开始大力发展入境旅游，但当时旅游业还是一项新生事物，旅游管理人才匮乏，而旅游教育更是从零开始。

1979年，国家旅游总局发出〔79〕旅教字第28号文件，并会同浙江省旅游局与杭州大学商议，为了适应旅游事业迅速发展的需要，提出在杭州大学设置旅游经济本科专业，培养德、智、体全面发展的旅游经济管理和科研、教学高级专门人才。浙江省旅游局即向当时的浙江省革命委员会提交了〔79〕浙旅字70号报告，浙江省革命委员会于1979年11月3日浙革发〔1979〕162号文件批复了省旅游局报告，同意在杭州大学设置旅游经济专业；1979年12月6日，浙江省教育局向国家教育部发出浙教高字〔79〕第573号《关于在杭州大学设置旅游经济专业的报告》请教育部批示，教育部于1980年1月9日发文〔80〕教高一字002号批复，同意在杭州大学政治系设置旅游经济专业，面向全国，学制4年，规模200人，1980年开始招生。

1980年9月，杭州大学政治系发展成三系一室——经济系、哲学系、法律系以及马列主义教研室，根据1980年4月5日浙江省教育局浙教高字〔80〕第131号《关于杭州大学专业设置调整意见的报告》，杭州大学经济系设置了政治经济学、经济管理、旅游经济3个专业。全国第一个旅游经济本科专业的成长发展自此而始。同年，国家旅游总局拨专款建造杭州大学旅游教学大楼，于1983年启用，现为浙江大学西溪校区西一教学楼。

对学院教学和行业发展有重大贡献的代表群体

徐崇云同志1980—1984年担任杭州大学经济系党总支书记兼系副主任，是杭州大学旅游经济专业主要创始人之一，为我国第一个旅游经济本科专业落户杭州大学，以及旅游学科建设、师资队伍培养做出了重大贡献。王春祥同志1984—1987年担任杭州大学经济系党总支书记，1987—1994年担任杭州大学旅游系、旅游学院党总支书记。何冬梅同志1987—1994年担任杭州大学旅游系党总支副书记兼系副主任、旅游学院党总支副书记，1994—1998年担任杭州大学旅游学院党总支书记，1998—2013年担任浙江大学管理学院党委副书记。党总支对旅游学院正确的组织发展方向、良好的教学科研秩序、实现德智体美劳全面发展的旅游业中高级人才培养目标，起到了重要的引领和保障作用。

徐秉文副教授、周承文副教授、周进步副教授、王如芳讲师、沈学均副教授、冯铁凝教授、嵇耀明副教授、陈纲教授、傅文伟教授等资深教师组成的旅游经济教研室，在20世纪80年代初就陆续开设了旅游学概论、旅游经济学、旅游市场营销、旅游地理、中国旅游客源国概况、旅游资源开发和利用、旅游规划、旅游区域规划、高等数学、统计学原理、旅游经济数学、旅游法、饭店建筑设计等课程，在教学中注重培养学生对基础理论和专业知识的掌握，知识结构的完善，以及职业素质和综合能力的培养，取得了显著成效，他们的敬业精神、学者风范、治学态度和学识修养成为年轻教师学习的榜样。旅游经济教研室作为杭州大学旅游经济专业创建时最早设立的专业教研室，不仅对旅游经济专业教学、科研的起步和发展起到了奠基性作用，而且对旅游经济专业的课程体系建设、专业教学和科研方向的确定发挥了统领导引作用，做出了重要贡献。

陈纲教授、吕建中教授、邹益民教授、蒋丁新副教授、陈天来副教授、梁颖副教授、张宏坤讲师、郭毅讲师、黄浏英副教授、周亚庆副教授等骨干教师组成的国家旅游局全国旅游饭店总经理岗位培训团队，从1991年起开始承担国家旅游局的旅游饭店总经理岗位培训工作。陈纲教授、邹益民教授、蒋丁新副教授、张宏坤讲师等旅游专业教师组织编著了首套旅游饭店管理人员岗位培训系列教材（4种），杭州大学成为我国首个由国家旅游局布点的全国旅游饭店总经理岗位培训基地，并获得中国旅游饭店总经理“黄埔军校”的美誉，为我国星级饭店总经理上岗培训（颁发国家旅游局旅游饭店总经理上岗资格证书）及在岗提升做出了重要贡献。

商亚南教授、潘之东副教授、谢慎远副教授是杭州大学旅游系外语教研组的骨干教师，在旅游专业本科生、硕士生培养中发挥了重要作用。在他们带领下，外语教研组在教学中不仅强化学生英语基本功和综合应用能力的训练，旅游专业学生的英语水平在全校非英语专业学生中名列前茅，平均成绩连年排名第一，而且注重开阔学生视野，提高对外交流能力，培养国际化观念，使其能更好地适应旅游业发展的需要。

丁力教授、叶欣副教授、武彬副教授、周歆红讲师组成的旅行社管理教研室承担了旅行社经营管理方向的专业课教学和科研任务，在全国旅游院校中率先开设了旅行社经营活动分析、中外旅游文化比较等课程，取得了显著成绩，同时在开展国家旅游局定点的旅行社总经理岗位培训（颁发国家旅游局旅行社总经理上岗资格证书）和导游年检考试审核等工作中发挥了重要的作用。

邹益民教授、蒋丁新副教授、陈天来副教授、郭毅讲师等骨干教师在教书育人、社会实践方面为本专业在业界做出了突出贡献，在服务业界经营管理咨询、人才培养方面深入饭店管理一线，担任饭店管理顾问或兼任总经理，并批量帮带旅游管理专业的毕业生成长，造就了大批在饭店一线发挥重要作用的中高层职业经理人。

吕建中教授、邹益民教授、蒋丁新副教授等为代表的杭州大学旅游学院教师团队早在 1986 年就参与萧山县政府招待所改制，深入企业一线，手把手地帮助政府招待所改造成为一家现代企业——三星级饭店萧山宾馆。邹益民教授在开元旅业集团先后兼任饭店常务副总经理、总经理、集团副总裁，与开元旅业集团共同走过了由一家政府招待所成长为中国十强饭店集团的历程。杭州大学旅游学院与开元旅业集团在 30 多年的互帮互助中，建立了稳固的产学研合作关系。

1980—1998 年杭州大学旅游学院教职工名单

党政办公室：王春祥　何冬梅　王益堤　楼可程　何赛文

图书资料电教室：陆世建　孙季美　邬慧祥　张俐莎　钟焕楠

旅游经济教研室：徐秉文　陈　纲　周承文　沈学均　冯铁凝　周进步
王如芳　嵇耀明　傅文伟　王婉飞　周玲强　周永广
李张林　杨文丽　顾　铮　赵　坚　高援浙

旅游饭店管理教研室：蒋丁新　吕建中　邹益民　陈天来　张宏坤
郭　毅　梁　颖　王宏星　陆均良　黄浏英
周亚庆　张世琪　李贤红

旅行社管理教研室：叶　欣　周歆红　丁　力　武　彬

外语教研室：商亚南　谢慎远　潘之东　杨巧云　徐晓航　朱路平
张丽达　徐哲之　朱尔萍　赵光珠　杨忆萍　魏怀阳
吴健红　潘大安　章胜强　宋　颖　焦　坚

杭州大学旅游学院发展大事记

- 1980 年，创建杭州大学经济系旅游经济专业。
- 1980 年，面向全国统一招生，成为第一个在全国范围内招收本科学生的旅游经济专业。
- 1981 年，举办第一期全国旅游饭店经理培训班。
- 1984 年，旅游经济专业开始与上海社科院联合培养旅游经济硕士研究生。
- 1987 年，旅游经济专业发展成为杭州大学旅游系。
- 1990 年，经国务院学位委员会批准成为我国第一个旅游管理硕士点。
- 1991 年，举办第一期全国旅游饭店总经理岗位培训班。
- 1993 年，成立杭州大学旅游学院。
- 1993 年，杭州大学旅游学院在广西北海建立北海分院。
- 1995 年，设立杭州大学旅游研究所。
- 1998 年，杭州大学旅游学院并入浙江大学管理学院，成立浙江大学管理学院旅游管理系。
- 1998 年，设立浙江大学饭店管理研究所。
- 2001 年，与香港理工大学合作开办酒店及旅游业管理硕士学位项目（HTM）。
- 2003 年，拥有旅游管理专业博士学位授予权。
- 2005 年，开始招收旅游管理专业博士后研究人员。
- 2008 年，获首届“中国旅游饭店业十佳人才培养基地”大奖。
- 2010 年，获中国首批旅游管理专业硕士学位（MTA）授予权。
- 2010 年，国家旅游局与浙江大学签署全面合作框架协议。
- 2010 年，获国家旅游局“全国旅游人才培训基地”授牌。
- 2013 年，与香港理工大学合作开设酒店及旅游管理博士学位项目（DHTM）。
- 2015 年，与联合国世界旅游组织、亚太旅游协会、中国风景名胜区协会、香港理工大学联合发起首届世界旅游互联网大会。
- 2016 年，更名为浙江大学管理学院旅游与酒店管理学系。

（本部分由旅游系供稿）

原杭州大学决策优化研究所发展历程

1987年5月1日，浙江省沈祖伦省长，省计经委马村应主任，省科委陈传群主任和浙江大学路甬祥校长邀请谢庭藩、谢敦礼、沈祖志谈话，汇报运用现代数学优化方法和计算机技术为企业服务的工作情况。沈省长和几位领导同志十分赞赏和支持三位老师的研究工作，并决定成立杭州大学决策优化研究所，以推进决策优化研究和为企业服务的工作。

1987年6月26日浙江省人民政府办公厅发文①决定成立杭州大学决策优化研究所，人员编制暂定10人。

1987年11月5日，经杭州大学校长办公会议决定正式成立杭州大学决策优化研究所②，研究所的主要任务是立足于本省和全国经济建设，综合应用自然科学和社会科学、定量分析和定性分析结合的方法，结合系统工程、现代数学方法和计算机技术等多学科知识，综合性地研究我省和国家各个层次经济建设和管理决策的重大问题，为领导决策提供科学的可靠的依据，促进我省和全国的经济建设。研究所为系一级编制，并任命谢庭藩兼任所长，谢敦礼任副所长。③

1992年沈祖志调入杭州大学，并被任命为决策优化研究所副所长，谢庭藩教授因调任中国计量学院院长，不再担任决策优化研究所所长职务。④ 研究所的成员有乐甄、李浩、叶福根、吴红梅、林旭东、邓明荣、曾明星、鲍永广等。

1989年，谢庭藩教授和叶福根老师应邀赴南斯拉夫萨格拉布大学合作研究。1991年，谢庭藩、王兴华、谢敦礼三位教授应邀赴加拿大达尔豪斯大学，滑铁卢大学和美国加州大学伯克利分校访问，与北美大学同行交流运用现代数学方法为企业服务的研究工作。

1992年决策优化研究所参加组建杭州大学经济与管理学院。1994年和1995年，谢敦礼教授、沈祖志研究员和王重鸣教授一起申请杭州大学管理科

---

① 《关于建立杭州大学决策优化研究所的复函》，浙政办函〔1987〕94号。

② 《关于建立杭州大学决策优化研究所的决定》，杭州大学文件，校办字〔1987〕361号。

③ 《关于决策化研究所正、副所长任职的通知》，杭州大学文件，校办字〔1987〕367号。

④ 《关于沈祖志同志任职的通知》，杭州大学文件杭组字〔1992〕330号。

学与工程硕士点和MBA专业学位硕士点，获得国务院学位委员会批准，并开始招收管理科学与工程硕士研究生和MBA研究生，并参加组建杭州大学管理学院。

1998年，浙江大学与杭州大学、浙江农业大学、浙江医科大学合并组建新的浙江大学。杭州大学决策优化研究所与浙江大学工商管理学院、杭州大学管理学院、杭州大学旅游学院、浙江农业大学农经系一起形成浙江大学管理学院。杭州大学决策优化研究所更名为浙江大学决策优化研究所。

2004年9月，为响应国内外物流业的迅速发展，在原浙江大学决策优化研究所的基础上成立了浙江大学物流与决策优化研究所，刘南教授担任所长，邓明荣副教授、熊伟教授担任副所长（下文机构篇将详细介绍该所的发展情况）。

总结起来，决策优化研究所得主要工作包括了以下几个方面。

计划与决策优化

杭州大学决策优化研究所从事决策科学和最优化科学的理论、方法、技术和应用研究，特别是创造性地运用现代决策科学的理论、方法和技术，完成了一系列化工、热电行业企业的决策理论和方法的研究工作，并付诸应用，极大提升了企业效益。

《杭州炼油厂石油炼制和经营计划优化》的数学模型和编制的应用软件；《宁波造漆厂生产经营计划优化》的数学模型和软件系统，通过逐次人机对话，给出便于实施的优化的月生产经营计划，对压缩库存，加速资金周转起了积极的促进作用。在此基础上，开发了“造漆厂产供销管理信息系统”，在《金华造漆厂生产经营计划优化》上推广、扩充和完善。《浙江涤纶厂生产作业计划优化和计算机管理》把计算机技术和数学优化技术直接用于指导生产、管理和作业计划，优化企业的生产和销售结构，提高企业的经济效益和现代化管理水平。其后，《杭州热电厂运行优化》《杭电化集团公司生产、经营决策支持系统》《巨化集团公司生产、经营决策支持系统》《镇海炼化股份有限公司生产调度辅助决策系统》《安庆石化总厂进口原油加工经营决策支持系统》等决策支持系统(DSS)为企业生产经营优化提高到一个新的高度。

服务地方经济

研究所开展了一系列服务地方经济的科研项目，与经济系等一起承担了“衢州市经济与社会发展战略研究”，从总体和各部门两个角度，在具体分析市情的基础上，着重探讨了衢州市的经济与社会发展的战略思想、战略目标和战略措施。为政府部门层面服务，为地区的社会发展和经济建设服务。通过深入调查和科学分析，对衢州市经济总体发展阶段、资源结构、区位条件、产业结构和组织生产力布局的现状及存在的问题进行了客观评价。从经济发展的一般规律和中国及浙江经济发展的实证研究出发，根据衢州经济的现行发展阶段特征，论证和确立了加速区域经济工业化进程的总体战略思想：综合开发农业、重点主攻工业，加强西联东拓，依靠科技教育，加速工业化进程，将衢州市建设成为浙西农工贸综合发展的工业基地和贸易中心。该课题运用定性和定量分析相结合，部门发展的计量经济模型和全市投入产出分析相结合，使经济发展战略能实现国民经济稳定、持续、协调的发展。在浙江省科学技术委员会组织的鉴定意见中称，在研究的深度、采用的方法和对策的可行性方面，该课题在省内居领先地位。在国内省辖市一级的发展战略研究中，也处于先进水平。在区域生产力布局上，提出的资源本位开发和空间区位开发相结合的战略构想，不仅符合衢州市的实际情况，而且对次发达地区制定经济社会发展战略具有参考和借鉴意义。

信息系统与管理现代化

研究所承担的浙江省轻工业品进出口公司、宁波华侨饭店、台州椒江大酒店等的管理信息系统（MIS），防洪减灾计算机辅助专家决策系统，及镇海炼化股份有限公司、杭州制氧集团的集成制造系统（CIMS）项目为企业的现代化管理做出了贡献。“防洪减灾计算机辅助专家决策系统”是国家八五重点科技攻关项目，由杭州大学决策优化研究所、浙江大学计算机学院、浙江省防汛防旱指挥部办公室和诸暨市水电局共同完成。

研究所积极参与国家重大发展计划的研究。1986 年 3 月，党中央、国务院启动实施了 863 计划（高技术研究发展计划），其中有一项重要计划就是在大型企业中实施计算机集成制造系统（CIMS），通过及时准确完整地掌握企业全部资源，进而实现企业的资源优化配置。从加快产品上市时间、降低产品成本、保证产品质量和提供优质服务4个方面提高企业的竞争力。CIMS应用示范工程在浙江省内包括有15个大型或重点企业应用示范项目。其中“杭氧集团CIMS应用示范工程”由杭州大学决策优化研究所、浙江大学计算机学院、浙江大学机械工程学院和杭州制氧机集团有限公司共同完成。“ZRCC-CIMS应用示范工程”由杭州大学决策优化研究所、浙江大学化工系和镇海炼油化工股份有限公司共同完成。

（本部分由谢敦礼、叶福根、邓明荣整理）

（本章资料提供者和访谈对象：史晋川、王福英、戚译、严伯平、谢敦礼、张小林、杜红、朱纪平、俞清、梁雄军、刘宏军、金跃强。陈旭东整理）

第三章

原浙江农业大学经济管理学科发展历程

时光荏苒，岁月如歌，浙江大学农经系已走过了90年的发展历程。90年来，一代又一代的浙大农经人秉承“求是”精神，肩负时代重任，和衷共济，青蓝相继，经历了“早期与曲折发展，恢复与重建发展、合并与转型发展”三个阶段。

初创与早期发展(1927—1969年)

浙江大学农业经济系的起源可追溯至20世纪20年代的国立第三中山大学劳农学院农业社会学系。1927年，以我国农业经济学科先驱许璇先生为代表，学院群贤毕集，成立了国立第三中山大学劳农学院农业社会学系，翌年随着“大学区制”的取消，国立第三中山大学更名为国立浙江大学。1934年，国立浙江大学校址由笕桥迁至华家池，并调整系科设置，农业社会学系设立合作和农政两组。1936年，农业社会学系更名为农业经济系。1937年11月，在竺可桢校长的带领下，农经系随浙江大学一路西迁，1940至贵州湄潭办学。以梁庆椿先生为代表的农经先辈们奋发自强，逐步建立了较为完善的农业经济教学和科研体系，为浙大农经系的成长和发展打下了基础，使浙大农经系与当时的中央大学农经系、金陵大学农经系成鼎足之势。1942 年经当时的教育部审批,增设了农业经济研究所,下设农场管理、理论农业经济、土地经济、农业金融合作、农产品运销与价格等 5 个研究组并开始招收研究生。由于研究所名师荟萃,吸引了众多学子报考,在全国颇有声望。

1949 年,浙江英士大学、江苏南通学院的农业经济系相继并入浙江大学,使得浙江大学农业经济系的规模和实力得到了进一步的扩大和提升。1952 年全国高校院系大调整时,农学院从浙江大学分离出来,单独成立了浙江农学院。受当时国内政治、经济形势的影响,农业经济系被撤销,只保留了农经教研组。1960 年浙江农学院更名为浙江农业大学,并重建农业经济系。但在 1962 年全国高校、系所专业大裁并中,农业经济系再度被撤销,但仍保留了农经教研组。而后,"文化大革命"开始,农经教研组于 1969 年被取消。

恢复和重建发展(1978—1997 年)

"文革"结束后,华夏大地万象复苏。1978 年,浙江农业大学重新组建了农业经济系,并迎来了"文革"后首届两个班级的农经新生。乘着改革开放的春风,浙江农业大学农业经济系在杜修昌、赵明强等老一辈农经学者们的艰辛努力下重新焕发新春,办学层次和办学规模都得到了全面提升。1981 年,经国务院学位委员会批准,农经系获得硕士学位授予权。1984 年,农经系开始招收外国留学研究生。

以袁飞、蒋振声、徐立幼等为代表的一批农经学者,发扬老一辈的艰苦创业、奋力拼搏精神,承前启后,改革进取,经过 10 余年的复苏与重建,农经系取得了较快发展。1989 年,随着货币银行学、贸易经济学等专业的开设,为顺应专业发展需要,农业经济系更名为经济管理系。1990 年,农业经济及管理学科获得博士学位授予权。1991 年获准设立博士后工作站,同年招收了全国首位农业经济管理类博士后。1993 年,联合学校社会科学部,在经济管理系的基础上组建了经济贸易学院。1994 年,农业经济及管理学科被列为首批浙江省重点学科;同年,经农业部批准,组建了全国第一家由高校和企业共同举办、引入董事会制度的浙江农业大学华夏乡镇企业学院。1997 年农业经济及管理学科被列为国家"211"工程建设学科。

合并与转型发展(1998 年以后)

1998 年,为建设一流大学,在教育部的支持下,浙江大学、杭州大学、浙江农业大学、浙江医科大学 4 所同根同源的在杭高校进行了合并,成立了新的浙江大学。翌年 3 月,原浙江农业大学经济贸易学院部分金融学、贸易经济学等专业的教师分别转入新组建的浙大管理学院企业管理系、财务与会计系和经济学院的金融系、国际贸易系,原浙江农业大学经济贸易学院整体改组为浙江大学农业经济与管理系,并入管理学院。在新浙江大学学科门类齐全、交叉优势明显的环境中,农经系和农经学科获得了转型发展的新机遇。

1999 年,教育部启动国家人文社科重点研究基地建设。以黄祖辉、林坚等为代表的一批改革开放后成长起来的农经学者们,在学校的支持下,依托农业经济与管理系,联合校内相关学院力量,组建了浙江大学农业现代化与农村发展研究中心(英文缩写 CARD,中文简称“卡特”),成为国家教育部首批人文社科重点研究基地。2006 年,经浙江省委书记习近平同志的批示,在“卡特”的基础上又组建了浙江大学中国农村发展研究院(英文缩写仍为 CARD,中文简称仍为“卡特”)。研究院创新体制机制,力促学科交叉与融合,拓宽研究视野,为农经系和农经学科的发展取得了更大的发展空间和势能。基地平台建设和学科发展相融互促,发展效应不断显现。在 2003 年、2007 年和 2012 年国务院学位办组织的三轮学科评估中浙大农经学科均名列全国同类学科第一。“卡特”在教育部人文社科重点研究基地评估中也连续三次被评为“优秀基地”。2011 年,“卡特”因在教学科研和“三农”服务等方面的突出贡献,被授予“浙江省五一劳动奖章”。

2015 年,浙江大学启动“高峰学科建设支持计划”,旨在打造一批国内领先、在国际上具有卓越影响力,能发挥引领作用的品牌学科,农林经济与管理学科被列入学校高峰学科建设计划。2016 年初,学校从发挥关联学科集成优势,进一步做优做强农经学科的目标出发,做出了农经学科与公共管理学院合并的重大决定。同年 6 月,农业经济与管理系整建制从管理学院并入公共管理学院,浙大农经系及其学科又开始了新的征程。

(本部分由农经系供稿)

第四章

合并以后的浙江大学管理学院发展历程

合并融合　特色定位　争创一流(1999—2009年)

1998年9月15日,原浙江大学、杭州大学、浙江农业大学、浙江医科大学组建合并而成的新浙江大学宣告成立。四校原有的学科、学院(系)均面临如何重组的问题,根据新浙江大学的战略布局,发展管理学科、筹建新的管理学院并将其建设成为显著特色、国内领先、国际影响的学院成为当务之急,管理学院的发展进入一个新的阶段。

合并融合——凝心聚力,共谋发展

1999年3月,新浙江大学的管理学院正式组建。学校聘请原国家体改委副主任、中国经济体制改革研究会会长高尚全教授担任首届管理学院院长,任命王重鸣教授担任学院常务副院长,主持学院日常管理工作;任命黄祖辉教授为管理学院党委书记，其余学院班子成员还包括：副院长马庆国、贾生华、丁关良；副书记王瑞飞、何冬梅。

浙江大学管理学院成立大会(1999年)

时任校党委书记张浚生向高尚全教授颁发聘任证书

新的浙江大学管理学院涵盖了原先浙江大学工商管理学院、原杭州大学管理学院、原杭州大学旅游学院、原杭州大学决策优化研究所、原浙江农业大学经济贸易学院的工商管理，涵盖管理科学与工程、农业经济管理、旅游管理等多个学科。设立管理科学与工程系、工商管理系、农业经济与管理系、旅游管理系。新组建的管理学院，多学科交叉明显，办学办公地点分散在三个校区，如何更好地整合资源，促进学科间交叉融合与发展，成为学院领导班子首先需要突破的一道难题。

建设一流管理学院的进程中，必须拥有自主创新的能力和追求卓越的模式，并能以创新为核心推动事业进步发展。“明目扩胸，高标定位”是新学院组建初期全体院班子及老师们经过反复讨论后对学院今后发展的基本要求，具体要求是瞄准国际商学教学前沿趋势，融合发展学院已有的多学科优势和人才优势，在重视传统学科发展的同时，积极拓展特色学科和新兴领域，带动学院人才培养、科学研究、社会服务等各项工作的全面提升，尽快把新浙江大学管理学院建成国内一流、亚洲领先、有一定国际影响力的管理学院。王重鸣常务副院长带领院班子全体成员，在对国际、国内及学院内部充分调研的基础上，敏锐地感觉到培养创业精神和创新能力的创业教育应该是学院未来的发展方向。聚焦创新创业领域，深耕创业管理方向的想法迅速得到学院老师们的支持并得以迅速贯彻实施。

学院党委始终把干部员工及学生的思想教育与凝心聚力作为工作重点之一。2003 年 12 月，经学校党委批准，学院各个系、行政及本科生与研究生分别组建了党支部（党总支）。学院党委及各党支部坚持以邓小平理论和“三个代表”重要思想为指导，认真贯彻党的十六大精神，紧紧围绕创建一流管理学院目标，积极开展“保持党员先进性”活动。增强基层党组织的创造力、凝聚力和战斗力，充分调动广大党员的积极性，带动学院全体员工和学生形成“党员争先进，全员创一流”的局面，达到提高党员素质、服务师生员工和广大群众、促进学院各项工作的目的，为实现学院的跨越式发展，提供了坚强有力的思想、政治和组织保证。

新的管理学院迅速组建了统一的行政管理组织架构，规范制定学院的各项规章制度，确保学院教学、科研、学生管理、员工管理等各项工作平稳过渡，有序推进。整合原浙江大学和原杭州大学 MBA 培养的各种资源，重新组建了浙江大学 MBA 教育中心。2002 年申报举办 EMBA 项目成功，设立浙江大学 EMBA 教育中心，成为全国首批招收 EMBA 项目的院校之一。2004 年 6 月，为更好地服务社会，学院成立了高级管理培训中心。2002 年 7 月，学校决定将成立于 1998 年的浙江大学—香港理工大学国际企业培训中心由管理学院负责日常管理。

学院参照国际一流大学办学模式制定各个专业统一的培养方案，强调从单纯传授知识向培养学生发现问题的能力、获取知识的能力、创新与创业的能力转变。原三校各自招收的学生仍按原教学计划完成学业，新管理学院成立后实行统一招生、统一培养、统一管理。

学院先后推出了一系列政策，鼓励交叉融合团队合作，瞄准理论前沿与现实应用领域，做强做大特色学科与科学研究。1999 年，组建“浙江大学农业现代化与农村发展研究中心”（浙大 CARD），并被批准为教育部人文社科重点研究基地。1999 年，管理科学与工程学科被批准为浙江省重点学科，并被列为浙江大学“211 工程”“985 工程”重点建设学科。2000 年，“农林经济管理”获得一级学科博士学位授予权。2001 年，“工商管理”获得一级学科博士学位授予权。2003 年，“旅游管理”获得博士学位授予权，并建成国内最早的旅游管理博士后流动站。2004 年，获批建立“创新管理与持续竞争力研究国家哲学社会科学创新基地”和“中国农村发展国家哲学社会科学创新基地”。

为解决多校区分散办公教学等问题，2005 年 5 月初，管理学院迁入紫金港校区行政大楼新址办公。

2005 年 5 月 8 日，管理学院隆重举行了为期 5 天的建院 25 周年系列庆祝活动，来自美国斯坦福大学商学院、哈佛大学商学院、韩国延世大学商学院，以及清华、北大等国际知名高校商学院（管理学院）的 100 多位院长、专家、学者参加。其间安排了中国改革与发展论坛、中外管理学院院长论坛、农经管理学科发展论坛、中国房地产高峰论坛、管理发展与学习专题讨论会、旅游管理学科发展论坛、浙江大学—香港理工大学政府管理高级论坛等多场学科论坛。

建院 25 周年庆祝活动的成功举办，标志着新浙江大学管理学院的合并融合阶段基本结束。2005 年底，学校对学院领导班子进行了换届调整，黄祖辉教授不再担任学院党委书记，马庆国教授、吕建中教授不再担任学院副院长、副书记。学校任命应飚为学院党委书记，卫龙宝、陈凌、张钢、贾生华为副院长。学院的工作重点转入凝练特色、快速发展阶段。

特色定位——国际化与创新创业

全院上下逐步明确了“培养具有国际视野、创新能力、创业精神和社会责任的高级管理专业人才与未来领导者”的发展目标，坚定了“国际化合作和创新创业特色发展”的战略定位和发展决心。

加强国际化合作、提高国际化程度、提升国际影响力，树立学生的全球意识和国际竞争力，是开创中国特色创业教育的重要抓手之一。2006 年，学院创建创业管理专业，率先在国内设立了创业管理二级学科，随后获准设立创业管理硕士点和博士点，管理学院成为全国首家拥有创业管理硕士点和博士点的办学单位。在先期与斯坦福大学开展创业教育合作的基础上，双方共同设立的“浙江大学国际创业研究中心”于 2006 年 6 月正式落户杭州滨江区高新技术园区，这是国内高校首家全球创业研究中心，它依托浙大管理学院多个重点学科和研究中心，引入斯坦福大学等国际上领先的创业研究力量，面向国际创业管理学科发展前沿，以浙江乃至全国的创业创新活动为研究对象，突出创业人才、创业企业和创业环境。同时在新落成的“浙江大学国际创业研究中心”举行了“第四届全球创业与人力资源战略国际研讨会”，会议主题是“构建创业创新体系，实施创新人才战略，提升自主创新能力”。时任浙江省副省长金德水同志在研讨会开幕致辞中指出，这次研讨会确定的主题不仅反映了全球化背景下世界管理学研究和管理实践的前沿领域，而且也是浙江省“十一五”期间实现经济社会发展再上新台阶的战略着力点。“浙江大学国际创业研究中心”成立后，采用“零距离”合作策略，积极构建全球学术网络，开展开放式创新与国际化创业研究，先后与美国、瑞典、法国、韩国等著名大学商学院和学术机构建立战略合作伙伴关系，开展高水平学术交流与国际前沿合作研究。

2006 年 11 月 16 日，AMBA 国际认证中心 4 人专家组来到浙江大学，对浙江大学 MBA/EMBA 项目进行了现场认证。专家组对浙江大学管理学院和 MBA/EMBA 专业的使命、学院和 MBA/EMBA 发展战略、目标市场和营销战略、政策及其实施状况、顾客导向、学生反馈机制和政策、回应机制和质量、图书馆资源、计算设施、就业、精神关怀、校友联络、MBA/EMBA 教师任职条件、发展政策、青年教师队伍的专门政策、教师评估体系、教师规模、MBA/EMBA 录取程序、学术和专业资格、以往经历、MBA/EMBA 的办学目的、知识和理解、学习标准、项目设计、项目整合、能力培养、教学和学习方法、模式和学制等进行了全方位认证后，给出了以下结论：浙江大学拥有优秀的 MBA/EMBA 教师队伍；拥有优秀的 MBA/EMBA 学生和校友；对浙江大学在 MBA/EMBA 的创新创业精神和领导力培养方面印象深刻；拥有完善的 MBA/EMBA 各类委员会、职业发展、教师发展、课程评价、学生国际交流和实践等政策。浙江大学 MBA/EMBA 专业通过 AMBA 国际认证专家组认证，报 AMBA 国际认证中心批准后获得了为期 5 年的国际质量认证资格（2006—2011）。此次浙江大学 MBA/EMBA 项目在国内率先通过 AMBA 国际认证，对于浙江大学的 MBA/EMBA 教育，乃至全中国的 MBA/EMBA 教育都具有重要意义。

2007 年 9 月，浙江大学管理学院与法国里昂商学院就共建中欧创业研究中心达成一致。里昂商学院的特色是将创业和创新精神贯穿在整个教学过程中，其创业专业全欧洲排名第一，管理学硕士专业全欧洲排名第三。双方还进一步探讨了高层次创业人才的合作培养的可行性。

学院积极与美国、加拿大、英国、法国、德国、意大利、瑞典、韩国、新加坡、日本、澳大利亚等国家和我国香港、台湾地区的著名高校与研究机构开展了广泛的合作交流，并建立了战略联盟。每年选送 100 多名本科生、硕士、博士研究生和 MBA/EMBA 学生去海外院校商学院交流与学习。

学院的国际化程度不断提高，国际影响力不断提升。学院决定在 2008 年正式启动申报整体国际认证工作（EQUIS、AACSB）。

“创新”不仅是浙江大学发展的“魂”，也是管理学院的立院之“基”。以许庆瑞教授团队为核心的“浙大创新学派”，对我国传统的管理科学领域及研发管理领域进行了突破性的发展和开拓，在国际上率先提出了“二次创新”“组合创新”及“全面创新管理”范式，为创新管理理论及实践发展做出了重大贡献。2007 年 12 月，许庆瑞教授成功当选为中国工程院院士，这是学院在高端人才队伍建设方面取得的突破性成果，具有里程碑式的深远意义，将显著提升学校和学院在管理科学方面的学术声誉，大大推动学院学科建设的快速发展。2008 年 1 月 10 日，首届“管理科学奖”颁奖大会在北京人民大会堂举行，中国工程院院士、浙江大学管理学院许庆瑞教授荣获“管理科学特殊贡献奖”，同时许庆瑞院士领导的浙大创新团队共同完成的成果“全面创新管理：理论与实践”荣获“管理科学奖”。

2006 年 12 月 17 日，全国 96 所 MBA 培养学校的管理学院院长及 MBA 教育项目负责人相聚杭州，出席由浙江大学管理学院主办的 2006 年全国 MBA 教育指导委员会三届五次全体会议暨 MBA 培养学校管理学院院长联席会议。与会者就学院首次提出的 MBA/EMBA 教育要承担的社会责任达成了共识，并发表了中国 MBA 教育《西湖宣言》。该宣言强调管理学院所应承担的社会责任，倡导将社会责任教育融入 MBA/EMBA 教育全过程。

争创一流——科学发展　全面协调

学院以科学发展观为指导，始终坚持调整结构、突出重点、分类培养、质量领先的人才培养战略，培养具有国际视野、创新能力、创业精神、社会责任的管理人才。

2006—2007秋冬学期开始，管理学院推出了全英文管理类精英人才培养的“创业管理精英班”这一全新的人才培养模式。这是管理学院探索人才培养新模式的一次全新尝试，也是管理学院培养创新型学院文化的重要举措之一，其主要特征是“以生为本，因材施教”，“多渠道选拔人才，阶梯式设置模块，复合型综合知识，高层次人才定位”。通过这一重大举措，管理学院力图创立一种“多通道、阶梯式、复合型”高层次管理类精英人才培养新模式。学院从三个不同层次（本科生、MBA、硕士研究生）组建“创业管理精英班”，进行该项目的人才培养模式探索与实践，培养在创业管理研究领域具有广阔的国际视野，精通外语，专业知识精深，拥有复合型知识结构，研究方法科学，了解国内外创业的趋势、特点和模式，综合创业与管理能力较强，事业/业务拓展能力卓越的企业家型管理精英人才。2007年，管理学院“多通道、阶梯式、复合型高层次管理学精英人才培养模式探索与实践”（2＋2＋2）成功申报为教育部专业人才培养教学改革项目。

2007年，在学校的支持下，浙大管理学院与创业专业国际排名榜首的美国百森商学院和欧洲名列前茅的法国里昂商学院开展战略合作，在数年创业精英班的实践探索基础上，首创“中法美三校联培”全球创业硕士合作办学模式。共同开展三校联培的“全球创业专业（GEP）项目”，在创业教育中迈出了国际化的新步伐，成为全国创业教育的示范性项目。GEP项目随后荣获了该年度浙江省优秀教育成果奖。

2007年11月，管理学院接受了教育部本科教学水平评估。针对评估及学科建设中存在的问题，学院领导班子及时提出了实施专业振兴创新计划。该计划经过反复讨论与论证，于2008年初开始实施：将原先较为分散的11个专业整合为8个专业进行重点扶持发展，这8个专业包括：信息管理与电子商务、工商管理专业、人力资源管理专业、物流管理专业、旅游管理专业、会计与财务管理专业、农林经济与管理专业、创业管理专业。学院逐步形成了全员育人、全过程育人、全方位育人、全面提升人才培养质量的良好格局。学院特色专业建设也取得明显成效，农林经济管理专业列入国家Ⅱ类特色专业建设项目，工商管理专业和农林经济管理专业列入学校特色专业建设项目。

在实施本科生、研究生精品课程计划同时，学院将专业学位精品课程建设纳入学院整体精品课程建设的重要组成部分。2008 年 6 月，首次评选出专业学位精品课程 10 项，其中 EMBA 精品课程建设 3 项，MBA 精品课程建设项目 6 项，工程硕士精品课程建设项目 1 项。

制定实施与学科、专业振兴计划配套的一流师资队伍建设规划《浙江大学管理学院师资振兴计划实施暂行办法(2008)》，在此基础上，学院进一步加大了国内外优秀人才的引进力度，努力造就在国际上有影响的学科领军人物和创新团队。加强与国内外一流大学的合作交流，拓宽学院教师的学术视野，进一步提升学院教师的学术水平、国际竞争力和双语教学水平。选派优秀教师到国外著名高校和研究机构进行研修访问、合作研究、案例教学培训，资助教师参加国际、国内学术会议。

针对学科规划和大项目、大平台建设需要，依托学院“中国农村发展研究院”“创新管理基地”以及“全球创业研究中心”三大研究平台，充分发挥学院国家重点学科“管理科学与工程”、国家重点培育学科“农业经济管理”等学科优势，设立“种子基金”等激励措施，激发学院教师的科研积极性，营造学院良好的科研氛围，提升教师承接各类国家及省级基金项目的能力。在此期间，学院获得国家自然科学基金和国家社科基金资助的重点、面上项目保持国内商学院领先水平，学院整体研究水平及国际、国内的影响力显著提升。

2007 年 11 月 2 日，国务院原副总理李岚清同志为学院常务副院长王重鸣教授颁发管理学杰出贡献一等奖。该奖项由李岚清同志捐助稿费设立的复旦管理学奖励基金会发起，面向全国，是我国管理学界第一个奖励基金，旨在奖励我国管理学领域做出杰出贡献的学者。该奖项于 2006 年首次颁发，设“管理科学、工商管理、公共管理”三个子领域，每年就一个领域进行评选奖励(分一、二、三等奖)。王重鸣教授是该奖项“工商管理”领域第一个管理学杰出贡献奖一等奖获得者。

学院鼓励开展交叉学科、新兴前沿领域的团队合作研究。2006 年，由马庆国教授牵头组建了国内首个神经管理实验室。2007 年，熊伟教授申报的《软件可行性需求分析及其过程控制与管理模式研究》获得由国家自然科学基金会信息学部、管理科学部和数理科学部联合设立的重大研究计划项目。

学院充分发挥在教育科研领域人才集聚、学科齐全、成果丰硕的优势，积极做好为各级政府和企事业单位提供高水平咨询服务的智库建设工作，通过建立与各级政府紧密结合的多种形式的研究平台，整合校内外各种资源，积极参与我省乃至中央政府技术创新体系和区域创新体系的建设，精心谋划，主动出击，找准突破口，帮助解决实际问题，社会服务工作不断取得新成果，在高质量地向政府、企事业单位输出知识、传播文化、转化成果的同时，也为学院的发展争取到雄厚的社会资源。

2006 年 11 月 26 日，教育部部长周济及出席高校服务地方发展工作会议的 30 余所高校的领导与嘉宾到访浙江大学全球创业研究中心。浙江大学党委书记张曦、校长杨卫、常务副书记陈子辰等陪同考察。作为杭州高新区与管理学院合作共建的“全球创业研究中心”，也是“浙江大学—杭州高新区创新人才实践基地”，依托浙大管理学院的多个重点学科和研究中心，定位于创新人才培养基地和高新技术孵化中心、创业研究中心和国际合作中心，突出体现了“产学政研”的结合，真正实现了人才培养与社会服务的“零距离”。考察结束后，周济部长做出了重要指示：高校与地方政府合作，把研究中心建在高新区，这是一个非常好的高校服务地方发展的模式，值得总结经验，深入推进。他希望研究中心能为高新区人才开发、创新创业管理、国际化水平提升做出应有的贡献，同时也希望研究中心在地方政府的支持下获得健康、持续发展的潜力。

学院除每年招收 250 名 MBA、100 名 EMBA 学员外，为政府与企业提供管理培训服务工作也取得长足进展，在地域与行业拓展方面取得显著成效。每年举办企业管理研究生进修班 2—3 个班次，中短期培训班均在 500 人次以上。2006 年 5 月，由浙江省委组织部、浙江省国资委主办，浙江大学管理学院承办的浙江省省属企业领导人员系列培训班顺利举行，先后为全省集中培训了 200 余名省属国有企业领导干部。该培训课程具有战略意义，提高了浙江省省属国有企业领导干部素质，加强企业领导干部政治素质、个人素养、领导艺术和业务水平，为推进新一轮省属国有企业改革发展提供智力支持和组织保障。此外，学院受浙江省中小企业局，宁波市经贸委，贵州省经贸委，湖州市组织部、国资委，长兴县委组织部等政府部门委托，开展合作培训。与中国兵器部（国有企业）、大庆油田公司、红塔集团、安徽铜陵有色金属集团、浙江省农发集团等大型企业进行合作，开展高层管理人员管理素质提升培训。

为配合浙江省委、省政府提出的“创业富民，创新强省”战略的实施，学院向省有关部门提交了创新、创业方面的部分研究成果20余项，为省委、省政府的相关决策提出了重要的建设性意见。2007年，创新管理基地与浙江省经贸委合作进行企业技术创新体系建设和省级企业技术中心评估认定工作，为省级企业技术中心建设提供理论支持、评价体系、方法指导培训和战略咨询；2007年12月，卡特中心“关于中国农村改革30年的经验启示及深化改革的对策建议”得到国务院副总理回良玉同志的专门批示，并要求国务院有关部门参阅。2007—2008年学院与浙江省交通投资集团、能源集团、物产集团、浙江邮政、电力公司等大型企业规划了双方的战略合作，并签订了院企战略合作协议。

2009年2月，与牛津大学商学院签订合作协议，正式启动由高盛集团资助的“万名女性，创业巾帼圆梦计划”和“中国女性创业能力开发项目”。项目由王重鸣教授牵头组织实施，每年选拔100位具有创业精神，创业潜质、创新设想、奋斗意愿的创业女性，经过专题能力开发、3—5年跟踪服务，分析与研究女性创业能力的提升模式与策略。

学院积极响应学校号召，选派优秀骨干教师到中央有关部委和地方挂职。2004—2009年，学院共派出了10位专业教师（王宏星、周永广、周玲强、王婉飞、魏江、陈学军、戚振江、项坚、严进、潘伟光）分赴各地挂职，通过与挂职单位共享人才资源，促进政学产研全面合作。挂职教师虚心向所在单位学习，积极发挥自身专业特长，努力搭建合作桥梁，为促进双方战略合作做出了应有贡献。通过挂职锻炼，了解了情况，开阔了视野，转变了观念，提高了能力，取得了挂职和学院工作的双丰收。

积极参与西部开发与建设项目。学院先后派遣周玲强、王宏星2位教师赴西藏大学，帮助筹建旅游与外语学院，领衔申报成功1项国家自然科学基金、1项国家社科基金、1项教育部社科规划项目，为西藏大学相关学科建设和西藏地区旅游规划做出了贡献。农经管理学科对口援建新疆石河子大学的农经管理学科，每年派学术骨干赴石河子大学参与该校农经管理研究生课程建设和讲学工作，同时派学科骨干兼任该校经贸学院副院长；帮助培养该校农业经济管理的博士生，共同研讨学科发展和双方科研合作。管理学院作为浙江大学贯彻落实党中央、国务院民族政策，以实际行动为西部开发培养实用型人才的重要基地，自2002年招收第一届新疆班以来，集中招收少数民族学生6个班级——新疆班2002级、新疆班2004级、西藏班2004—2007级，共计培养了新疆学生43名，西藏学生155名。针对学院少数民族学生分布集中，学生文化背景、学习习惯、学习基础等个性特点，学院采取措施加强对少数民族学生的教育培养，专门为西藏、新疆学生配备了政治素质过硬、经验丰富的班主任和辅导员，组织了大量的活动加强汉族学生与少数民族的交流。单独划出保送研究生名额，鼓励引导少数民族学生认真学习。

学院始终强化学院党风廉政建设，以健全的制度管人理事，确保学院各项工作持续健康发展。组织党员领导干部深入学习中共中央、国务院、教育部、浙江大学有关加强规范党的基层组织建设的文件精神，同时联系学院实际，制订了相关实施细则，着力构建行之有效的惩治和预防腐败工作体系。如提高党员领导干部民主生活会质量，加强教职工思政工作和师德师风建设，进一步规范学科建设、外事活动、岗位聘任、奖励处罚、招生就业、出国考研、奖贷学金评定、学术道德建设等方面的规章制度。建立了领导干部任职、述职、述廉制度，领导干部廉政谈话制度，机关效能建设制度；健全了学院财务预算制度、分配激励制度、民主决策制度、院务会议制度和院务公开制度等。规范管理行为，防患于未然。健全了民主监督制度。学院设立了“院长信箱”，由专人管理，自觉接受师生员工的监督；加强统战工作，经常倾听党外民主人士的评议；加强纪检信访工作，及时处理举报、信访中涉及的问题。这些制度的贯彻和落实，对形成一个“心齐、实干、高效”的领导集体具有积极的促进作用，对学院实现新一轮跨越式发展和提供了重要的思想和组织保障。

团结奋斗　争锋一流（2009—2017年）

2009—2017年，吴晓波教授担任浙江大学管理学院常务副院长、院长，全面负责学院行政工作，共领导两届学院工作。2009年6月，学院由吴晓波、应飚、卫龙宝、陈凌、张钢、何冬梅、王瑞飞等组成班子成员；2013年6月，学院由吴晓波、应飚、包迪鸿、陈凌、卫龙宝、周伟华、钱文荣、阮俊华等组成班子成员。全院师生共同努力，深入学习实践科学发展观，认真开展“创先争优”活动，围绕学校创建世界一流大学的宏伟目标和学院改革发展的战略目标，坚持改革创新，进一步明目扩胸、完善机制、落实措施、扎实工作。经过8年时间的共同努力，学院整体面貌发生显著变化，各项事业在原有基础上跃上一个新台阶。特别是在国家一流学科创建、全覆盖的一流国际认证、一流大学国际合作、国家级一流人才队伍建设、一流人才培养、校友联络和开发平台、学院新大楼募款以及作为学校第一个改革试点单位，在学院内部现代商学院管理体制机制更新等方面均取得了突破性的进展。树立了"团结奋斗，争锋一流"的创新进取文化，已成为整体办学水平居全国高校管理学院前列并具有重要国际影响力的管理学院，成为我国培养高层次管理人才和教学、科研与社会服务的重要基地之一。

落实"双一流"战略，创建"双一流"学科

学院围绕国际前沿学科发展趋势和重大社会需求，大力加强学科建设。2013年1月，教育部第三次学科评估结果公布：学院农业经济管理学科排名蝉联第一，管理科学与工程学科排名全国第二。为后续国家重点学科的申请奠定了良好的基础。2017年9月，教育部、财政部、国家发展改革委公布世界一流大学和一流学科（简称"双一流"）建设高校及建设学科名单，根据《关于公布世界一流大学和一流学科建设高校及建设学科名单的通知》，浙江大学入选世界一流大学建设高校，共有18个学科入选一流学科建设。其中，浙大管院管理科学与工程学科位列其中。

为顺应学科发展国际前沿趋势，落实"双一流"的发展战略，形成浙大新优势，2016年对学系进行重要的结构性调整，成立创新创业与战略、数据科学与管理工程、服务科学与运营管理、领导力与组织管理、市场营销、财务与会计和旅游与酒店管理七大新学系。通过学系优化设置，打破学科封闭体系，激发了学科建设基础单元的主题意识和创新动力。

一流国际认证，接轨国际标准

学院瞄准全球商学院的三大国际认证体系，积极推进AMBA、AACSB和EQUIS三项国际认证，并以此作为学院各项工作全面提升的抓手。

2006年，率先通过AMBA国际认证，成为我国境内首家获得国际权威认证的管理学院，当时全球著名的《金融时报》以"中国体制内商学院首获国际

认证”为题进行了报道。时隔5年之后，2011年12月，学院在我国境内又率先通过AMBA第二期国际认证，这是我国境内管理学院新的里程碑。2011年，AMBA中国分会落址浙江大学管理学院。

2012年1月，学院顺利通过EQUIS认证，于4月正式获得3年期EQUIS（欧洲质量认证体系）国际认证。2015年3月又取得EQUIS最高级别5年期国际认证。EQUIS国际认证的获得不仅是对学院教学、科研、师资队伍、企业联系和社会服务等各方面工作成绩的肯定，而且极大地促进了学院深入国际化、规范化发展进程，进一步提升了学院创新能力和弘扬创业精神的步伐，对打造具有持续发展潜力和国际影响力的管理学院具有深远意义。

AACSB国际认证是目前全球最大的商学院认证体系，最严格的北美质量认证体系。2010年11月，学院AACSB认证资格的申请获批通过，2011年3月开始启动自评和认证达标计划的撰写。2012年7月，学院提交的AACSB认证计划得到初次认证委员会批准，自此进入认证计划的执行阶段。2013年3月，学院递交的首份认证计划执行进展报告被AACSB初次认证委员会接受。2015年5月，学院顺利通过国际商学院最重要的AACSB 5年期国际认证。

2015年7月，学院又顺利通过中国高质量工商管理教育5年期认证。管理学院全部以最高水准5年期通过AMBA、EQUIS、AACSB三大国际认证（目前国内仅有的3所院校之一）和中国高质量工商管理教育认证（CAMEA）。这是优秀管理教育的重要标志，标志着学院进入全面接轨国际标准的发展阶段。

2014年10月12日，浙江大学管理学院国际顾问委员会第一次会议在杭州顺利举行。国家教育部原副部长、中国教育国际交流协会会长章新胜出席并主持了会议。浙江大学校长林建华教授出席会议并向国际顾问委员会的各位委员颁发了聘书。浙江大学党委书记金德水，浙江大学常务副校长宋永华在会议期间会见了国际顾问委员会的委员们，并与他们就浙江大学的建设和发展进行了沟通交流。浙江大学管理学院组建国际顾问委员会，目的是整合国际资源，为学院制定和规划整体发展战略提供咨询，并对学院各项事务发展提供具体的建议和指导，支持帮助学院提升其国内和国际的地位和声誉。国际顾问委员会的委员有22位，全都是来自中外的政商学界领袖。其中，既有在学术界享有广泛声誉的优秀学者，又有在实业界取得卓越成就的企业家；既有来自英国、美国等欧洲发达国家的代表，也有来自日本、韩国等亚洲国家的代表，还有来自我国香港和台湾地区的委员。[①] 此后，管理学院每年都定期召开国际顾问委员会会议，站在国际一流的平台上为学院指明持续健康的发展战略和整体方向。

融入全球合作，对接国际平台

针对市场经济前沿的地域特点和创新创业学科特色，前瞻布局，重构全球战略伙伴网络，迅速构建覆盖全球创新创业领域的一流商学院合作网络。在学院的合作伙伴关系管理上，将伙伴院校划分为战略合作伙伴、重要合作伙伴和一般合作伙伴三个不同层面，采取分层差异化管理，其中战略合作伙伴包括：英国剑桥大学、美国斯坦福产学研“融通创新”大学、法国里昂商学院、瑞典隆德大学、美国麻省理工学院、法国巴黎高商 HEC。学院也积极加入各国优秀商学院合作与交流的国际组织，成为 WEF、EFMD、AACSB、AMBA、GBSN、GMAC、AAPBS 等组织的成员，拓展更为丰富的全球化资源。

学院聚焦创新创业，定位国际一流标杆，突出优势，全方位国际化发展，推动人才的国际化培养和精英化培养。设计国际合作“4G 战略”，以国际合作特色项目为抓手(GXP 项目)。其中最具特色的 GEP 项目(全球创业管理硕士项目)由浙大—里昂—百森“三校联合培养”在 2009 年联合发起，2012 年美国普渡大学加入本项目。2017 年，学院的管理科学与工程学科入选“双一流”建设学科，首届创新、创业与全球领导力国际硕士项目(PIEGL)在浙大海宁国际校区正式开班。

积极响应国家“一带一路”倡议，作为“一带一路”管理教育路上的先行者，学院积极展开与沿线国家一流商学院合作、联合培养复合型创新人才、促进国际产学研交流合作。2016 年 6 月，管理学院成为 CEEMAN(全球新兴经济体商学院联盟)理事会成员，成为该组织在中国的第一家管理学院、第一位理事会委员(全

---

① 浙江大学管理学院首届国际顾问委员会主席由章新胜担任。参加本次会议的委员有：香港大学经济及工商管理学院院长张介，普渡大学克兰纳特管理学院原院长克里斯·厄尔利(Christopher Earley)，台湾大学副校长、台湾大学管理学院原院长李书行，“世界创业论坛”创始人及联席主席、法兰西商学院、里昂商学院原院长帕特里克·穆雷(Patrick Molle)，早稻田大学副校长太田正孝，清华大学经济管理学院院长赵纯均、浙江省物产集团公司董事长王挺革，西子联合控股有限公司董事长王水福、上海美特斯邦威服饰股份有限公司董事长周成建等。

球共 15 位委员），这是学院在开拓“一带一路”管理教育的道路上迈出的重要一步。作为对世界管理学界具有一定影响力的国际性管理协会，CEEMAN 目前的会员囊括欧美、亚非拉 50 多个国家的 210 余所机构、商学院，覆盖“一带一路”众多沿线国家。浙大管院素来重视国际合作与“一带一路”管理教育开拓，此次加入 CEEMAN，将进一步联合该协会遍布全球的各成员机构，紧密结合“一带一路”倡议，共同为世界培养具有国际视野、创新能力、创业精神和社会责任的跨区域、跨行业领袖人才。

打造品牌学术盛会，拓展国际学术网络。技术与创新管理国际研讨会（ISMOT）、“全球化制造与中国国际学术会议”（GMC）、“人力资源战略与创业管理国际研讨会”“创业与家族企业国际研讨会”“神经管理学与神经经济学国际会议”等几大系列学术会议，逐步提升了学院在国际、国内的学术影响力。

（1）2015 年 10 月 19 至 22 日，由浙江大学主办、杭州市政府合办、浙江大学管理学院承办的，以“创业国际化：全球联动，创新机会”为主题的第八届“世界创业论坛（WEnF）”全球年会，在中国杭州盛大举行。这也是世界创业论坛（WEnF）首次来到中国举办。来自世界各地的 500 多位企业界、政界、学界以及相关人士，齐聚杭州，交流互动，共话全球创业与创新。同时，该活动也荣获第十七届西博会“最具国际化”奖。

（2）2016 年 6 月 15 日至 19 日，学院承办中国管理研究学界最大规模的学术会议——第七届中国管理研究国际学会（International Association for Chinese Management Research，简称“IACMR”），年会主题为“文化与中国管理”，吸引了来自全球各地研究中国管理实践与理论的众多顶级学者、商学院院长和教授、管理学专业人员及企业家等 1400 余人参与，共同论道中国管理战略与企业管理实践。IACMR 是公认的中国企业管理研究最具权威性的世界级学术研究组织。本届会议承载了 170 场学术活动，包括 90 场宣讲会、50 场圆桌讨论会、30 场专业发展工作坊，成为 IACMR 史上规模最大、参与人数最多的双年会。其产生的一系列丰硕学术成果，将大大推动中国管理研究与实践，进一步促进中国企业与经济的崛起腾飞。

（3）2016 年 12 月 3 日至 4 日，由浙江大学主办，浙江大学创新管理与持续竞争力研究基地、浙大管院承办的第八届技术创新与技术管理会议（ISMOT'2016）在浙大紫金港校区隆重举办。来自中国工程院的 10 位院士参与了大会“院士论坛”，并与国内外众多知名学者及吉利、美的、IEG 等企业的高管们共同论道“创新驱动能力构建与产业发展”。技术创新与技术管理国际研讨会(简称“ISMOT”)是由“中国创新管理之父”、中国工程院院士、浙大管院许庆瑞教授发起,从1995年创办至今已成功举办七届,是我国创新管理领域第一个且最具规模与水平的重要国际学术盛会之一,至今已持续20余载,得到了国内外相关领域人士的热烈响应与高赞好评。本届大会特设分论坛“企业自主高峰论坛”,吸引了国内企业界人士广泛参与,通过学者与企业家们的思维火花碰撞,进一步促进了中国本土管理理论与实践的融合与繁荣发展。

聚集高端人才,建设优秀师资队伍

学院于2010年7月正式推出《浙江大学管理学院教师多通道职业生涯(ATP分类管理)发展体系实施暂行办法》方案,并于2010年12月顺利完成了教师岗位聘任工作。通过教师ATP分类管理,进一步建立健全教学、科研、管理和社会服务等方面的各种政策措施,发挥教师潜力,为学院新一轮发展战略的实施提供制度和人才保障。

持续实施国际化高端学科人才集聚战略,完善教师多梯制职业生涯管理。近4年,学院在高端人才培养和引进方面(长江、杰青、优青等)取得全面突破,并呈现强劲的梯队式成长态势。近4年共引进28位教师,获得学校的“2015年引进人才杰出贡献奖——伯乐奖”。

为实现国际一流管理学院的战略目标,学院在行政服务支撑体系方面进行了重大改革,突出变身份管理为岗位管理,不拘一格降人才,激发了员工工作积极性和内在潜力。通过部门结构优化,全员公开竞聘等公开公平的选人用人机制,完成内设机构负责人新一轮的岗位竞聘。通过实施全职业生涯管理,创新薪酬体系、考核体系(部门KPI考核、人员360度测评),规范招聘流程和员工培训制度,倡导服务、效率和卓越的工作理念,以规则、专业、学习、主动、热情、责任,打造符合国际一流商学院目标的行政服务支撑体系,启动了《管理学院行政服务支持系统规范化建设》项目。

创新完善学院人才队伍体系建设及管理,为储备潜力师资人才提供保障。建立修订博士后管理制度,完善博士后管理体系,提高师资的甄选效率。设立人才引进专项基金,实施“卓越人才计划”,制定《管理学院特聘研究岗位聘任试行办法》，设立院聘特聘研究员岗位，以吸引已在相关学术领域崭露头角、具有良好学术发展潜力的优秀青年人才，为学院可持续发展储备高潜力和高成长新生后备力量。2015 年 11 月，浙江大学管理学院农业经济与管理系青年教师茅锐博士凭借论文《开放经济中的增长、转型与失衡》，荣获了第七届“黄达—蒙代尔经济学奖”。而该奖是由诺贝尔经济学奖得主、“欧元之父”蒙代尔教授和我国著名经济学家、中国金融学会名誉会长、中国人民大学前校长黄达教授共同冠名创设，是国内授予青年经济学者的最高奖项，有“青年诺贝尔经济学奖”的美誉。2015 年 12 月，霍宝锋教授申请的“供应链管理”项目成功通过专家评审，荣获国家杰出青年科学基金。2016 年 7 月，杨翼副教授的科研项目也得到了自然科学基金委的高度认可与支持，荣获国家优秀青年基金。

2013 年底，浙江大学管理学院许庆瑞院士、清华大学技术创新研究中心主任陈劲教授、浙江大学管理学院郭斌教授、寿涌毅副教授和刘景江副教授所著的 *To Leverage Innovation Capabilities of Chinese Small & Medium-Sized Enterprises by Total Innovation Management*（《运用全面创新管理提升中国中小企业的创新能力》，浙江大学出版社，新加坡世界科学出版社）一书，荣获中华人民共和国国家新闻出版广电总局所颁发的第三届中国出版政府奖提名奖。中国出版政府图书奖是我国新闻出版领域的最高奖。

2017 年 2 月，浙江省高教学会教材建设专业委员会公布了浙江省普通高校“十二五”优秀教材评选结果。经过专家们的严格评审，由浙江大学管理学院名师编著的 3 部教材成功入选。它们分别是：邢以群等著《管理学》（第二版）、《管理沟通：成功管理的基石》（第三版）、《现代物流管理》（第三版）。浙江省普通高校“十二五”优秀教材是在“十二五”期间正式出版的教材统计基础上，按 10% 比例进行遴选推荐。要求参选教材教学适用性强、效果好、影响大，能体现学科行业水平等。

爱思唯尔（ELSEVIER）2016 年“中国高被引学者”（Most Cited Chinese Researchers）榜单正式发布，榜单涵盖中国 38 个学科领域的高被引学者。浙江大学管理学院华中生教授、霍宝锋教授、周宏庚教授、周欣悦教授凭借在全球学术界的影响力与卓著表现，荣登该榜。该榜单由世界领先的科技与医学信息产品和服务供应商爱思唯尔出版集团与上海软科教育信息咨询有限公司（Shanghai Ranking Consultancy）基于客观引用数据，共同评选得出。

2017 年 5 月，中国神经管理学创始人、浙大管院神经管理学实验室原主任马庆国教授正式当选国际欧亚科学院(International Eurasian Academy of Sciences, IEAS)院士。国际欧亚科学院成立于1994年,其院士由世界著名自然科学家、工程技术专家和管理与社会科学家组成。国际欧亚科学院的中国院士都是国内外著名的科学家和技术专家,有1/3以上的院士同时也是中国科学院、中国工程院院士或其他国际性科学院及国家科学院的外籍院士。基于该机构极强的学术权威性,其院士选拔对被选者的学术研究成果要求也非常严格。

在2017年9月日本东京举办的第23届国际质量功能展开研讨会(ISQFD)上,国际质量组织International Council for Quality Function Deployment (ICQFD)授予浙江大学管理学院教授、浙江大学质量管理研究中心主任熊伟“2017年度国际质量大奖Akao Prize(赤尾奖)”。这是该奖自1996年设立以来首次颁发给华人学者。赤尾奖是国际质量管理领域最重要的奖项之一,在全球质量界拥有极大影响力。赤尾奖的选拔遵循世界三大质量奖之一的戴明奖的模式,不接受个人申请,候选人由ICQFD理事会成员、过去的获奖者和国际著名质量专家提名,必须经过提名、推荐和严格的审核流程,最后由ICQFD理事会表决。

凭学科特色,推产学研合作,提升学术影响力

以“把论文写在祖国的大地上”为指引,以形成“浙大学派”为目标,学院持续深化、优化与企业合作,推进科学研究和社会服务。建立合作企业数据库,有效提升资源利用率。与华为合作成立睿华创新管理研究所,与飞利浦合作成立知识产权管理研究所,与美的集团成立“开放性创新实验室”,与深圳蓝凌联合共建“知识管理和创新联合实验室”等。学院发布《中国企业健康指数》《家族企业健康指数》《浙商发展报告》《浙江省创新型经济蓝皮书》等智库调查报告,与阿里巴巴合作发布涉农电子商务研究报告,积极服务于中国经济发展。

学院实施全面融入浙商战略,构建全球浙商网络成立“浙江大学全球浙商研究院”。2011年10月,经学校批准成立了“浙江大学全球浙商研究院”。2012年5月,由浙江大学主办,浙江大学管理学院、浙江大学全球浙商研究院承办的首届中国企业健康力量论坛在浙江大学紫金港校区举行。论坛上,举行了《2012中国企业健康指数报告》一书的揭幕仪式。健康力量论坛是浙江大学管理学院在中国首次发起关注中国企业健康发展的大讨论,是关注中国企业及企业家健康发展的大

型平台。它的成功举办，大大提升了学院品牌影响力，对引领中国企业健康、持续发展产生深远影响。2015 年 10 月 21 日，由浙江大学全球浙商研究院杜健副教授执笔，联合浙江省工商联共同撰写的《新时代，新征程：浙商与“一带一路”》，在第三届世界浙商大会之 2015 全球浙商高端论坛上正式发布。该报告不仅反映了全球浙商发展现状，还为浙商如何在“一带一路”倡议下抓住发展新机遇提供了可行性建议。

2013 年 8 月，学院与一汽大众奥迪签署了全面战略合作，双方将共同开设“浙江大学管理学院 · 奥迪 EMBA 学位班”，并围绕专属课程研发、企业案例研究、交流平台搭建等方面展开全方位探索。旨在将管理学院国际化理论体系与奥迪跨国企业管理经验相结合。

2014 年 11 月，宁波方太集团名誉董事长茅理翔先生，向浙江大学教育基金会捐赠 2000 万元，用于支持设立“浙江大学管理学院企业家学院”。企业家学院遵循“学院与社会互动，学术与实践互动，学者与企业家互动，国内与国际互动，学前与学后互动”的办学理念，发挥名校优势，整合社会力量，努力成为兼具全球视野和本土智慧的家族企业教育专家。

2016 年 7 月 22 日，为推动大数据管理研究与搭建一流商学院合作平台，浙大管院代表浙江大学，与世界一流商学院美国斯坦福大学合作，在 2016 全球供应链管理峰会之“基于大数据的管理科学前沿论坛”上，正式宣布成立浙江大学数据分析和管理国际研究中心。作为一个跨学科、跨学院的国际合作平台，该中心由浙大管院周伟华副院长任中心主任，美国斯坦福大学管理科学与工程系及计算数学工程研究院杰出终身教授叶荫宇任中心外方主任。中心下设有数据驱动决策研究所、数据营销研究所、数据治理研究所、智慧医疗研究所及数据分析与可视化研究所 5 个分支机构，将成为一所应用驱动、数据领先、学科交叉、国际合作的商务数据分析和管理权威研究机构。

打造独具特色的人才培养体系

学院主动融入全球，精心设计国际合作战略，以国际合作特色项目(GXP)为抓手，其中最具特色的 GEP 项目(全球创业管理硕士项目)获“十年最具创新国际合作项目奖”。在 GEP 项目运作模式的基础上，逐步形成了浙江大学管理学院

GXP的培养模式，实现了管理精英人才跨国协同培养的新范式。

1. 在2009年联合发起最具特色的GEP项目（全球创业管理硕士项目），由浙大—里昂—百森“三校联合培养”，2012年美国普渡大学加入本项目。该项目由三校共同发起、共同设计、共同运作，约有30余个国家和地区的同学参加了GEP项目。2010年12月，GEP项目以其极具创新性的国际化人才培养模式，获“十年最具创新国际合作项目”奖。

2. 2012年2月，学院携手法国里昂商学院联合打造全球奢侈品管理（GLBM）双硕士项目。2012年5月，学院牵手加拿大麦吉尔大学推出全球制造与供应链管理（GMSCM）双学位项目。与法国巴黎高商HEC共同举办双学位国际EMBA项目（GEMBA），该项目已于2012年6月通过教育部正式批准，以共同招生、联合培养、互补发展的模式进行合作项目的实质性运作。目前，该项目已成功开设浙大一巴黎高商HEC“创业与创新”浙大模块，教学效果反映良好，不仅加强了两校师资的强强合作，同时搭建了两校学员共享的教学平台。2013年5月，浙江大学管理学院、巴黎HEC商学院、国资委干部培训中心三方正式成为战略合作伙伴，三方共同打造顶尖的EMBA双学位项目。

3. 2012年9月，世界500强德国博世公司25位高管人员在学院EDP中心接受培训，开创了学院EDP项目的全球化发展。2011年浙江大学受邀参加由美国麻省理工（MIT）主办的区域创业加速计划（REAP）项目，成为MIT REAP中国区域Champion机构。2012年2月，REAP首届研讨会在美国波士顿举行，魏江教授率领中国代表团，参加了本次REAP项目的第一期研讨班。浙江大学参加REAP项目，纳入到了“浙江大学—杭州市”市校合作“十二五”规划的建设项目。

4. 2017年9月，学院启动“创新、创业与全球领导力国际硕士项目”（Master Program in Innovation, Entrepreneurship and Global Leadership，简称“PIEGL”），入学典礼在浙大海宁国际校区举行，来自全球23个国家的32位外国新生怀揣着对中国创新创业与管理的学习热情参与典礼。PIEGL项目是浙大管院为响应国家“一带一路”倡议，携手国际联合学院，在开拓“一带一路”管理教育上的又一创新举措，主要面向“一带一路”沿线国家招收优秀学生，旨在帮助学生深入了解新兴市场的发展特征和成长经验，培育真正适应全球化与多元化工作环境的未来商业领袖人才，引领“一带一路”创新创业发展的全球领导者。

浙大管院以“培养具有国际视野、创新能力、创业精神和社会责任的高级管理专业人才与未来领导者”为己任，近年来不断创新本科生教育模式与课程设置，明确学生教育和人才培养思路，构建独具特色的人才培养体系。

1.2010年学院“研究生精英人才培养计划”得到学校和研究生院的大力支持，建设和开设了15门全系列研究生英文课程。2011年，学院制订了“本科生国际化基础课程建设计划”，以学生为中心的国际化整合培养模式，实行实务导向和研究导向的本科生双轨培养机制。强化本科生导师制，结合SRTP项目，把老师的研究和教学整合起来，发现好的有研究潜力的本科生苗子，吸引其加入直博生项目。

2.2016年11月，学院成立了科技创业中心（ZTVP），面向全校开展以科技创业、基于创新的创业为特色的新型创新创业教育平台。通过提供优质创新创业教育课程、活动、资源，培养提升浙大学生的创造性思维、创新能力、创业精神，立志打造一个以科技创业、基于创新的创业为特色的国内顶尖，具有国际影响的创业教育品牌。

3.2016年5月，学院正式成立职业发展中心，旨在通过提供专业、高效的服务，整合各类优质资源，帮助学生全面提高职业能力与综合素质，成功实现生涯发展目标并获得持续健康发展。

4.2016年9月24至25日，由浙大管院创办的浙大MBA深圳创客班正式开班。该班以号称“东方硅谷”的深圳湾创业广场为载体，将为学生提供创业孵化和创业投资等多种创业资源，吸引了来自全国各地众多创客及对创业满怀激情的学员报读。作为中国创新创业教育的开拓者，浙大管院立足于中国民营经济最活跃、发达的长三角地区，放眼全球，高度重视MBA教育创新与探索，且致力于培养中国社会的可持续发展创新引擎、具有竞争优势的商业模式以及健康发展的企业力量。MBA创客班正是其创新创业教育上的又一“创举”，该班于2015年启动，以“创新驱动型创业教育、基于行动的学习模式、整合校内外优质师资、完善的创业生态系统”为办学特色，由企业管理领域知名教授与创投界实战派导师全程联合指导，旨在为中国社会经济的健康发展培养创业型人才。就目前报名的火热情况来看，浙大管院MBA创客班广受外界欢迎，且在班级中，企业家学员所占比例甚高。

5.2016年4月18日，由浙大管院市场营销专业13级5位本科生组成的浙大代表队，凭借作品《沈荡老酒品牌策划案》，从来自全国各大院校的256支参赛队伍中脱颖而出，勇摘2016年（新加坡）全球品牌策划大赛中国地区选拔赛总决赛桂冠，并于6月12日与来自全球的21所高校25支参赛队伍近150名师生决战狮城，最终荣获 2016 年（新加坡）全球品牌策划大赛总决赛季军。作为大规模的商业精英挑战赛，2016 年（新加坡）全球品牌策划大赛是由中国国际贸易促进委员会商业行业分会牵头组织的一项国际性赛事，在全球商界具有一定影响力。此次学子们荣获佳绩，充分展现了管院学生在理论与实践上的非凡风采，也体现了浙大管院在本科生教育上所取得的实质性成就。

品牌文化建设——明确理念，提升整体形象

凝心聚力，努力打造和谐学院文化。学院明确品牌定位，实施学院全方位、软实力、品牌声誉提升战略，以“培养引领中国未来发展的健康力量”为理念，传播和提升学院的整体形象。为此，学院开展了一系列的活动，主要包括如下。

1. 浙江大学管理学院青年教授博士联谊会（简称“求是青椒会”）于 2014 年 3 月 11 日在学院更名成立，求是青椒会前身是浙江大学管理学院青年教师联谊会，成立于 2009 年 12 月，是由浙江大学管理学院青年教师自愿组成，在学院党委领导下，以教学研讨、学术交流、社会服务及内外联谊等为主要活动的群众团体。求是青椒会以团结、交流、奋进、服务为宗旨，致力于凝聚、服务广大青年教师，通过开展学术行、企业行、健康行、公益行等四大板块系列活动，为提高青年教师队伍整体素质搭建舞台。同时，求是青椒会旨在加强社会联系与服务，增进校际及校内跨学科青年教师的交流与合作，有效提升学院品牌形象，为学院、学校的改革发展贡献力量。

2. 2014 年，管理学院党委荣获“浙江大学先进基层党组织”荣誉称号。以科学发展观为指导，以党的群众路线教育实践活动、“三严三实”专题教育、“两学一做”学习教育等专题教育活动为契机，充分发挥师生党员先锋模范作用和基层党支部的战斗堡垒作用，最广泛地调动一切积极因素，凝心聚力，积极推进学院改革发展。

3. 2015 年 11 月 14 日，“合之声”首届国际商学院合唱邀请赛在中欧国际工商学院中欧大讲堂圆满落幕。由浙大管院教职员工、MBA 和 EMBA 学生组成的浙大管院合唱团，凭借专业的唱腔、团结向上的健康力量以及对《香格里拉》《世界需要热心肠》的完美诠释，征服了现场评委与观众，夺得了此次大赛桂冠。

4. 2016 年建立管理学院品牌顾问委员会，邀请业界专家提供品牌传播策略，

推进学院品牌建设。通过政企合作和一系列特色品牌活动,传播学院品牌声誉。举办启真大讲堂、睿华四季论坛、MBA 的名家范局、EMBA 互联网金融大讲堂等活动,塑造品牌亮点。

5. 连续 8 年举办师生迎新晚会,学院领导、师生、校友同台欢聚,表彰先进,传递温暖,共同开启学院新篇章,成为学院一道靓丽的文化风景,彰显学院健康力量。设立紫金杰出贡献奖、钻石服务奖(30 年)和白金服务奖(20 年),以及"我最喜爱的老师"等奖项,增加教职员工的归属感和荣誉感。丰富学院教工业余文化生活,创新组织形式,打造特色亮点。推动建设学院工会下属 11 个文体俱乐部(乐跑、健行、瑜伽、摄影、交谊舞、合唱、羽毛球、乒乓球、大球、棋牌、养生中医),以俱乐部为依托,调动教职工积极组织和参与丰富多彩的活动,传播学院健康文化。积极创建"模范教工之家",建设"妈咪暖心小屋",开展"三关爱"活动。策划笑脸照征集、月集体生日会、新年欢乐会等温馨而有意义的活动,有效激发了广大教职工的凝聚力、向心力,营造了健康向上的学院文化氛围。

6. 2016 年 10 月 30 日,第 38 届香港赛艇锦标赛在近千名赛艇爱好者的见证下隆重举行,来自海内外的众多高水平参赛队伍展开了 2 天的激烈比拼。比赛中,由 12 名 EMBA 学生组成的浙大管院 EMBA"大黄蜂"赛艇队为"健康力量"而战,通过不懈努力与团结发力,最终在众多强有力的"竞争对手"中脱颖而出,夺得第 38 届香港赛艇锦标赛双料冠军!在亚洲赛艇联合会主席王石提议下,浙大管院 EMBA"大黄蜂"赛艇队于 2015 年 5 月组建,并吸引了众多 EMBA 学生和校友的关注与参与。此次"大黄蜂"获奖,不仅展现了"东方剑桥"的赛艇魅力,也完美诠释了赛艇运动所赋予的团队协作与企业家精神——"齐心协力,同舟共济"。

MBA/EMBA——整合资源,重塑体系,提升排名

EMBA 教育方面,学院重新修订了 EMBA 项目培养方案与课程模块。新修订的培养方案体现了浙江大学 EMBA 项目创新创业的特色。重新梳理了 EMBA 课程模块,提出了由基础模块、核心模块、特色模块和整合模块等四大模块构成的新的课程体系,加强了由创新创业、国际视野、管理前沿等三个子模块组成的特色模块。同时,重新梳理了教学管理流程与规范,进一步拓展了精品讲座课程。中

心还组织了多地的移动课堂以及美加访学团、欧洲访学团。重视 EMBA 品牌的维护和宣传，浙大 EMBA 荣登 2010 年“中国最具价值 EMBA 品牌暨浙商最喜爱 EMBA 品牌”榜首，2010—2011 年度 21 世纪商学院最具竞争力十大 EMBA 品牌，中国 EMBA 网 2011 中国最具权威 EMBA 第三名，《经理人》杂志 2011 中国最佳 EMBA 排行榜第九名。2012 年 12 月，学院隆重举办浙江大学 EMBA 十周年庆典，得到了各级领导的高度肯定，取得了圆满成功，有效提升了浙大 EMBA 的品牌知名度和美誉度。2014 年，浙江大学管理学院在《福布斯》“最具价值的 EMBA 项目”中排名第七，2015 年《经理人》“中国最佳 EMBA 排行榜”中排名第六。2017 年 10 月，《经理人》全国名校商学院 EMBA 项目排行榜公布。在这次排名中，浙大管院 EMBA 课程项目得分位列第一，实效性得分位列第一，学员评价位列第五，多项指标取得了优异成绩。

MBA 教育方面，MBA 采用“多段式”教学模式，改革课程考核体系，改进学位管理方面的流程，制定详细的学位论文写作指南。在原有的工商管理硕士、项目管理硕士和农业推广硕士项目基础上，2010 年学院新申报成功了旅游管理(MTA)和会计(MPAcc)两个专业学位硕士专业，其中会计专业全日制学生已于 2012 年开始招生。学院十分重视 MBA 品牌的形象塑造，获评“2010 年度商学院杰出贡献奖”、2011 年度新浪教育盛典“最具品牌影响力的 MBA 院校”。2012 年，浙江大学 MBA 项目在《福布斯》中国最具价值全日制 MBA 项目排名上升至第九位，中国最具价值在职 MBA 项目上升至第六位，在《经理人》杂志 2012 年度中国最佳 MBA 排行榜中上升至第七位。浙江大学管理学院连续七年荣膺新浪中国教育颁布的“中国品牌影响力 MBA 院校”，连续三年荣获腾讯商学院“最具影响力 MBA 院校”称号。

校友工作——整合资源，搭建平台，真诚服务，共谋发展

学院校友工作秉承“凝聚校友力量、搭建合作平台、促进资源整合、谋求共同发展”的理念，以“建立组织、开展活动、服务校友、共谋发展”为宗旨，认真开展学院校友发展和联络工作。学院校友办公室协同 MBA 教育中心、EMBA 教育中心、EDP 中心以及学生工作部门，发挥各自的特色与优势，广泛开展校友工作，真诚服务校友，加强校友网站建设。每年出版 3 期纸质版《校友通讯》，每半月定期

制作电子版校友简讯《紫金家书》，加强校友分会微博和校友 QQ 群管理等，赢得了广大校友的好评，增强了校友对学院的认同度和归属感。

2010 年 5 月 15 日，学院在紫金港校区小剧场隆重举行学院 30 周年院庆庆典大会。浙江省委常委、宣传部部长茅临生，浙江大学党委书记张曦出席会议并讲话。来自国内外 50 余所知名管理学院院长、知名企业家、兼职教授、企业导师、校友、管理学院师生等 1100 余人，参加了院庆盛典。全国人大常委会副委员长、中国科学院院长路甬祥，中国工程院常务副院长潘云鹤，国家财政部部长、管理学院校友谢旭人，浙江大学党委书记张曦，浙江大学校长杨卫，管理学院原名誉院长高尚全，学院教师、中国工程院院士许庆瑞等为管理学院院庆题词。

2011 年 5 月 21 日，为优化学院发展条件，打造世界一流、智慧现代的教学环境，在浙江大学紫金港校区二期余杭塘河边隆重举行了浙江大学管理学院新大楼奠基仪式。学院 200 余名师生见证了这一历史时刻。大楼由现代联合控股集团有限公司董事长章鹏飞校友、广宇集团股份有限公司董事长王鹤鸣校友偕夫人单玲玲女士、儿子王轶磊校友联合捐建。2016 年 4 月 25 日，浙大管院新大楼工程正式开始施工。由 AB 双子楼构成，大楼建成后，将包括公共空间、行政用房、教师用房、教学科研用房、专业实验室、辅助用房、全球浙商研究院及演讲厅等，总计建筑面积 55000 平方米，将为全院师生、校友和社会各界人士提供更加优良的工作、学习和交流环境。

2016 年 12 月 17 日，为凝聚管院"健康力量"，浙大管院首届校友联络员大会暨 120 周年校庆启动仪式在浙大紫金港校区隆重举行。学院历届校友班级联络员代表遍布在全球的 44000 余位校友前来参会，共同助力 120 周年校庆。浙大管院自成立 36 年以来，融创新创业于管理理论和管理实践的开拓，致力于培养引领中国未来发展的健康力量，为世界输送了大批杰出的国际化管理人才。他们在各领域潜心耕耘，与管院"同心携手、共创一流"。此次会议凝聚最广泛的校友之心，发动全球各地的校友们参与浙大 120 周年校庆系列活动，共同见证母校双甲华诞。

2017 年 5 月，深圳紫金港资本管理有限公司董事长陈军先生向浙江大学捐赠 1000 万元，用于建立浙江大学资本市场研究中心，推进量化投资和创业金融领域的研究发展，并实现研究与教育的有机结合，贡献创造性价值，更好地服务于学校和社会群体。

引领创新　建设世界一流的管理学院（2017年至今）

2017年8月，魏江教授接受学校任命担任浙江大学管理学院院长，全面负责学院行政工作。学院由魏江、朱原、周伟华、汪蕾、谢小云、吴为进、刘玉玲（2017—2019）和潘健（2019年至今）等组成班子成员。到2019年底，学院围绕“三好四一流”文化，基本形成了人才培养的“商学＋”教育教学生态体系、“1＋1＋N”的交叉科研团队模式、“与一流企业/企业家同行”的社会服务体系、“平台＋项目”的内部治理体系、价值导向的评估体系。

战略谋划——一张蓝图绘到底

学院上下以“创造管理科学发展的新理论、新方法，为人类贡献管理思想与智慧，培养国际视野、创新能力、创业精神、社会责任的高级管理人才和领导者”为使命，明确了“建设世界一流的中国管理学院”的目标，确立了以好教师、好学者、好员工，培养一流学生、产出一流成果、做好一流服务、打造一流学科的“三好四一流”文化，围绕“培养引领中国发展的健康力量”的价值观，贯彻落实立德树人的基本理念和学校一流意识、一流目标、一流标准的总体要求，全方位推进学院改革和创新发展。

全面布局和落实发展战略。新一届领导班子聚焦“建设世界一流的中国管理学院”目标，坚持学院创新创业的办学特色，提出了“三步走”阶段性目标，确立了“扎根浙江、服务国家、嵌入全球”的战略路径，按照价值导向、创新发展、优化结构、开放平台、国际提升为基本思路，制定了战略目标图、组织结构图、战略路线图和战略施工图，坚持“一张蓝图绘到底”，从教育教学改革切入，逐步推进学科与科研改革、国际化战略变革、治理体系改革、内部管理流程变革，全面深化改革，建设好“双一流”学科。

人才培养——构建“商学＋”教育教学生态系统

围绕培养通识型、创新型和领导型人才的目标，学院建立起“商学＋”教育生态系统，重构学院人才培养的目标体系、内容体系、运行体系和保障体系，努力建设“目标—内容—运行—保障”四层次系统，具体涵盖九个子系统：人才培养目标体系；“宽口径、通识型”专业体系；“商学＋科技＋人文……”课程体系；“平台＋项目制”运行体系；“项目团队＋课程组”责任体系；“开放型、平台化”组织体系；“开放型、多样化”师资体系；价值导向的绩效评价体系，如图 4-1。

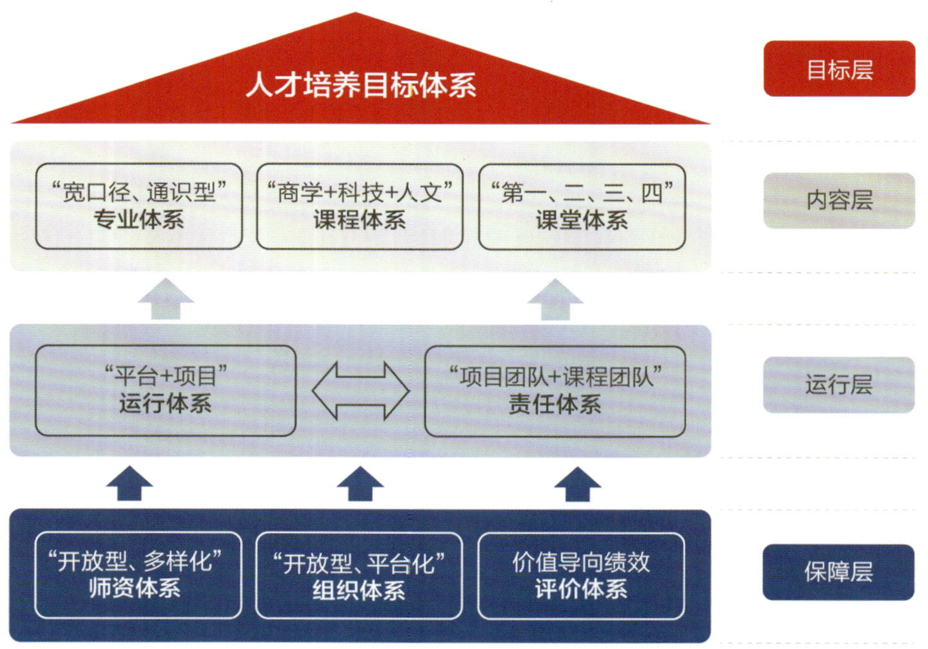

图 4-1　浙江大学管理学院“商学＋”教育生态系统框架

在“商学＋”的培养理念指导下，在本科项目方面，2018 年学院梳理通识教育内在逻辑体系，创新通识培养模式，将浙江大学原有管理类本科八个专业——市场营销、人力资源管理、旅游管理、会计学、财务管理、物流管理、工商管理、信息管理与信息系统，升级优化为以通识教育为引导、整合培养为基础的三个管理类专业，即工商管理、会计学、信息管理与信息系统三个本科专业。工商管理专业入选2019年度国家级一流本科专业建设点名单。同时，2019年围绕“公司财务＋人工智能＋大数据”的深度融合，通过跨界复合型培养方案，联合浙江大学竺可桢学院新开设智能财务班，形成宽口径培养、多通道衔接的人才培养新模式，培养跨界复合型高级财务管理人才和未来商业领导者。信息管理与信息系统专业也联合浙江大学竺可桢学院，开设了“管理＋统计”方向，与数学系、计算机学院联合培养可自选管理专业或数学专业的学生。在培养内容上，不但打通了工商管理、管理科学与工程两个一级学科，还创新激励机制，整合了工程学院、理学院和人文学院，实现全校范围内优质课程、优质师资共享。

在工商管理硕士项目方面，持续完善 Track 项目制，打造“π”型课程培养体系，“π”型的“一横”指管理理论，“两竖”分别指人文和科技。2018年，全日制MBA项目升级为“浙江大学 MBA 新动力班”，加入“求是科技前沿”“创新管理行动学习”等模块，完善课程培养体系。2019年，非全日制 MBA 新增医疗健康Track，并配套成立了“浙江大学健康产业创新研究中心”，形成“产学研创”机制。2019年10月，浙江大学创业管理 MBA 项目荣获全国工商管理专业学位研究生教育指导委员会颁发的优秀创新创业教育项目奖，成为国内首个获此殊荣的MBA创业教育项目。2020年，学院启动 MPAcc 项目改革，在全面提升会计和财务综合素养的基础上，致力于培养兼备“智能管控＋战略整合－价值发现”三大创新专业能力，具有全球视野、社会担当和职业道德，能够引领社会和行业发展的高层次复合型创新型会计领军人才。

在高级工商管理项目方面，聚焦浙江大学管理学院办学特色，形成由“管理经典”主体模块、“创新创业”特色模块、“商学＋人文”和“商学＋科技”两大前沿模块构成的课程体系。项目提出了“尊德性、道问学”的办学口号，打造以 EMBA 项目为中心，以战略性企业家项目和企业家学者项目为特色的“一体两翼”的项目体系。EMBA 学位项目推出具浙江大学特色的“SMART”（Science，Management，Art，Responsibility，Technology 第一个字母缩写）课程体系，战略性企业家项目推出“M-STEP”（Management，Science & Technology，Ethics，Philosophy 第一个字母缩写）课程体系。浙江大学 EMBA 项目在2019年最新的《经理人》杂志中国最佳 EMBA 排行榜中课程项目再夺第一，总分位列第三。

在继续教育项目方面，EDP 中心突出“品牌化、高端化、全球化”特色，以具体的“三个千万”工程为战略目标,构建跨层次、全方位的人才培养体系。依照学院“商学+”的交叉人才培养方案体系,聘请学院教授为课程主任,联合阿里巴巴等行业领军企业,共同开发数字经济时代“产教融合”特色课程;联合专业学院,协同开发项目,其中“商学+医院管理”领导干部高级研修班等项目获得校级品牌项目认定。

学院教育教学项目获得各界的广泛肯定。吴晓波、魏江、郭斌、寿涌毅等教授以及浙大其他学者共同打造的教学成果“研究型大学基于创新的创新教育体系研究与20年实践”获2018年高等教育国家级教学成果奖一等奖。

学院创新创业教育结出累累硕果。2018年在“创青春”全国大学生创业大赛创业实践挑战赛、公益创业赛、MBA专项赛中共夺得4项全国金奖。2019年,两支队伍在第五届中国“互联网+”大学生创新创业大赛中夺得金奖。

重塑科研组织模式——“1+1+N”交叉科研团队

2018年学院新设立了管理学院学科建设委员会,开展学科建设的规划、咨询、评估和监督,促进了学科融合发展。制定《管理学院学科与人才队伍建设规划》,着力推进培养好学生、建设好队伍、发展好学科、搭建好平台四大重点任务,加快推动世界一流的中国管理学院建设。为建设内生驱动交叉融合,聚焦特色研究方向的科研团队,探索特色学科方向和现实问题研究,2019年学院启动“1+1+N”科研团队专项。经过严格评审,学院第一批成立了涵盖领导力与组织变革、财务风险防范及内部控制、数据驱动商务分析及数字化时代消费者观察等领域的8个特色研究团队。在学院内部形成了科研团队、课程组团队以及教学项目团队三位一体的教学、科研融合体系和组织架构。

科学研究质量快速跃升。在高水平的科研项目和成果产出方面,以华中生教授作为学术负责人牵头申报的“服务科学与创新管理”创新研究群体项目获得国家自然科学基金委资助批准。2019年,管理学科在THE全球学科排名进入前50位,浙江大学经济与商业学科(Economics & Business)首次进入ESI学科排名全球前1%,且在浙大为第一作者或通讯单位的ESI经济与商业学科被引次数前十论文中,有5篇来自管理学院。2019年学院顺利完成“双一流”建设中期评估,被学校评价为优秀,位于全校35个学院前20%。

国际化战略牵引——实施“三个 100%”

为更好地促进学院国际化办学的层次和水平，切实提升学院在人才培养、学术创新、师资队伍、社会服务、声誉与影响力等方面的国际化水平，根据学院“十三五”发展规划和“双一流”建设实施方案，制定了《管理学院国际化发展战略规划(2018—2021)》，推进内涵建设。学院提出“三个 100%”的国际化培养目标，即本科生海外交流 100%，博士生海外培养 6 个月以上 100%，100%国际硕士。

围绕人才培养战略和“三个 100%”国际化培养目标，提升各类人才培养项目国际化水平。2018 年 10 月，学院与新加坡管理大学会计学院正式签约合作举办浙江大学企业家学者(ZJU-SMU DBA)项目。2019 年 5 月正式启动。为推进博士研究生与世界一流大学和科研机构开展战略性、实质性合作，学院在 2018 年出台《浙江大学管理学院资助博士研究生开展国际合作研究与交流项目实施办法》。2018 年开始，系统化构建短期海外访学项目，推出以“设计＋创业”为主题的新加坡寒假访学项目，以“人文＋科学”为主题的剑桥大学海外访学项目，以及工商管理专业香港大学项目和信管专业新加坡国立大学项目。同时，持续开展“中国创业”国际夏令营、“Idea Explorer”创新创业国际夏令营，组织国际周等国际活动，进一步扩大学院的国际影响力。

学院积极推进重要国际排名工作。在 2019 年公布的 2020 泰晤士高等教育(THE)世界大学商科与经济学排名中，浙江大学的商科与经济学学科排名位列全球第 5 位，我国境内第 3 位。2020 年 7 月 22 日，泰晤士高等教育发布了首届中国学科评级。浙江大学管理科学与工程和工商管理双双入选 A＋学科。

2017 年学院正式通过 CEEMAN IQA 国际质量认证，2018 年通过 QS Stars Business Schools 五星认证。2020 年 4 月学院再获 EQUIS 最高标准 5 年期认证。

内部治理——高标定位 价值引领 模式创新

立德树人，营造“三好四一流”文化氛围。2018 年 1 月学院举办首届“三好老师”评选，旨在落实立德树人根本任务，挖掘“好教师、好学者、好员工”的优秀典型，加强师德师风建设，营造爱岗敬业、爱生如子的健康文化氛围，推进“双一流”

建设。2019 年是学院文化建设年，制定了《管理学院文化行动纲要》，为建设世界一流的中国管理学院提供强有力的内在文化支撑。

采取“平台＋项目”的发展模式，创新教学和科研治理体系，激活最基层团队。2017 年底，学院根据发展实际需求，将学院行政部门整合为七大中心平台，即把学院建成平台化组织，作为教学、科研和行政协同的基础设施，支持各类教学、科研项目动态创新、有序运转。2018 年开始院内推行“项目团队、科研团队、课程组”三位一体责任体系。培养项目按照项目制方式运作，实现项目主任负责制。课程组负责各门课程的建设，学院对全部核心课程和通识课程成立了 25 个课程组。同一课程组内从本科到博士不同层次的教学项目彻底打通。“1＋1＋N”科研团队由团队负责人牵头组建，团队与海外著名学者长期深度合作，围绕学科发展重点，形成高质量系列成果。

高标定位，建强高层次人才梯队。学院一手抓引才。围绕《管理学院学科与人才队伍建设规划》，推行“人才地图”工程和优才计划，加大引才育才力度。拓宽高层次人才引进渠道，在管理学科全球知名学术会议、国际学术会议上进行学院宣传和优秀青年人才招聘。一手抓培育。2019 年制定《浙江大学管理学院教师培训管理办法》，坚持以人为本，关注教师的发展诉求和价值愿望，注重教师职业生涯发展。

价值引领，深化考核评价机制改革。2019 年学院制定了《管理学院价值导向的评价体系》，修订完善了《教师参与学院公共事务记录与评价实施细则（试行）》。明确提出立德树人为首要条件，人才培养是首要任务。在充分评估存量人才的基础上，引导人才在学科重点领域开展科研、教学和服务工作，突出标志性高质量成果。

坚持党建引领　构建和谐学院文化

学院党委积极开展新时代高校党建示范创建和质量创优工作。2017 年，制定了《管理学院党委关于推进“两学一做”学习教育常态化制度化实施方案》《管理学院党委关于认真学习宣传贯彻党的十九大精神的通知》《管理学院党委学习宣传贯彻党的十九大精神工作方案》。印制“浙江大学管理学院‘两学一做’学习教育笔记本”，组织师生党员骨干 37 人赴革命摇篮井冈山开展为期 3 天的理想信念教育。开展"先锋学子"全员培训、运营"红领之声"党建公众号、开展学生"微党课"系列专题等。2018年，创新创业与战略学系教工党支部、研究生党支部、大华股份国内党支部开展"三结对"活动，这不仅是"红色力量 健康同行"党建品牌的首次活动，更是学院践行"开放办学"以来的首次校企合作创新举措。打造"红领之声"新媒体平台，创新学生党员教育载体。开展"一支部一品牌"创建评比活动和支部书记技能大赛，加强学生党支部建设，提升学生党支部书记党性修养和业务能力。2019年，创新创业与战略学系教工党支部获评"全国党建工作样板党支部"，学院党委获评首批"全校党建工作标杆院级党组织"培育创建单位，行政教工第一党支部、会计学本科生党支部获评"全校党建工作样板党支部"培育创建单位。玉泉校区退休党支部书记蔡德绍荣获本年度"浙江大学离退休教职工正能量之星"称号。

学院持续加强组织文化建设，坚持以文育人、以文化人，推进"学院文化年"建设工作。2017年，学院工会获浙江大学"模范教工之家"称号，学院合唱团参加在上海虹桥艺术中心举行的第二届"合之声"国际商学院合唱邀请赛，荣获演唱第一名、综合第二名的好成绩。连续10年举办师生迎新晚会，推动建设学院工会下属十大文体俱乐部，投入经费建设"教工之家""妈咪暖心小屋""咖啡屋"等，开展富有特色的工会活动，切实维护教职工利益，增强广大教职工的凝聚力。2018年，学院工会被评为省级高校"模范职工小家"荣誉称号。2019年，学院工会申报的"一院一品"项目"聚焦教工新年欢乐汇 塑造管院文化品牌力"被评为浙江大学首届教职工文化品牌。

在学院院庆40周年来临之际，领导班子团结协作，师生员工乐观向上，大家都具有高度的组织认同感，这为学院接下来的加速发展奠定了良好的支持环境。

（本部分撰稿人：杜红、杜健、魏江）

第二篇　机　构

第五章

机构及党政领导班子

浙江大学管理学院发展演变

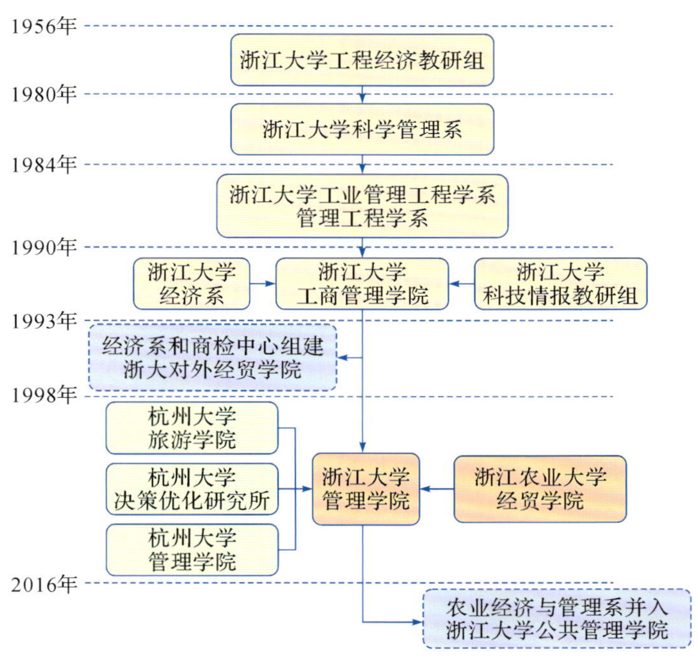

图 5-1　浙江大学管理学院发展演变

历届党政领导班子成员

表 5-1　浙江大学工程经济教研室（1956—1979 年）

年份	名称	教研室主任
1956—1979	工程经济教研室	洪　鲲

表 5-2　浙江大学管理系（1980—1989 年）

年份	名称	系主任	系副主任	总支书记	副书记
1980—1982	科学管理系	许庆瑞		宫锡芝	
1983	工业管理工程学系	许庆瑞		王加微	
1984	工业管理工程学系	许庆瑞	胡介埙	王加微	
1985	工业管理工程学系	许庆瑞	谭仁甫　胡介埙 陈忠德	陈忠德	周建华
1986	工业管理工程学系	许庆瑞	谭仁甫　蒋绍忠	陈忠德	周建华
1987	工业管理工程学系	许庆瑞	谭仁甫　胡介埙 蒋绍忠	陈忠德	周建华
1988	工业管理工程学系	黄擎明	胡介埙　蒋绍忠	陈忠德	周建华
1989	管理工程学系	黄擎明	胡介埙　蒋绍忠	陈忠德	左　军

表 5-3　浙江大学工商管理学院(1990—1998 年)

年份	名称	院长	常务副院长	副院长	书记	副书记
1990	工商管理学院	胡上序		吴燊瑾		
1991	工商管理学院	胡上序		孙昌国　姚先国	孙昌国	
1992	工商管理学院	赵维臣(外聘)	姚先国	马庆国	孙昌国	
1993—1995	工商管理学院			马庆国	翁贤明	王瑞飞
1996	工商管理学院		蒋绍忠	马庆国　项保华 徐金发　郑明川	翁贤明	王瑞飞
1997—1998	工商管理学院		蒋绍忠	马庆国　项保华 徐金发　郑明川	翁贤明	王瑞飞

表 5-4　杭州大学旅游系(1987—1992 年)

年份	名称	系主任	副系主任	总支书记	总支副书记
1987—1992	旅游系	陈　纲	吕建中　何冬梅　陈　纲	王春祥	何冬梅

表 5-5　杭州大学旅游学院(1993—1998 年)

年份	名称	院长	副院长	党委书记	副书记
1993—1998	旅游学院	陈　纲	吕建中 邹益民 陈天来	何冬梅	

表 5-6　杭州大学决策优化研究所(1987—1998 年)

年份	名称	所长	副所长
1987—1992	决策优化研究所	谢庭藩	谢敦礼
1992—1998	决策优化研究所	谢敦礼	沈祖志

表 5-7　杭州大学经济与管理学院(1992—1996 年)

年份	名称	院长	常务副院长	副院长	党委书记
1992—1996	经济与管理学院	马裕祥	王重鸣	陈　纲　史晋川 谢敦礼	马裕祥

表 5-8　杭州大学管理学院(1996—1998 年)

年份	名称	院长	副院长	党委书记	副书记
1996—1998	管理学院	王重鸣	谢敦礼　陈旭东	马裕祥	张小林

表 5-9　浙江农业大学农经系(1927—1993 年)

年份	名称	系主任	系副主任	总支书记	副书记
1927—1928	农业社会学系	郭颂铭			
1928—1929	农业社会学系	许　璇			
1929—1933	农业社会学系	黄枯桐			
1933—1935	农业社会学系	王世颖			
1936—1942	农业经济系	梁庆椿			
1942—	农业经济系	吴文晖			
—1948	农业经济系	雷　男			
1948—1952	农业经济系	熊伯衡			
1960—1961	农业经济系	杜修昌		张长年	
1978—1984	农业经济系	杜修昌	袁　飞	温其斌	胡德恒
1984—1986	农业经济系	袁　飞	张克声	胡德恒	陈秀水
1986—1988	农业经济系	蒋振声	黄祖辉	陈秀水	高凤珍
1988—1989	农业经济系	徐立幼	高凤珍　黄祖辉		高凤珍

续表

年份	名称	系主任	系副主任	总支书记	副书记
1989—1991	经济管理系	徐立幼	高凤珍　黄祖辉		高凤珍
1991—1993	经济管理系	徐立幼	林　坚　黄祖辉 徐　加		高凤珍

表 5-10　浙江农业大学经贸学院(1993—1999 年)

年份	名称	院长	副院长	总支书记	副书记
1993—1995	经贸学院	黄祖辉	林　坚　朱光烈 曾　骅	朱光烈	骆光林
1995—1998	经贸学院	和丕禅	林　坚　徐　加 董守珍	朱光烈	骆光林
1998—1999	经贸学院	黄祖辉	林　坚　柴彭颐 徐　加　孙音音	余建森	吴汝玮 丁关良

表 5-11　浙江大学管理学院(1999—2019 年)

年份	名称	院长	常务副院长	副院长	党委书记	副书记
1999—2004	管理学院	高尚全 (外聘)	王重鸣	黄祖辉 马庆国 吕建中 贾生华	黄祖辉	何冬梅 王瑞飞 丁关良
2005	管理学院	高尚全 (外聘)	王重鸣	贾生华 吴晓波 卫龙宝	应飚	何冬梅 王瑞飞 丁关良

续表

年份	名称	院长	常务副院长	副院长	党委书记	副书记
2006—2008	管理学院	高尚全（外聘）	王重鸣	贾生华 吴晓波 卫龙宝	应　飚	何冬梅 王瑞飞
2009	管理学院		吴晓波	应　飚 卫龙宝 陈　凌 张　钢 贾生华	应　飚	何冬梅 王瑞飞 阮俊华
2010—2011	管理学院		吴晓波	应　飚 卫龙宝 陈　凌 张　钢	应　飚	阮俊华 李小东
2012	管理学院	吴晓波		应　飚 卫龙宝 陈　凌 张　钢	应　飚	阮俊华 李小东
2013	管理学院	吴晓波		包迪鸿 陈　凌 卫龙宝 周伟华 钱文荣	应　飚	阮俊华 李小东
2014	管理学院	吴晓波		包迪鸿 陈　凌 周伟华 钱文荣	包迪鸿	阮俊华 李小东

续表

年份	名称	院长	常务副院长	副院长	党委书记	副书记
2015	管理学院	吴晓波		包迪鸿 陈　凌 周伟华 钱文荣	包迪鸿	阮俊华 吴为进
2016	管理学院	吴晓波		包迪鸿 陈　凌 周伟华 钱文荣 汪　蕾	包迪鸿	阮俊华 吴为进
2017	管理学院	魏　江		包迪鸿 陈　凌 周伟华 汪　蕾 谢小云	朱　原	阮俊华 吴为进 刘玉玲
2018	管理学院	魏　江		周伟华 汪　蕾 谢小云	朱　原	吴为进 刘玉玲
2019	管理学院	魏　江		周伟华 汪　蕾 谢小云	朱　原	吴为进 潘　健

第六章
学　　系

创新创业与战略学系

历史与现状

创新创业与战略学系成立于2016年7月,浙江大学管理学院是国内高校最早开展创新、创业与战略研究和教学的单位之一。1979年招收了改革开放后的首批管理类硕士研究生。2006年,浙江大学管理学院率先在国内设立了创业管理二级学科,并经教育部获准设立创业管理硕士点和博士点,成为全国首家也是目前唯一拥有创业管理硕士点和博士点的办学单位。学系战略管理研究和教学在国内也处于领先水平,由学院发起和主办的中国战略管理学者高端论坛是全球华人战略管理学界最具影响力的学术论坛之一,对推动战略管理理论研究和教育实践的发展具有重要作用。

学院现拥有全职教师19人,其中中国工程院院士1人,教育部长江学者特聘教授2人、教育部长江青年学者1人、教授9人,副教授9人,助理教授2人。另聘有包玉刚讲座教授2人,求是讲座教授2人。

创新创业与战略学系教师立足本土实践并放眼全球，基于长期持续探索，先后在二次创新、组合创新、全面创新管理、家族企业创业、女性创业、创业战略以及全球战略等领域取得领先成果，并形成自己的特色。

黄灿教授担任系主任，郑刚副教授担任系副主任。

研究方向

1. 创新管理

创新管理学科方向依托浙江大学管理科学与工程国家重点学科和“创新管理与持续竞争力研究”研究中心（985工程国家哲学社会科学创新基地），近年来在承担国家级重大项目、国际重大合作项目等高水平研究方面取得突破，并取得了一系列重大成果，如2009年，郭斌教授获国际合作项目[创新系统建设促进包容性发展（M2B：1.3）]；2017年，魏江教授获国家社会科学基金项目（“互联网＋”促进制造业创新驱动发展及其政策研究）；2019年吴晓波教授获国家自然科学基金项目（互联网环境下大数据驱动的用户与企业互动创新理论、方法和应用研究）等。此外，依托本学科方向的《技术创新管理》课程于2010年被列为国家精品课程，教材《管理沟通：通向职业进阶之路》被遴选为“十一五”国际级规划教材、《创

2013年第九届全球化制造与中国国际会议在紫金港国际饭店召开

新管理：赢得持续竞争优势》被遴选为“十二五”国家级规划教材；与科学出版社合作出版了国内第一套《创新管理与持续竞争力研究》丛书，在国内外产生良好反响。

方向带头人为吴晓波教授。

2.创业管理

创业管理是管理学科领域适应新时代需要迅速成长起来的一个交叉学科。

本专业实行开放、协同和创新的培养模式，立志培养具有扎实的理工科专业技术知识、宽厚的社会科学基础理论知识、系统的创业理论知识和实践技能，富有国际视野、创新能力、创业精神和社会责任的创业人才和创业团队高级管理人才。

方向带头人为陈凌教授。

3.战略管理

浙江大学是全国最早开展企业组织管理与战略管理研究的机构之一。本学科方向聚焦创新、创业特色优势，结合民营经济和全球化情境，构建了基于全球化与本土化相融合的战略框架，基本形成了问题导向的战略管理体系。研究成果在国内处于领先水平，且具有较大国际影响。

本学科方向的研究目标是：在跟踪国际前沿理论基础上，以创新、创业和战略融合的 SEI 架构为特色，建设成为具有国际先进水平的研究基地。

主要研究特色：(1)发掘中国管理思想，聚焦创新创业特色优势，建立“全球化与本土化融合的”战略思路，构建问题导向的战略管理体系。(2)基于创新(Innovation)、创业(Entrepreneurship)和战略(Strategy)相融合的 SEI 战略架构，深入持续开展民营经济在全球化背景下的持续竞争优势问题。(3)基于中国文化和经济背景的企业战略管理体系研究，把理论研究体系应用于咨询企业的战略设计，不断丰富和发展企业战略管理体系。

近年来承担国家级、国际合作省部级和企业委托课题研究超百项，国际国内发表包括 SSCI/SCI/国内权威刊物在内的学术论文 300 余篇，获省部级奖励等 10 多项。

方向带头人为魏江教授。

人才培养

在创新创业教育与人才培养方面，早在1999年，就与竺可桢学院共同创办了浙江大学创新创业管理强化班（ITP），是我国高校最早的创业教育探索项目之一，迄今已经培养了上千位具有很强创新能力和创业精神的高素质复合型人才，并涌现出众多的优秀创业者，其中强化班学员创办的个推、汇量科技等已经在主板和香港上市。

2014年，与硅谷幼发拉底孵化器共同发起浙大硅谷创业实验室项目，每年选拔10余位优秀的具有很强创新能力、创业精神的浙大同学暑期去硅谷创业实践，这是学系在实践导向、国际化创业教育方面的探索。

2016年，浙江大学管理学院科技创业中心（ZTVP）成立，目前已经成为浙大创新创业教育的一个特色品牌教育项目。

国际交流与产学研合作

1.国际交流

学系与数十所国际一流大学及研究机构建立了广泛联系，在师资培养、学生交流、科研合作及学术活动等方面保持了良好的合作关系，如麻省理工学院、哈佛大学、斯坦福大学、剑桥大学、华威大学、爱丁堡大学、曼彻斯特大学、瑞典隆德大学、丹麦奥尔堡大学、新加坡国立大学、南洋理工大学、日本爱知大学、澳大利亚南昆士兰大学等。多位教师获欧盟第七框架计划（FP7）、加拿大国际发展研究中心（IDRC）资助。近几年先后邀请几十位国内外著名的创新创业与战略管理领域专家来校参加论坛讲座，如诺贝尔经济学奖获得者迈伦·斯科尔斯（Myron Scholes）教授、国际管理大师彼得·圣吉、斯坦福大学张首晟教授、斯坦福商学院罗伯特·伯格曼（Robert Burgelman）教授等。

2018 年世界管理大师彼得·圣吉在浙江大学举行讲座

2016 年，邬爱其教授、郑刚副教授、窦军生副教授、王颂博士等作为我国境内唯一高校教师代表参加了斯坦福科技创业中心（STVP）组织的全球创新创业师资培训项目（Faculty Fellow Program），并与 STVP 达成了成为战略合作伙伴及共建浙大科技创业中心（ZTVP）等意向。

2. 产学研合作

学系拥有众多国内行业领先企业合作伙伴，已同华为、美的、海尔、方太、飞利浦以及 30 余家海内外知名家族企业建立起了良好的合作关系。

与企业共建深度融合的“双所长、双聘研究员”联合研究中心，致力于将理论研究成果真正应用于企业创新实践。协助海尔和中集建立了完善的全球研发和创新体系；跟踪和研究杭氧的创新演进模式 20 余年，帮助其实现了制造业服务化的重大战略转型；帮助海康威视实现从“二次创新”向“一次创新”的追赶和超越追赶，10 年里成长为全球第一的安防监控视频设备生产商与服务商；与美的集团共建国内首家产学研合作“开放式创新联合实验室”，并指导建设了美的开放式创新 O2O 平台——"美创平台"及美的全球创新中心；与华为合作成立浙江大学睿华创新管理研究所，基于华为实践探索属于中国的，具有世界影响力的管理理论，并举办季度性论坛开放式地传播研究成果，带动更多企业；与荷兰飞利浦公司成立了知识产权管理研究所，是中国一流商学院里成立的第一个专门从事知识产权管理教学、培训和科研的机构，致力于从经济学和管理学角度研究知识产权问题。

2014 年睿华创新管理研究所成立

3.政府决策咨询

学系以原创性创新管理理论为指导，服务创新型国家战略的实施。支持和参与了国家/区域多个重大创新战略规划项目，如《"十二五"国家自主创新能力建设规划》由国务院国发〔2013〕4 号发布实施，《浙江省中长期（2006—2020）科技发展规划》，《关于面向全球战略制高点的国家实验室组建建议》（呈中共中央办公厅），《警惕学术评价标准西化 提升我国国际学术话语权》（呈中共中央办公厅），《阻碍高校科技成果资本化的症结在于解决知识所有权问题》（教育部《成果要报》2016 年）。作为国内首家对创新型经济进行持续跟踪与检测的研究团队，自 2005 年起每年发布《浙江省创新型经济蓝皮书》，为省政府进行"创新强省创业富民"建设及宏观经济决策提供了重要参考。多年来，对"国家技术创新工程”及“自主创新战略”“创新型国家”等国家重大战略决策的出台起到了有力的推动作用。

(撰稿人:黄灿、钟怡雯)

数据科学与管理工程学系

历史和现状

2016年7月,为了应对商业和社会发展的前沿需求,成立数据科学与管理工程学系。其前身是浙江大学管理科学与工程学科。

四校合并后,学院设立管理科学与工程学系,管工学科被批准为浙江省重点学科,并被列为浙江大学“211工程”“985工程”重点建设学科;2007年被批准为国家重点学科;2012年国家教育部学科评估结果位列全国并列第二。管理科学与工程学系历任系主任分别是:吴晓波(1999—2005)、刘南(2006—2009)、刘渊(2009—2016)。

现有教师18人,其中教授9人,副教授4人,研究员3人,讲师1人,高级工程师1人。

陈熹教授担任系主任,金庆伟副教授担任副主任和系党支部书记。

研究方向

数据科学与管理工程学系现已形成以下3个主要特色与研究方向:供应链物流与优化、信息管理与电子商务、神经管理学,并将在已有特色和优势方向上,应用数据形成新思维、新模式、新方法,建立科学的数据化管理理论与方法。

1.供应链物流与优化

供应链物流与优化方向为管理科学与工程国家重点学科7个特色优势方向之一,刘南教授为方向学术带头人(2007—2016),目前方向学术带头人为周伟华教授。

本方向致力于大数据背景下各类优化模型与决策模型的前沿理论研究，通过融合最新的数据科学技术、信息技术、优化模型与决策模型，为企业、政府、社会团体决策优化提供实践指导。该方向包括浙江大学数据分析和管理国际研究中心、浙江大学物流与决策优化研究所两个校级研究平台，聚焦应用导向的大数据研究、物流与供应链管理、航运物流运输、质量管理、运营管理、管理信息系统和决策支持系统以及计算机集成制造系统(CIMS)等研究方向。近5年来，该方向主持了13项国家级研究项目，包括国家自然科学基金重点项目1项，多项研究成果发表在管理科学领域国际顶尖杂志上，在国际学术界产生较大影响。

2.信息管理与电子商务

信息管理与电子商务方向聚焦数字化的手段服务于现代化企业以及政府进行更加科学的决策，从而增强企业运营水平以及政府治理效率。目前主要研究方向包括以数据科学为基础的电子商务与电子政务、平台生态与平台治理、社会化网络与数据挖掘、信息技术与商业/经济绩效。截至2017年底，获得国家社会科学基金重大招标项目2项，中国工程院联合基金“物联网”项目和国家自然科学基金重大研究计划培育项目，以及国家自然科学基金青年、面上项目多项，研究成果多次获得国家和省部领导批示，并发表于信息系统领域国际一流学术期刊。

学科带头人是刘渊教授。

3.神经管理学

神经管理学是运用神经科学和其他生命科学技术来研究经济管理问题的国际新兴前沿领域，它主要通过研究人们面对典型经济管理问题时的大脑活动与思维过程，从而以一个全新的视角来审视人类决策行为以及更为一般化的社会行为与人性。

学科带头人是马庆国教授。

人才培养

以“理论与实践结合，教学与科研并重”为原则，开展人才培养建设。

1. 本科：信息管理与信息系统

本科专业“信息管理与信息系统”，是全国范围内最早成立的管理信息系统专业之一。

专业特色是培养具有数学、计算机、管理学、经济学等多学科背景，具备交叉性思维能力的复合型人才。项目对接新加坡国立大学管理信息系统系，每年推荐1—2位优秀同学毕业后获全额奖学金赴新加坡国立大学直接攻读博士学位。

2017年7月与竺可桢学院、数学科学学院共同创办了信息管理与信息系统—统计学交叉创新平台，充分利用数学科学学院统计学和管理学院信息管理与信息系统两大热门学科专业优势，培养具有扎实的数学基础、熟练的数据分析能力和敏锐的商业意识，在统计学和信息管理方面具有国际竞争力的交叉复合创新人才。

2018年7月借管理学院进行本科专业调整，对本科信息管理与信息系统专业开展了“商务大数据”背景下的信息管理人才培养模式研究的教改项目，致力于培养具备优秀的管理领导力、信息技术应用能力和数据分析能力的高素质创新创业人才和商业领导者。

2. 硕士：科学学位硕士（QTEM）

管理科学与工程国际硕士项目旨在培养具有一定的理论建模和定量分析能力以及实践能力，能够综合运用相关理论、方法与工具分析解决经济与社会中的复杂管理问题的国际化复合型人才。项目对接国际优秀硕士生交换网络QTEM（www.qtem.org），保证同学到全球知名大学进行学习交流。

2015年，学院基于QTEM（Quantitative Techniques for Economics & Management）国际硕士交换生网络启动管工国际硕士BAI（Business Analytics & Innovation）项目。QTEM硕士网络以经济管理量化内容为特征，由来自十几个国家的顶尖商学院组成，学生可以选择交换到网络内任何一所大学进行学习。BAI项目旨在培养具有管理学、经济学、数据科学等多学科知识背景，具有理论建模和定量分析能力的国际化复合型管理人才。

3. 博士：直接攻博IPhD和普博

创新性和国际化是本项目最大的特色。

三个主要的研究方向：神经管理学、信息系统与电子商务、决策与优化，目前正在已有优势的基础上，应用数据形成新思维、新模式、新方法，建立科学的数据化管理理论与方法。博士项目旨在培养具有国际化视野和创业精神，能在科研、教育、行政管理部门及企业等单位从事管理科学领域理论和应用研究的高级研究人才。

目前已经建立的国际合作项目包括瑞典哥德堡大学交换项目、香港理工大学联合培养博士和香港城市大学联合培养博士项目。

国际交流与产学研合作

1. 海外交流合作

数据科学与管理工程学系一直以来致力于培养学生的国际视野、推动国际前沿的科学研究、成为国际型大企业的智库。多年来与国际上多个著名高校、研究机构、跨国企业建立了长期合作关系，其中包括斯坦福大学、伯克利大学、瑞典哥德堡大学、新加坡国立大学、香港大学、香港理工大学、香港科技大学、香港城市大学等。

2. 政企合作

在决策研究方向上，研究团队与多个知名企业开展合作研究，如与沃尔玛合作开展农产品供应链方面的研究；与小米科技展开了数据驱动运营方面的合作研究；与个推（浙江每日互动网络科技股份有限公司）在社交网络与大数据营销方面建立了联合实验室；与IBM公司开展供应链优化等方面的合作；与SAP公司建立了联合实验室等。一系列的研究成果发表于国际顶级学术期刊。

在信息系统研究方面，研究团队紧密结合生产实践以及社会发展所带来的最前沿问题，致力于现代信息技术的高速发展所引发的生产、生活以及社会变革的相关研究。团队成员兼任浙江省电子商务领导专家小组副组长，浙江省经济与信息化委员会专家等职务。与浙江省经信委、浙江省电商厅以及阿里巴巴等企业展开紧密合作。研究成果多次获得浙江省科技进步二等奖，也获得了国家领导人的批示。

神经管理学团队积极推动神经管理学理论在生产实践中的应用，目前已经与杭州中恒电气股份有限公司、华立仪表集团股份有限公司、北京薏然阳光电子科技有限公司、北京创时能科技发展有限公司、杭州汽轮机股份有限公司、浙江广厦股份有限公司、北京汽车股份有限公司、浙江南都电源动力股份有限公司、国家电网华北电力调度中心、济南军区总医院等众多企事业单位进行了合作。通过对生产一线的脑信号采集、分析、报警等研究，改进了工装、工艺、标准作业计划、作业制度，减少了事故，提高了效率，新增产值超过15亿元。

（撰稿人：陈熹、刘南、刘晶）

服务科学与运营管理学系

历史和现状

服务科学与运营管理学系成立于2016年7月，主要研究和发展以服务为主导的经济与社会活动所需的管理理论、方法和技术，培养现代服务业所需的创新型人才，是国内管理学院首个聚焦服务科学研究的学系。由浙江大学管理学院中从事服务科学、运营管理、质量管理以及供应链管理、物流管理、决策优化等交叉领域研究的教师整合组建而成。

现有教授5人，客座教授2人，研究员2人，副教授4人，副研究员1人，助理研究院1人，讲师1人；其中复旦管理学杰出贡献奖1人、长江学者1人、国家杰青2人，浙大"百人计划"人才2人。

华中生教授担任系主任，邓明荣副教授担任副主任，王世良副教授任系党支部书记（2019年9月支部调整，合并成为数据科学与服务科学教工党支部，由金庆伟副教授任党支部书记）。

研究方向

服务科学与运营管理学系主要围绕服务科学与运营管理，结合移动互联网、人工智能、大数据等技术，对服务管理、供应链与物流、质量管理、房地产管理开展研究，重点包括以下4个方向。

1.服务科学研究

以互联网、物联网、云计算、大数据等新一代信息技术的快速发展与广泛应用为背景，结合浙江省和长三角在金融、健康和养老服务等领域快速发展的区位优势，开展信息数据技术对人们行为和社会生产与生活方式影响的机理研究，开展服务产品、服务商业模式与运作模式的创新以及运营竞争策略等方面的研究，并关注促进现代服务业发展的产业政策和决定利益相关群体社会福利的公共管理政策。浙江大学服务科学研究中心面向国家战略，结合浙江省的实际需求，通过系统研究，总结服务科学与现代服务产业发展的基本规律，为企业、政府与社会各界的相关管理咨询与政策咨询提供决策支持。研究中心主任华中生教授曾获教育部自然科学一等奖，连续 5 年(2014—2018)入选 ELSEVIER 发布的中国高被引学者(Most Cited Chinese Researchers)榜单，并荣获 2018 年“复旦管理学杰出贡献奖”。

研究人员包括华中生教授、章魏副教授、袁泉研究员、张政研究员、鲍丽娜研究员等。

教育部长江学者特聘教授华中生荣获 2018 年“复旦管理学杰出贡献奖”

2. 生产运作和物流供应链管理研究

结合系统科学、云计算、人工智能、大数据，研究全球供应链、新制造、智慧物流等领域的问题。围绕国家供应链创新战略、交通系统优化、企业供应链改善、物流系统规划等实际课题，提出解决方案，并结合案例应用在MBA、工程硕士、本科学生的教学中。从供应链和物流角度，探讨云计算、区块链等技术在客户体验、产品设计、供应商选择上的新方法，构建敏捷、高效、稳健的供应链网络；在新制造模式下，结合制造背后的创造思想、体验、感受、服务模式及能力，体现制造业和服务业的完美结合；采用物联网、智能采集、人工智能算法，通过高度灵活、个性化、网络化的生产模式实现传统制造业的产业升级。

研究人员包括霍宝锋教授、寿涌毅教授、王世良副教授、邓明荣副教授、李浩副教授、姜玫求副教授、林旭东老师、严基铉老师等。

3. 质量管理研究

以质量研究为重点，集科学研究、人才培养、咨询服务为一体，重点开拓质量创新、医疗质量、食品质量安全、生态质量、供应链质量、神经质量管理等质量科学研究新领域，同时围绕我国当前重大和热点现实质量问题展开应用研究，探索我国质量管理的成功路径和方法，有效提升我国质量竞争力。浙江大学质量管理研

质量管理中心组织的质量功能展开研讨会

究中心通过发挥政府、产业、院校合作机制，为“质量强国/省/市”提供理论支撑，成为政府和企业在质量发展方面的智囊库和决策咨询机构。研究中心主任熊伟教授曾荣获2017年度国际质量大奖赤尾奖。

研究人员包括熊伟教授、陈川博士后等。

4.房地产研究

充分发挥浙江大学研究力量雄厚、学科综合交叉的优势，培养符合房地产行业发展需要的复合型人才，为房地产企业解决项目策划、方案设计、投资决策、开发建设、经营管理、物业管理、人员培训等方面的实际问题，承担政府有关部门的研究任务和咨询项目，向公众宣传和普及房地产专业知识。

研究依托在企业投资研究所、土地科学与不动产研究所、建筑经济与管理研究所、城市规划与设计研究所、城市与区域发展研究所的基础上成立的跨学科、跨学院，学、研、政、产综合交叉性研究机构——浙江大学房地产研究中心。

研究人员包括贾生华教授、周刚华老师等。

人才培养

学系依托服务科学、供应链管理及运作管理方面师资，着力建设全球供应链与物流管理相关专业，致力于培养具有国际视野、创新能力与创业精神、社会责任、扎实的基础理论知识和综合方法运用能力，能够理解中国情境与所学专业领域的高素质管理或研究人才。

2003年，物流管理专业创立并进行首次招生。学系积极整合海外教学资源，已与多所国外知名院校建立广泛的国际合作与学习交流，与瑞典哥德堡大学、香港理工大学合作开展“3＋2”“4＋1”本科生培养计划。物流毕业生除了一大部分继续深造外，很多学生正在特斯拉、南方电网、宝洁、德邦等知名企业发挥着骨干作用。

2004年，依托学系师资力量，开始招收培养物流工程专业硕士研究生。2005年，学系教师与高等教育出版社合作编写了物流管理系列教材。《现代运输管理》《物流管理》等被分别入选高等教育“十一五”国家规划教材和“十二五”浙江省优秀教材。

物流管理专业每年组织学生参加全国大学生物流设计大赛、全球供应链管理国际会议案例大赛等赛事，旨在实现物流教学与实践相结合，提高大学生实际动手能力、策划能力、协调组织能力，促进大学物流人才培养模式、课程设置、教学内容和方法的改革，推动物流教学改革和科学研究，为全国高校搭建广泛的物流教学改革及学术交流平台，建立向社会群众宣传普及物流知识的平台，更好地培养和发现物流人才。

2013 年，开展与加拿大麦吉尔大学德桑特尔斯（Desautels）管理学院共同打造的全球制造与供应链管理硕士项目（GMSCM）。致力于培养既精通制造业特点，又具有深厚管理功底的制造业领袖，为国内外制造企业不断输出创新性、实践性的精英人才。

2017 年，在人才培养过程中，注重产学研的融合，积极推进物流和供应链管理理论与前沿实践相结合的高素质人才培养方式。物流管理专业先后在“川山甲供应链管理公司”“浙江英特物流公司”等建立教学实践（实习）基地，开展教学实习。

产学研合作

1. 国际交流

服务科学与运营管理学系教师与美国明尼苏达大学共享经济研究中心主任赛义夫・本贾法尔（Saif Benjaafar）教授、西华盛顿大学张喆（George Zhang）教授，新加坡国立大学吴桐毅教授，香港城市大学李娟教授、虞义敏副教授，奥尔堡大学（Aalborg University）程杨副教授，新加坡管理大学李光前商学院王宇助理教授，日本山梨大学渡边喜道教授，台湾成功大学许经明教授，韩国国民大学李国星教授（Guk Seong Lee）等国内外知名学者保持长期的学术交流，并定期互访。

此外，服务科学与运营管理学系现借助于“服务科学与运作管理分会”“服务科学与工程分会”，举办国际会议如“服务系统与服务管理国际会议”“亚洲质量功能展开与创新研讨会”、COSCM 会议、基金委双清论坛等具有影响力的平台传播学系教师的最新研究成果，与国内外同行进行学术交流与合作。

2. 产学研合作

服务科学与运营管理学系与一些大中型企业建立了长期深入的合作关系。在服务科学、供应链管理、物流管理等方面与企业进行广泛合作。通过沙龙、研讨、座谈、讲座、内训等方式，为企业提供研究报告与实施方案等服务，取得了重大的经济效益和社会效益。

在社会服务和横向合作方面，持续推进与方太集团、英特物流、川山甲、随园养老、浙医二院、阿里巴巴、舟山江海联运中心等企业和政府部门的合作研究工作。

（撰稿人：华中生、邓明荣、章魏、游李娜）

领导力与组织管理学系

历史和现状

领导力与组织管理学系成立于2016年7月。浙江大学是全国最早开展组织行为学、组织理论、人力资源开发与管理研究的单位之一，其学科建设发端于20世纪40年代浙江大学的工业组织心理学研究。

现有教授7名，副教授9名和讲师3名，专职科研人员1名；其中，博士生导师7人。

周帆教授担任系主任，莫申江副教授担任副主任和系党支部书记。

研究方向

领导力与组织管理学系在组织理论、组织变革、全球领导力及战略性人力资源管理等领域开展了广泛的基础和应用研究，通过整合国际理论前沿进展与中国企业的本土管理实践，逐步形成以“国际视野、文化传统、改革实践与组织管理理论相融合”的整体研究框架，重点包括以下3个方向。

1.组织行为与变革转型

本研究领域拥有扎实、系统化的研究基础，扎根于我国企业转型升级的难题困境，充分整合组织行为、组织理论等相关学科的前沿进展，致力于在组织变革与转型、互联网与共享经济等新情境下的组织发展演化等关键领域积累理论贡献，同时服务于经济社会转型发展的现实需要。

2.战略性人力资源管理

本研究领域在学系具有深厚的研究历史和传统渊源，运用战略性人力资源管理前沿理论和工具、技术，紧密扎根于企业现实土壤和大数据、“互联网＋”等问题情境，致力于总结凝练变革背景下的人力资源整合策略、成长型企业人力资源管理模式变迁、新生代人力资源管理策略、共享经济与人力资源外包模式探索。

3.全球领导力

本研究领域立足于个体和组织领导力的理论前沿进展，紧扣国家经济社会发展新时期的战略部署，围绕全球化、“一带一路”倡议、“走出去”等中国企业的现实情境；致力于研究和发展全球领导力提升与开发的合作网络，力争在领导能力开发、创业型领导力、全球运营领导力等新兴领域上形成鲜明的特色和优势，服务于新时期我国企业快速国际化的迫切需求。

人才培养

1.本科人力资源管理专业

以管理学、经济学和心理学三大支柱学科知识为基础，强调模块化、整合式课程体系建设，培养具有全球领导视野、创新创业精神，扎根本土企业实践，具备专业理论知识的卓越管理人才或研究学者。

专业师资雄厚，专任教师具有丰富国际访学和研究经历，为各类政府机构、知名企业提供战略咨询服务，形成了独具特色的战略性人力资源管理理论体系和最佳实践案例库。此外，还拥有大量企业导师资源，搭建了一个行动学习导向的研究与实践整合平台。

2.MBA 人力资源管理方向

领导力与组织管理学系立足在组织行为研究与实践领域的雄厚基础，遵循“国际化标准，本土化实践”建设思路，开设了一系列适应全球变革背景的人力资源管理课程，打造独具特色的 MBA 人力资源管理培养方向。通过案例教学、HR 精英讲座、行动学习等教学方法，培养擅长敏锐捕捉全球人力资源发展热点，充分掌握战略性人力资源管理技能，以及具备全球领导力的高级人力资源职业经理人。

4. 工商管理博士生项目（组织管理方向）

领导力与组织管理学系依托工商管理一级学科博士学位点和博士后流动站，致力于培养创造能够促进社会福祉和管理学科发展的新理论、新方法，培养兼具国际视野和本土经验，拥有卓越创新能力的优秀研究学者和管理专家。多年来，工商管理博士学位点（领导力与组织管理方向）培养了一批卓越的博士毕业生和博士后人才，在全国各重点大学、党政机关事业单位以及一流企业任职。

产学研合作

1. 海外交流合作

领导力与组织管理学系与海外多所高校及科研机构保持长期交流与合作，一直以来致力于培养学生国际视野，开拓国际化思维；为教师搭建科研合作平台，推动学科建设。多年来邀请海外多所高校、研究机构等专家、教授来系内进行学术讲座及学科交流，其中包括，美国华盛顿大学、佛罗里达大学、西北大学、英国杜伦大学、荷兰蒂尔堡大学、新加坡国立大学、香港大学、香港理工大学、香港科技大学、香港城市大学等。

2. 政企合作

为了与企业等社会各界建立深入的合作关系，依托各自资源优势，实现各种要素最佳组合，促进产业发展。领导力与组织管理学系建立两个研究中心，促进产学研合作深入开展。

（撰稿人：周帆、刘树婷）

市场营销学系

历史和现状

市场营销学系成立于2016年7月，由浙江大学管理学院中从事营销学科研究，以及神经营销学、消费者心理与行为、网络营销等交叉领域研究的教师整合组建而成。其前身是企业管理系的市场营销学专业，该专业是浙江大学管理学院最早开设的专业方向之一。

现有教授3人，客座教授1人，副教授4人，研究员2人，讲师1人；其中长江学者讲座教授1人、国家优青1人，浙大文科领军人才1人，之江社科青年学者1人，浙大“百人计划”研究员2人。

周欣悦教授担任系主任，王小毅教授担任副主任和系党支部书记。2019年与旅游教工党支部合并为旅游管理与市场营销教工党支部，由王丽丽副教授担任副书记并负责营销系党组织建设。

研究方向

市场营销学系主要围绕消费者行为，运用多样化科技手段，从认知神经学、心理学、大数据等角度开展研究，重点包括以下4个方向。

1.消费者心理与行为研究

重点关注消费者复杂情绪、金钱心理学、在多线索环境下消费者的决策过程等。市场营销学系有多篇研究论文发表在国内外高水平学术期刊上。

研究人员包括周欣悦教授、王丽丽副教授和孙怡夏研究员等。

2.神经营销学研究

本研究利用脑成像技术和生理传感技术来研究消费和决策背后的脑认知机制，并借此形成更有效的营销管理策略，是一门新兴的交叉学科。

相比于国际上2004年提出Neuromarketing概念，浙江大学管理学院于2006年开始神经营销学研究，是国际上较早从事该领域相关研究（国内首个）的院系。目前的研究内容包括利用功能性核磁共振（fMRI）、脑电（EEG/ERP）、近红外光学脑功能成像（fNIRS）、眼动、生理感知等技术，研究聚焦于品牌广告、网络营销与用户体验、虚拟现实、奢侈品营销等学科前沿问题。

研究人员包括周欣悦教授、陈明亮教授、王小毅教授和刘涛研究员等。

3.网络营销

以国内最早创立的网络营销产学研联盟为支撑平台，借助以阿里巴巴等企业为代表的杭州电商产业链，重点围绕互联网时代营销思维与商业模式，基于有限理性消费者的在线购买行为展开一系列研究。并与阿里巴巴合作进行在线广告、在线购买等营销行为的专题研究。近年来重点通过随机在地实验（field experiment），结合消费心理和机器学习方法，与各类移动App平台开展海量用户的消费行为研究。

研究人员包括杨沙教授（兼）、王小毅教授和范晓屏教授等。

4.服务营销

服务营销的研究领域包括：客户关系管理、客户忠诚与服务补救、客户口碑在线传播、客户智能融合、电子服务与云计算平台、客户创新与客户参与。在医疗领域，服务营销包括医疗服务行为研究与在线医疗服务风险管理研究，以及医患知识转移与医患关系的研究。浙江大学管理学院市场营销学系是国内较早开展服务营销领域研究的机构，主要包括客户关系管理、智能商务、医疗服务营销等领域的研究。

研究人员包括：陈明亮教授、张大亮教授、徐伟青副教授等。

人才培养

市场营销学系的人才培养目标是：培养具有扎实的市场分析和消费分析研究能力、前沿的研究视角和创新能力、熟练的方案设计和实施能力、国际化的沟通和交流能力的高级营销学术人才和管理人才。

1. 本科

市场营销学系着力建设市场营销和工商管理两个本科专业，为相关行业输送了大批营销研究和营销实务的专业人才。

结合社会服务，市场营销学系在移动营销、创业营销、电子商务、企业和区域品牌策划等方面形成了一大批有影响力的合作成果，并将企业合作引入到学生培养中。同时，市场营销学系高度重视本科课程建设。2014 年卓骏副教授获得第四批国家级精品资源共享课（网络教育课程）——“网络营销”立项（教高司函〔2014〕1 号）。

2. MBA

市场营销学系在国内最早开设了网络营销 MBA Track（培养方向），推行“课程、论文、实践”三位一体的培养方式。2019 年以后，市场营销系和数据科学与管理工程学系联合设立大数据与商务管理 MBA Track。

3. 博士

市场营销学系依托工商管理一级学科博士学位点，于 2016 年开始招收大数据营销方向博士生，2017 年 9 月开始招收消费者行为及神经营销方向的博士生。秉承国际化培养思路，市场营销学系与美国、新加坡、我国香港等地著名高校合作，于 2019 年开始，定期选派博士生到合作高校进行交流学习。

国际合作与产学研工作

1. 国际合作

积极举办国际学术会议，参与国际会议和赛事。自 2016 年开始，学系每年定期举办消费者行为论坛，该会议加强了营销系和国外学者的联系，建立了实质性的合作关系，为营销系国际化合作和交流奠定了一定的基础。2016 年 4 月戚译老师率队参加了新加坡全球品牌策划赛，凭借“沈荡老酒品牌策划案”荣获中国赛区冠军和全球季军，参加消费者行为的顶级会议 ACR（Association for Consumer Research Conference）和 SCP（Society for Consumer Psychology）会议。

加强同海外学者的联系，引进英国华威大学商学院前副院长王青教授；定期选派青年教师与博士生赴美国西北大学、加州大学洛杉矶分校、迈阿密大学、俄亥俄州立大学、天普大学、新加坡国立大学、香港科技大学、香港大学、香港中文大学等高校交流学习。

2.产学研合作

市场营销学系与一些大中型企业建立了长期深入的合作关系。在企业营销战略、品牌规划、销售渠道建设、营销团队考核、网络营销等方面与企业进行广泛合作。通过沙龙、研讨、座谈、讲座、内训，或担任独立董事、企业营销顾问等方式，为企业提供研究报告与实施方案等服务，得到了企业的认可，一些企业已成为教学和科研基地。

2011 年“网络营销产学研联盟”成立，天猫、网盛生意宝、盘石等知名网络营销企业成为首批联盟成员

（撰稿人：王小毅）

财务与会计学系

历史和现状

浙江大学管理学院财务与会计学系成立于1994年。1998年四校合并，四校原经管类专业重新组合成为新的管理学院，财务与会计学系并入工商管理系。随着经济的快速发展，会计和财务学科的重要性也日益凸显，为了加快学科师资队伍建设和人才培养，学院于2004年重新单独设立会计与财务管理系，2016年7月，更名为财务与会计学系。

学系始终秉承“求是创新、德高业精、立足本土、放眼世界”的发展理念，遵循浙江大学树立一流意识、聚焦一流目标、践行一流标准，致力于创造会计和财务科学发展的新理论、新方法，为人类贡献管理思想与智慧，培养具有国际视野、创新能力、创业精神、社会责任的研究型高级财会专业人才和商业领导者。

学系目前拥有会计学本科和财务管理本科（2019年合并为新的会计学本科专业）、会计学专业硕士（MPAcc）、会计学博士和企业管理（财务管理方向）博士等涵盖本硕博的完整人才培养体系，下设浙江大学财务与会计研究所、浙江大学资本市场研究中心、浙江大学管理学院行为会计研究所等3个学术研究机构。学系现有专职教师22人，其中教授5人、研究员2人、副教授9人、讲师6人。80%以上教师具有博士学位，教师均毕业于国内外知名高校，如美国普渡大学、纽约城市大学、澳大利亚国立大学、澳大利亚伍伦贡大学、香港浸会大学、北京大学、浙江大学、厦门大学、复旦大学、上海财经大学、中国科学技术大学等，多名教师入选了国家、浙江省和学校的人才计划。

近些年来，学系教师在审计与内部控制、公司金融、财务会计、智能财务与金融科技以及学科交叉研究领域取得跨越式发展，大量研究成果发表于国内外权威期刊，如 *The Accounting Review*、*Review of Accounting Studies*、*European Accounting Review*、*Journal of Banking & Finance*、*Journal of Corporate Finance*、《经济研究》《管理世界》等，作为主持人承担了40余项国家自然科学基金、国家社会科学基金以及省部级科研课题研究，获得省部级成果奖10余项。

学系在专业建设和人才培养方面积极探索，开拓创新，每年向社会输送的会计和财务管理本硕博人才超过百人，取得了突出成绩。2019年5月，浙江大学管理学院和竺可桢学院先行先试，围绕“会计财务＋大数据＋人工智能”的深度融合，融合“商学”＋“科技”，在会计学方向下进行创新改革，在全国高校中率先推出智能财务专业方向本科专业，引发强烈反响和积极响应，引领了当代中国数字化、智能化环境下会计和财务管理人才培养和专业建设的创新发展。2020年1月，由浙江大学主办、管理学院承办的“中国会计、财务、投资智能化暨智能财务专业创新研讨会”在浙大紫金港隆重召开，这是我国首度召开的，探讨如何融人工智能与会计、财务和投资专业教育和人才培养的全国性学术研讨会。

陈俊教授担任系主任和系党支部书记，钱美芬副教授担任副主任和系党支部副书记。

中国会计、财务、投资智能化暨智能财务专业创新研讨会在浙江大学召开，来自全国200多所高校的专家学者和学科负责人参加

学科领域

1. 浙江大学财务与会计研究所（ZJU Institute of Finance and Accounting，ZIFA）

浙江大学财务与会计研究所（ZIFA）成立于1999年。作为校级研究机构，研究所秉承“求是创新、知行合一”的治学发展理念，长期致力于中国当代财务与会

计的理论发展和实践创新研究，并特别重视产学研政的合作交流并学以致用。近年来，研究所持续拓展与美国得克萨斯大学奥斯汀分校、澳大利亚悉尼大学和昆士兰大学、新加坡国立大学和香港中文大学等海外著名高校的高层次学术交流与合作，在国际合作研究和成果发表领域取得了显著成绩。与此同时，研究所持续融入社会实践，不断加强同阿里巴巴、吉利集团、伊利集团、海康威视、大华股份、苏泊尔、海亮集团、三花智控等著名企业的产学研合作，积极服务社会和企业发展。

当前，研究所通过持续引进和兼聘海内外高端科研和专业人才，已拥有研究员近 20 人，博硕士研究生近 20 人，形成了一支富有求是创新和科学钻研精神的教学科研和社会服务团队。研究和服务涵盖财务智能化、内部控制与风险管理、财务治理和财务能力建设、财务会计与公司治理、风险计量与财务危机预测等创新领域，取得了诸多重要学术成果和前沿实践成果，是国内率先开展财务、会计、投资智能化以及内部控制与风险管理研究和应用的学术机构。

2020 年 1 月，研究所参与发起并积极协办了我国首个融人工智能与会计、财务和投资专业教研的全国性学术研讨会——“中国会计、财务、投资智能化暨智能财务专业创新研讨会”。与此同时，研究所在国际范围内率先开展了系统性的内部控制指数构建研究，研究成果在国际权威期刊 EAR、RQFA 公开发表。自 2017 年开始，研究所致力于上述研究成果的实践应用和社会服务，联合浙江大学浙商研究院和浙江上市公司协会，连续 3 年共同举办了“上市公司内部控制论坛暨浙江上市公司内部控制指数发布会”，在国内学界和业界形成了品牌声誉并产生了广泛影响力。

所长：陈俊教授。副所长：徐晓燕教授、董望副教授。

2. 浙江大学资本市场研究中心（ZJU Capital Market Research Center）

浙江大学资本市场研究中心，由浙江大学校友，紫金港资本创始人、董事长陈军为回报母校，弘扬尊师重教的优良传统，捐赠人民币 1000 万元设立专项基金资助。

资本市场研究中心以“立足高素质人才培养，促进高水平学术研究，助力高质量社会服务”为宗旨，以量化投资和创业金融为主要研究方向，在财务与投资领域，尤其是量化投资和创业金融方向实现科研、教学等方面的突破和创新，更好地服务于高校和社会群体，实现科研与教学相结合，兼顾专业特色与市场发展需求。

资本市场研究中心拥有一支以教育部新世纪人才获得者、“浙江省151工程”第一层次培养人员为方向学术带头人的，中西结合、具有国际竞争力的一流团队。

中心主任：黄英教授。中心副主任：肖炜麟副教授、许建明。

3.行为会计研究所

行为会计研究（BAR）将人的有限理性视为组织中与会计决策相关的决策者和接受者的基本属性。当前，作为一个新兴的会计研究领域，BAR在美国和欧洲正逐渐成为极富挑战性和蓬勃兴起的研究领域之一。然而，与西方背景下已经取得的研究进展相比，BAR在中国的发展极为滞后。

为推动和改进中国的行为会计研究，行为会计研究所（IBAR）由浙江大学管理学院于2011年设立并予以资金资助。作为一个学术性机构，IBAR着力聚焦中国社会、文化和经济背景下会计系统、人的行为和组织效率之间关系的研究，包括审计和会计过程中的认知和判断决策、审计师和会计师伦理行为和业绩的决定因素研究、信息披露和投资者认知偏差等方面。特别地，遵循国际BAR研究的主流研究方法，IBAR所进行的研究中问卷调查、实验和准实验方法将会被广泛采用。

IBAR现有全职研究员4人，其中教授1人，副教授3人，此外还包括2名国际兼职教授。到目前为止，IBAR已经获得国家自然科学基金、浙江省自然科学基金、浙江省社科基金等重要项目超过10项，在国际和国内重要学术刊物发表学术论文超过10篇，并获得了3项具有重要影响力的国内学术奖项。

所长：韩洪灵教授。

人才培养

在本科人才培养方面，财务与会计学系历来高度重视本科生的培养和指导，财务管理和会计学两个本科专业历年来为全校优秀学子首选的专业，学生的综合素质非常优秀。2019年5月，为积极响应浙江大学本科专业创新，围绕“会计财务＋人工智能＋大数据”的深度融合，管理学院和学系领先全国高校，积极开展专业创新探索并率先推出智能财务专业，致力于培养新时代高层次复合型创新型会计领军人才。当年9月，智能财务方向班在浙江招生的最低投档线为697分，受到了社会各界的高度重视和认可。

在博硕士人才培养方面，学系多次与美国杜兰大学弗里曼商学院进行协调磋商，为浙江大学MPAcc学生赴杜兰大学学习设计了创新培养方案。MPAcc双学位培养方案旨在培养理论、实务与职业道德并重的国际化应用型人才。博士培养方面，学系对学生培养模式也进行了创新，主要通过博士生阶段性研究成果分享、前沿学术动态追踪、专题专家讲座等方式进行。提升博士生的培养质量，创立了博士生学术分享计划——优博计划。近3年来，团队教师指导研究生和本科生科研项目多次成功立项。

1.研究成果

财务与会计学系积极支持教师的科研工作，不断加强人才引进力度，持续拓展国内外学术交流与合作，努力创造优良的科研条件并营造了全系良好的科研氛围。近年来，财务与会计学系教师重视基础研究，强化质量导向，连续数年立项国家自然科学基金青年科学基金项目及面上项目、企事业单位、政府部门委托项目、国家社会科学基金项目、政府部门（纵向）社科研究项目共计40余项。在国内外高水平学术杂志上发表TOP和国际A类期刊论文达30余篇。与此同时，学院研究团队和学系教师高度重视研究成果的应用转化和社会服务，特别是在浙江上市公司风险管理和内部控制领域的指数研究和发布，取得了积极成果和广泛的社会影响力。

2.学术交流

学系积极邀请国外学者来讲学，并安排教师先后赴国外或境外访问学习或研究。与此同时，学系不断探索和开拓国际学术交流的新模式。自2018年开始，学系创设了浙江大学一悉尼大学会计与财务学科联合Workshop，创新了国内高校会计学科和国际高校会计学科双向交流方式的新形式，有力地提升了学科的国际化交流水平和质量。

多年来，财会系教师分别与斯坦福大学、悉尼大学、纽约州立大学、克莱姆森大学应用经济学系、麻省理工学院、伊利诺伊大学芝加哥分校、得克萨斯大学奥斯汀分校、杜兰大学、埃克塞特大学商学院、麦吉尔大学、英属哥伦比亚大学、香港城市大学会计系、香港理工大学会计金融学院等知名高校的教师建立活跃、持续的学术交流和合作。

除了与国内外优秀高校合作交流外，财务与会计学系也通过了多项国际职业资格课程体系认证。

2012 年 2 月，浙江大学管理学院财务与会计学系两大本科专业和专业硕士学位项目 MPAcc 均顺利通过了香港会计师公会(HKICPA)的专业资格课程(QP)认证，并得到了 HKICPA 及国际评审专家的高度评价和一致认可。2014 年 4 月，学系相关专业均顺利通过了国际会计师公会(Association of International Accountant，AIA)总部的职业资格课程体系认证，这也是我国境内高校首次通过 AIA 的认证，得到了 AIA 及国际评审专家的高度评价和一致认可。2016 年 5 月，学系相关专业通过了英国皇家特许管理会计师公会(The Chartered Institute of Management Accountants，简称 CIMA)特许管理会计师资格课程体系认证。这三项重磅国际职业资格课程体系认证的通过，标志着浙江大学会计和财务管理课程的内容、师资、教学资源，以及学生水平等各方面，均已实现了跨越式发展并达到了国际水平。与此同时，评审通过有利于提高学系学生的国际认可度和市场竞争力，也为加强学系与各类国际会计师公会等国际著名会计职业团体更大范围的合作与交流提供了很好的平台。

产学研合作

多年来，财务与会计学系始终坚持“服务实践发展、服务专业建设、服务人才培养”的三原则和“师生联动、产学研共促”的合作特色，与政府行政事业单位、知名大中型企业建立了长期深入的合作共建关系。此外，学系通过浙江大学智能财务大讲堂、优椒计划、优博计划、“财智”系列讲座、“紫金港资本”等一系列品牌化讲座、研讨、聘请校外实践导师、企业参访、担任独立董事等方式，发展校企交流共建。

2020 年，管理学院党委书记朱原代表管理学院与杭州市审计局签署政校合作框架协议，并为“国家审计与大数据审计教研实践基地”铜牌揭幕

（撰稿人：陈俊、葛涵）

旅游与酒店管理学系

历史与现状

旅游与酒店管理学系成立于 2016 年 7 月。1993 年，成立杭州大学旅游学院；1998 年，浙江大学、杭州大学、浙江农业大学、浙江医科大学四校合并，杭州大学旅游学院并入浙江大学管理学院，成立浙江大学管理学院旅游管理系，即旅游与

酒店管理学系的前身。

2010 年国家旅游局“全国旅游人才培训基地”授牌仪式

1998 年四校合并后，首届浙江大学管理学院旅游管理系由系副主任邹益民主持工作，另有副主任丁力、陈天来。

2005 年，旅游管理系领导班子换届，由宝贡敏担任系主任，邹益民、周玲强担任副主任。

2008 年，旅游管理系领导班子换届，由周玲强担任系主任，王婉飞担任副主任兼党支部书记。

现有专业教师 16 人，博士后 1 人。其中教授 2 人，“百人计划”研究员 1 人，副教授 8 人，讲师 5 人。具有博士学位教师 10 人，博士生导师 6 人。系所及相关研究所践行“基于研究的教学、基于实践的创新”的办学理念；确立以学生为中心，强调知识、能力、素质并重，宽、专、交相结合的人才培养思路；致力于培养掌握现代管理理论和旅游管理专业知识，具备创新意识、过硬的专业技能和综合素质，能在政府各级旅游行政管理部门、各类旅游企业、旅游地产公司等单位从事管理、科研的复合型高级管理人才。

2018年5月，旅游与酒店管理学系领导班子换届，现任领导班子由应天煜担任系主任，吕佳颖担任系副主任，吴茂英担任党支部书记。

研究方向

在多年的教学、研究和实践中，系所确立了旅游规划、饭店管理、休闲管理3个主要的研究方向，未来将通过“旅游＋”的模式，探求更宽更广的研究领域与应用场景。针对系所3个主要研究方向，设有3个研究所，包含2个校级研究所与1个院级研究所。

1.旅游规划

旅游规划方向包含旅游经济与管理理论研究及实证分析、旅游资源开发与规划研究（旅游产业发展规划、旅游区总体规划和详细规划、旅游项目开发规划）、旅游项目开发可行性研究、旅游企业经营管理、旅游产业政策与管理等领域的研究。针对该研究方向设有浙江大学旅游研究所，前身为杭州大学旅游研究所，是改革开放以来，我国高校中首个建立的旅游科学专业研究机构，在旅游资源分析、旅游市场调查、旅游项目策划、旅游区域规划、城市规划与建筑设计、交通与景观专项规划、旅游景区经营管理方案设计及管理咨询等环节，形成了全过程覆盖、一体化服务的模式和优势。近年来与校内外文学、考古学、艺术学、传播学、计算机科学等学科交叉，开拓了基于多学科融合的文化旅游创新发展研究新领域，重点在文化遗产数字化传承和旅游活化、智慧旅游研究与应用，“旅游＋”新业态新模式新体验研究等方面获得了重大突破。

浙江大学旅游研究所在国内外学术刊物发表论文200余篇，出版学术专著30余本。1985年编写出版我国第一部旅游地理教科书《中国旅游地理》，1987年编写出版国内第一本旅游管理专业本科教材《旅游经济管理》；承担国家科技支撑计划、国家自然科学基金、国家社会科学基金、教育部社科规划项目、浙江省自然科学基金等各类纵向项目20余项，面向政府、企事业单位的咨询和规划项目400余项。近年来获奖包括，周永广副教授获得2013年浙江省第十七届哲学社会科学优秀成果三等奖；周玲强教授、应天煜研究员获得2016年国家旅游局优秀旅游学术成果二等奖；吴茂英副教授获得2016年国家旅游局优秀研究成果等。

旅游规划方向学科带头人为周玲强教授,同时任浙江大学旅游研究所所长,周永广副教授任副所长。研究所成员还有应天煜研究员、吴茂英副教授、林珊珊副教授、叶欣副教授、周歆红讲师、叶顺博士后。

2.饭店管理

饭店管理方向主要研究领域包括政府对饭店业的宏观指导、饭店业行业管理、行业发展机制、饭店管理模式与管理创新研究、饭店及相关项目策划、饭店企业经营活动分析、中外饭店管理比较、饭店业人力资源开发、饭店质量控制系统评估与开发、饭店业国际化集团化战略研究、饭店业可持续发展研究、旅游电子商务、服务企业经营管理、休闲娱乐业经营管理等。针对该研究方向,设有浙江大学饭店管理研究所,致力于饭店行业和饭店企业管理理论与实践的研究,旨在促进中国饭店管理理论的发展与中国饭店产业竞争力的提升。

浙江大学饭店管理研究所近年来发表 SSCI 国际期刊论文 30 多篇,承担国家和地方旅游部门的各类科研课题 100 余项,并获得了省科技进步奖、社会科学优秀成果奖、教学优秀成果等多个奖项;出版了上百部学术著作与教材,其中编译出版了全国第一套 12 册饭店管理专业丛书,编写出版了全国第一本旅游管理本科专业饭店管理教材和第一本旅游管理硕士研究生的饭店管理教材;组织举办了中国饭店发展战略研讨会、中国饭店热点问题研讨会、饭店业国际化论坛等多个高层次的国际国内学术会议,并与国际著名高校如剑桥大学、香港理工大学旅游及酒店管理学院、美国中佛罗里达大学罗森旅游与酒店管理学院等建立了紧密的合作研究关系。

作为国家首批饭店总经理岗位培训单位,受国家旅游局委托,饭店所编制了第一套“饭店总经理岗位培训教材”共计 4 本;自 1991 年开始,饭店管理研究所举办了 45 期饭店总经理岗位资格培训班,为来自香港、澳门、北京、上海、广东等地的 4000 余位饭店总经理提供了岗位培训,社会反响优秀。此外,研究所曾参与指导了 50 多家饭店的筹建与经营管理,并使受助饭店取得了良好的社会与经济效益。

饭店管理方向学科带头人为邹益民教授(退休),浙江大学饭店管理研究所现任所长为王婉飞教授,副所长为周亚庆副教授、黄浏英副教授,另有成员吕佳颖副教授、王宏星副教授、郭毅讲师、张宏坤讲师、王亮讲师。

3.休闲管理

休闲管理研究方向包含旅游房地产、度假型酒店管理和休闲旅游规划（休闲产业发展规划、旅游度假区总体规划和详细规划、休闲旅游项目开发规划）、休闲旅游项目策划、休闲旅游产业政策与管理、休闲旅游社会学、休闲消费者行为等领域的研究。针对该研究方向，设有浙江大学管理学院休闲管理研究所，整合管理学院、计算机学院、经济学院等相关学科与学术资源，以休闲与旅游学术理论研究为主题，结合我国尤其浙江省旅游行业实践和杭州休闲城市地域文化特色，以及培养休闲与旅游复合型人才的需要，拓展旅游学科与服务业包括休闲产业、旅游产业、文化产业等的基础理论和前沿视野，多学科、多方位地开展基础性理论研究；并深入结合旅游、休闲产业活动实践，以休闲视野提升旅游产业，以休闲理念和相关学科充实旅游内涵，以休闲研究促进旅游及休闲和旅游产业的发展。

浙江大学管理学院休闲管理研究所近年来发表 SSCI 论文 4 篇，出版著作 8 部，承担国家社科基金、浙江大学—香港理工大学合作项目、浙江省自然科学基金、浙江省社科基金、浙江省科技厅（含重大项目）等各类纵向项目 10 多项，面向政府、企事业单位的咨询和规划项目 100 余项。在分时度假、城市休闲和乡村休闲度假旅游、休闲度假旅游信息化服务与管理平台构建等研究方面取得了研究专利和高水平成果。与世界休闲组织等国内外多家研究机构建立了较为密切的合作关系，同时与美国普渡大学、美国康奈尔大学、美国得州农工大学、美国印第安纳大学等学校教授合作研究及培养博士生。与安徽、浙江、山东等地方政府及多家著名企业及酒店集团建立了紧密的咨询与合作关系。每年参加国际会议并做分会场报告、发表会议论文。每年成功合作主办中国休闲国际论坛会议。

休闲管理学科方向带头人为王婉飞教授，同时任浙江大学管理学院休闲管理研究所所长，吕佳颖副教授任副所长。

人才培养

旅游与酒店管理学系坚持“以人为本，整合培养，求是创新，追求卓越”的教育理念。学系旅游专业是目前国内为数不多的拥有本、硕、博学位全覆盖型旅游专业，致力于培养具有社会责任、国际视野、创业精神和创新能力的旅游管理专业人才和未来领导者。以学生为主体，强调知识、能力、素质并重，宽、专、交结合，特别重视学生基础理论的学习、思维方式与能力的训练，专业能力的提升与职业素养的培养。

1.旅游管理本科专业

浙江大学旅游管理专业前身为杭州大学经济系旅游经济专业，是我国第一个旅游本科专业。实施3＋X精品定制化的培养模式，根据研究导向型与就业导向型两个基本方向，实行分类培养；同时立足国际视野，积极拓展学生海外带薪实习渠道，多方拓展海外名校合作渠道，营造定制化、国际化的学习环境。与香港理工大学、英国萨里大学（University of Surrey）、美国夏威夷大学（Hawaii University）等签订学生深造的合作协议；与海航酒店集团（唐拉雅秀浙江大学俱乐部）、喜达屋国际酒店集团（喜达屋浙江大学俱乐部）、开元酒店管理集团、携程旅行网、香格里拉酒店集团等企业合作建立就业导向型项目，帮助学生实现高位就业。

2.旅游管理硕士项目

学系自1984年开始招收培养硕士研究生。1990年经国务院学位委员会批准成为我国第一个旅游管理硕士点。多年来培养出大批在政府各级旅游行政管理部门、各类旅游企业、旅游地产公司等单位从事管理、科研的复合型高级管理人才。2013年主动取消旅游管理专业学位硕士（MTA）授予点。

2018年，推出国内首个文旅产业管理MBA项目，项目秉承管理学院全球化、跨学科、以学生为中心、政产学研融合的一贯办学理念，依托完善的工商管理理论体系和实践平台，围绕行业发展与业态创新需求，进行一体化课程设计。项目采用名师授课、名企考察、海外学习等多重教学手段，旨在传授体验经济时代文化旅游与休闲健康产业发展的新理念、新模式、新业态，培养学生的全球化视野和引领我国文旅产业发展的战略思维，提高其产品创新能力和项目运营能力。项目与美国中佛罗里达大学（University of Central Florida）签订MBA双学位培养合作协议。

3.工商管理博士项目（旅游管理方向）

依托工商管理一级学科博士学位点和博士后流动站，学系于2003年获得旅游管理方向博士学位授予权。2005年开始招收旅游管理方向博士后研究人员。

旅游管理博士项目致力于培养站在前沿引领行业发展，能够开发潜在资源，能够创造企业效益，通晓国际政治、经济、文化，能把握国际发展趋势的旅游行业管理和研究型人才。多年来，工商管理博士学位点（旅游管理方向）培养了一批卓越的博士毕业生和博士后人才，在全国各重点大学、事业单位以及一流企业任职。

2018 年浙江大学管理学院院长魏江（左）与中佛罗里达大学罗森酒店管理学院签订旅游管理 MBA 双学位培养协议

国际交流与产学研合作

1. 国际交流

旅游与酒店管理学系注重国际、国内交流与合作，与美国普渡大学旅游学院、英国萨里大学旅游学院、香港理工大学酒店及旅游业管理学院、澳大利亚詹姆士库克大学旅游系、美国中佛罗里达大学罗森酒店管理学院、夏威夷大学旅游学院等建立了稳定的战略合作伙伴关系，进行专家互访、科研互动、学生交换、合作办学等交流活动。

定期举办饭店管理创新发展、旅游发展、休闲发展等具有广泛影响力的国际会议和学术会议。2015 年，创办世界旅游互联网大会，2017 年作为联合国世界旅游组织 22 届全体大会特别环节，成为世界旅游组织的紧密合作伙伴，在学界和业界产生了重大影响。积极鼓励和支持师生外出参加国际会议，在具有影响力的国际会议上积极发声，提升影响力。

2. 产学研合作

旅游与酒店管理学系注重与业界的交流合作，与海航酒店集团、碧桂园酒店集团、君澜酒店集团、开元旅业、携程旅行网、快住智能科技、绿云科技等国内外知名品牌企业保持良好的合作关系，在人才培养、教学科研等方面实现资源共享，探索实用型、创新型的人才校企合作模式。

2014 年，与海航酒店集团签订“唐拉雅秀俱乐部人才培养”协议书，并获赠 10 万元基金款项，用以设立“唐拉雅秀俱乐部优秀学员”奖学金，用以鼓励学系学生学习成长，建立长期稳定的合作关系。

2017 年，快住智能科技有限公司向旅游系捐赠 30 万元现金款项以及 90 万元物资，用以建设智慧酒店实验室，支持旅游学科发展，利用资源共享建立长期稳定的合作关系。

2018 年，与杭州市旅游委员会签订战略合作协议，双方将在高层次紧密型合作关系的建立、旅游教研实习基地建设、旅游创新发展研究、旅游人才培养和管理咨询等多方面进行深层次合作。

与君澜酒店集团、碧桂园酒店集团、绿云科技等就 MBA 项目、本科实习、教师科研等方面签订合作协议框架，加强校企间的“产、学、研”合作，为新时代的管理新理论和新思想的创造贡献力量。

（撰稿人：应天煜、廖婷）

第七章

教育培训机构

工商管理硕士教育中心(MBA)

基本情况

1.浙江大学工商管理硕士(MBA)项目及中心概况

浙江大学MBA项目获批于1993年,于1994年开始招生。2006年,浙江大学MBA项目通过全球三大权威管理教育认证体系之一的AMBA国际认证,成为国内第一个通过国际权威认证的MBA项目,这标志着浙江大学MBA教育进入了接轨国际标准的发展阶段。截止到2019年,已经成为国内第一家通过国际、国内全部权威认证的MBA项目。

浙江大学MBA项目始终坚持"求是"校训,以把握时代脉搏,培养具有高度社会责任感和职业素养的创业人才和管理精英为己任,为中国经济建设与发展培养了一大批具有国际化视野、系统的管理理念和卓越执行能力的中高级管理人才。

1998 年 1 月，为加快浙江大学工商管理硕士(MBA)培养规章制度的建设，提高学校 MBA 培养质量，浙江大学成立 MBA 教育研究中心。

MBA 教育中心现已是一个覆盖多个学科与行业领域的专业硕士学位教育机构，以培养具有国际视野、创新创业精神、卓越领导能力和高度社会责任感的中高级管理人才和创业型人才为己任。通过对引领时代发展的经典管理思想和前沿管理理念的传授，以及对推动行业健康发展的企业管理实践的研讨，来培养和提升学员的职业意识、专业素养和系统思维能力，以充分适应未来不确定环境中的复杂管理任务。未来，我们将继续秉承同创共享的理念，加强同世界一流高校、企业和社会组织的合作，不断迭代优化我们的课程体系和教学内容，确保项目的前瞻性和竞争力。

2. MBA 中心历任负责人

表 7-1　浙江大学管理学院 MBA 中心负责人一览

主任	副主任
贾生华(1998.1—2003.5)	吴晓波、蔡宁(1998.1—1999.7) 魏江(1999.7—2000.6)
陈旭东(2003.5—2005.7)	
李小东(2006.1—2009.11)	项坚(2009.4—2009.10)
寿涌毅(2009.11—2017.11)	严进(2009.11—2012.3) 叶欣(2009.11—2011.4) 陈超(2012.6—2017.12)
窦军生(2017.11—2019.5)	裘婷(2017.12—2019.5)
王小毅(2019.5 至今)	裘婷(2019.5 至今)

3. 浙江大学 MBA 项目特色

浙江大学 MBA 项目依托浙江大学齐全的综合学科和最富创新创业精神的浙江民营经济，在创业管理、创新管理等方面具有自己的优势和特色。同时，结合学院的学科特点和社会发展需求，2016 年，MBA 项目推出专业方向（MBA Track），以“国际化、专业化”为特点，聚焦行业热点新兴领域，优化项目设计。每个 MBA Track 有独立明晰的理论体系，通过与企业最新实践相结合体现行业特色。首次推出的 MBA Track 包括国际会计、网络营销、电商与运营、资本市场、创业管理和农商管理。经过多年发展，根据实际情况动态调整，截至 2019 年 12 月，MBA Track 涵盖创业管理、商务大数据应用、人力资源管理、医疗健康产业、资本市场、文旅产业管理。

人才培养

1. 选修课分专业方向（Track）设置

结合学院的学科特点和社会发展需求，MBA 选修课分专业方向开设。每个专业方向都有明确的培养目标与完善的理论体系，保持与企业最新实践前沿的同步，并体现一定的特色。每个选修课模块包含 10—16 学分，除授课教师外，还将邀请一定比例的实务界资深精英参与选修课的课程设计和教学研讨。

创业管理 Track

该 Track 立足中国特定的社会经济发展现状，遵循创业活动的基本特征和创业教育的内在规律，旨在通过课堂授课与研讨、创业设计与实践、国际访学与实习来激发 MBA 学员的创业精神，提升 MBA 学员的创业知识和创业管理技能，为中国社会经济的健康发展培养创业型人才，重点培养创新驱动的技术创业与社会创业人才。

商务大数据应用 Track

该 Track 融合数据科学、决策科学，以及运营和营销管理等内容。旨在培养企业数字化转型中的高层管理者如CTO、COO、CDO等。其中数据科学课程将培养学生的数据分析技能，决策科学的课程将培养学生科学决策思想和理念，而数字化转型课程则着重于将数据科学、决策科学与管理实践结合起来，实现企业的数字化转型。

人力资源管理 Track

该Track遵循“国际化标准，本土化实践”，开设系列具有新思想、新方法和新实践的人力资源管理课程，通过案例教学、HR精英讲座、行动学习等教学方法，综合管理培养具有国际视野、战略人力资源能力和卓越领导力的人力资源高级职业经理人。

医疗健康产业 Track

该Track旨在通过传播现代医疗与健康管理产业经营与机构管理的新理念、新模式、新方法，让医疗与健康管理服务领域的经营管理人士能够拓宽视野，充分运用先进的经营管理思维和知识提高运营管理能力和经营创新能力，最终成为以下两类高级人才之一：具有全球视野，能够引领未来发展的医疗与健康产业的领军人才；具有创新能力和战略思维的医疗健康经营管理机构高级经营管理人才。

资本市场 Track

该Track旨在培养上市公司CFO、董事会秘书、投资银行家、证券分析师、基金经理、证券从业人员（包括证券中介机构）。以全球资本市场特别是中国多层次资本市场的发展为主要背景。课程使MBA学员具备资本市场的全球视野，并掌握其基本管理框架，能够理解并运用一系列广泛的证券估值方法，并能较为全面地掌握并操作资本市场各具体业务模块。

文旅产业管理 Track

该Track秉承管理学院全球化、跨学科、以学生为中心、政产学研融合的一贯办学理念，依托完善的工商管理理论体系和实践平台，围绕行业发展与业态创新需求，进行一体化课程设计。项目采用名师授课、名企考察、海外学习等多重教学手段，旨在传授体验经济时代旅游、住宿及休闲健康产业发展的新理念、新模式、新方法，培养学生的全球化视野和引领未来产业发展的战略思维，提高其产品创新能力和运营能力。

2.学生国际化视野的培养

MBA项目致力于全球化培养项目的设计。始创于2009年的全球创业管理硕士项目(GEP)开创了浙江大学管理学院“GXP”系列全球培养模式的先河。学院与创业教育领域知名院校美国百森商学院、法国里昂商学院建立了战略联盟，启动了中美法三校联合培养全球创业管理硕士生项目(GEP项目)。2010年，该项目逐步接受一半的MBA学生，成为国内第一个真正意义上的国际MBA项目(MBA-GEP项目)。MBA-GEP项目培养方案设计以国际化为背景的模块化课程，全英文授课。模块化课程采用系统设计原则，包括创业基础模块、创业技能模块、创业专题模块、创业体验模块和创业拓展模块等。由参与课程教学的国际和国内师资组成模块教学小组，以国际创业为标杆，形成融合创业者培养的MBA教育体系。2012年5月7日，浙江大学—加拿大麦吉尔大学全球制造与供应链管理双学位硕士项目(GMSCM)签约，该项目是由加拿大麦吉尔大学与浙江大学两所著名高校联合创办的双学位硕士项目，基于原有的加拿大麦吉尔大学的制造管理硕士项目(MMM)和浙江大学工商管理硕士(MBA)项目设立而成，完成该项目学习的学生将获得两所大学颁发的硕士学位。GMSCM项目培养的目标人群为制造业、生产性服务业以及物流企业的核心经理人员，是国内制造与供应链领域首个MBA项目。

浙江大学MBA除了设计以上项目，还通过海外交换生、海外访学、海外名师讲堂等形式进一步培养学生的全球视野。

3.海外交换生

浙江大学管理学院目前已与多所知名海外院校建立了MBA交换项目，交换院校分布广泛，覆盖了欧洲、北美、亚洲等地。MBA学生有机会去美国杜兰大学、瑞典隆德大学经济与管理学院、法国ESCP-Europe、日本早稻田大学、韩国高丽大学等海外知名学府交换学习一学期。中心更有短期的海外知名院校Summer School(英国UCL等)、美国硅谷创业实验室实习等机会供MBA同学选择。

4.海外访学

浙江大学MBA教育中心每年将组织2—3次海外游学，游学内容包括名师课堂、企业参访、学生交流、文化体验等。通过对知名商学院的访问和学习，以及与国际知名企业的近距离交流，MBA 学生体验到国际顶级商学院的教育方式和学习氛围，感受到全球化最新的商业模式和商业动向。至今，学生已先后到剑桥大学、牛津大学、帝国理工、巴斯大学、加拿大麦吉尔大学、日本九州大学、日本京都大学等海外著名大学商学院学习，聆听知名专家教授授课，到 MINI、伦交所、Domino、彭博社、Canada Post、Reitmans、京瓷、安川电机、TOTO 等知名企业及机构参观，与当地知名企业家开展面对面交流。

5.海外名师讲座

浙江大学 MBA 教育中心定期邀请海外知名大师、学者为同学们带来世界前沿的管理学知识、理念。诺贝尔经济学奖获得者迈伦·斯科尔斯（Myron Scholes）教授、LinkedIn 创始人里德·霍夫曼、美国高登大学校长林世杰博士等名家学者均做客浙大 MBA 海外名师讲堂。

校友发展

浙江大学 MBA 项目近 7000 名校友遍布国内外。为凝聚校友力量，提升品牌价值，搭建 MBA 校友与学校、校友与校友间沟通交流及资源共享的平台，2008 年 6 月浙江大学 MBA 俱乐部成立，这是以浙江大学 MBA 在校生、MBA 校友为参与主体的非营利性组织。俱乐部下设创业、投融资、沙鹰户外、读书、羽毛球、篮球、人力资源、茶修、国学、文创、赛艇、创新跨界、音悦、健康等行业、区域、兴趣爱好俱乐部。各俱乐部通过组织年会、前沿论坛、精品讲座、圆桌沙龙、兴趣比赛等多层次的活动体系，扩大校友网络、交流管理经验、分享行业信息、发现商业机会，共同促进发展。

为促进学院和校友之间的沟通，MBA 教育中心每年定期举办“校友值年返校日”活动，至今已开展 17 次，累计接待千余名 MBA 校友返校。MBA 教育中心借助“校友返校日”这一活动载体，搭建校友与母校、校友与校友之间的交流平台，共同致力于“发展共同体”的打造。

浙江大学 MBA 的校友们积极参与学院的发展规划，为学院发展献计献策。校友或校友企业设立 MBA 项目专项基金、奖学金；出资支持校院及中心的各项活动；担任浙江大学 MBA 校友导师或其他院校各类学生导师；支持学院的新大楼建设等，校友们的大力支持不仅为学院和中心的建设、发展注入了强大的动力，同时也促进了企业的发展，提升了企业的社会责任，如 MBA 校友企业设立医疗管理项目创业扶助专项基金、新生奖学金，设立汶川爱心天使基金，举办淳安捐资助学活动，参与西部学生“爱心小餐桌”大型公益活动，GEP“外国大哥”大力山村助学行动，沙鹰户外俱乐部向非洲 Tana 岛上 Imaio 小学募捐校服文具等活动，展现了管理学院培养引领中国发展的健康力量。

MBA 大事记

- 1993 年 9 月，浙江大学成立“浙江大学工商管理硕士（MBA）试点工作委员会”（浙大发研〔1993〕55 号），吴世明任主任。委员会下设工作小组，由徐兴任组长。
- 1994 年，浙江大学成为全国第二批 MBA 教育试点院校，标志着 MBA 教育项目正式启动。第一届 MBA 学生于 1994 年 9 月入学。
- 1998 年，浙江大学 MBA 教育研究中心成立（〔98〕浙大研 002 号），正式开展有关浙江大学 MBA 教育的管理条例、教学大纲、教学方法、案例编写等具体措施方面的研究，推动浙江大学 MBA 的规范化和系统化。
- 2000 年 11 月 11 日，浙江大学 MBA 组建 MBA 研究生特聘导师队伍，特聘导师包括娃哈哈集团董事长宗庆后、万向集团董事长鲁冠球、东方通信总裁施继兴、西子电梯公司总裁王水福等著名企业家，以及浙江省发展计划委员会主任孙永森、省经贸委主任金德水、省工商局局长李强等政府官员，特聘导师任期 2 年。特聘导师模式吸收优秀企业家和政府要员担任高校管理精英的导师，开创了学校和企业共创 MBA 教育的新模式。新模式塑造了浙大 MBA 品牌特色，创造了高校学生与企业领袖对话的契机，对促进产业之间的沟通交流也起到了积极作用。
- 2001 年，浙江大学 MBA 项目通过国务院学位委员会组织的 MBA 教学合格评估，标志着 MBA 教育试点阶段结束。
- 2006 年 11 月，浙江大学 MBA 项目在国内率先通过英国工商管理硕士协会（The Association of MBAs，简称 AMBA）的国际认证，获得为期 5 年的国际质量认证资格(2006—2011 年),成为我国境内第一个通过国际权威认证的 MBA 项目,标志着 MBA 项目在办学水平方面走上国际新台阶。

- 2011 年 12 月,浙江大学 MBA 项目又率先通过 AMBA 第二期国际认证,这是我国境内管理学院新的里程碑。
- 2012 年 5 月 7 日,浙江大学与加拿大麦吉尔大学合作办学的全球制造与供应链管理硕士项目(Master in Global Manufacturing and Supply Chain Management,简称 GMSCM)正式签约成立。全球制造与供应链管理硕士项目是由加拿大麦吉尔大学与浙江大学两所著名高校联合创办的双学位项目,基于原有的加拿大麦吉尔大学的制造管理硕士项目和浙江大学工商管理硕士项目设立而成,完成该项目学习的学生将获得两所大学所颁发的硕士学位。GMSCM 项目第一届学生于 2013 年 9 月入学。
- 2014 年,《福布斯》发布 2014 最具价值 MBA 项目排行榜,浙江大学 MBA 在职项目位列第 6 名。同时,浙江大学 MBA 在职校友毕业 5 年年薪年均复合增长率位列第 2 名。
- 2015 年,浙江大学 MBA 项目以最长 5 年期通过了由教育部学位与研究生教育发展中心和全国工商管理硕士教育指导委员会组织的"中国高质量工商管理教育认证"(Chinese Advanced Management Education Accreditation,简称 CAMEA)。
- 2015 年,浙江大学 MBA 创客班成立,同期在深圳、杭州两地招生。2015 年 10 月 22 日,浙江大学管理学院与未来科技城战略合作协议正式签署。与此同时,"浙江大学 MBA 创客班""紫金港创客空间・梦想小镇"揭牌仪式同期举行,这预示着"浙江大学 MBA 创客班"正式花落梦想小镇,落户紫金港创客空间。
- 2015 年,浙江大学 MBA 中文项目选修课模块正式分专业方向开设,称为 MBA Track。首次推出的专业方向包括国际会计、网络营销、电商与运营、资本市场、创业管理和农商管理,2016 年新增人力资源管理、医疗管理方向。
- 2017 年,浙江大学 MBA 项目第 3 次获得 5 年期 AMBA 国际认证,成为大中华地区首家进入高阶认证流程(Advanced Accreditation Process)的商学院。
- 2018 年,全国首次专业学位水平评估中,浙江大学工商管理硕士评估为 A。

- 2018 年，浙江大学 MBA 项目吉祥物——首席创业官独角兽（创创）正式发布，并为其进行拟人化的包装，创创有自己的年龄、兴趣、爱好、职位（浙大 MBA 首席创业官），象征浙江大学 MBA 项目以"创新、创业"为特色。在 2018 招生季，提出并确立浙江大学 MBA 项目宣传语"致广大，尽精微"（Global View Glocal Feel）。吉祥物和宣传语浓缩、凝练了浙江大学 MBA 品牌形象，为中心品牌塑造助力。
- 2019 年，为发挥具有一定规模的非全日制 MBA 学生党员的先锋模范作用，组建非全日制 MBA 学生临时党支部。根据支部成员特点，搭建体系化的支部建设工作规范和工作计划。非全日制 MBA 临时党支部成立后，组织实施 MBA 项目文化建设调研、2019 级新生第一课、献礼祖国 70 周年快闪等活动，有效地凝聚非全日制 MBA 党员队伍，提升对学院归属感。
- 2019 年，浙江大学管理学院与柔性电子技术协同创新中心签署战略合作协议，成立"1＋X 柔创中心"，并召开柔性电子产业创新发展研讨会。成立"1＋X 柔创中心"，预示着合作双方将围绕技术创新与转化，在创新技术项目商业化、创新创业人才培养、行业培训、产学研等方面开展全方位一体化衔接的合作，促进柔性电子与智能技术领域自主创业创新、助力产业孵化，打造引领未来"商学＋科技"的一体化平台。
- 2019 年，浙江大学 MBA 成立 25 周年庆典。庆典回顾中国 MBA 教育和浙江大学 MBA 25 年发展历史，并提出数字经济时代浙江大学 MBA 教育如何迎接挑战。庆典首次公布了浙江大学 MBA 创新创业数据，展现创新创业特色。同时，颁发浙江大学 MBA 25 周年 5 大奖项（特殊贡献奖、优秀传承奖、创新创业奖、社会责任奖、国际视野奖），鼓励在中心发展过程中做出杰出贡献和取得丰硕成果的校友群体。颁奖名单如下。

  特殊贡献奖：张利江、李耀土、杭剑平、梁尔真、葛　航。

  优秀传承奖：林　凯、金铁马、浙江大学全球制造与供应链（GMSCM）项目、浙江大学 MBA 宁波俱乐部、浙江大学 MBA 沙鹰户外俱乐部。

  创新创业奖：宁海元、李　杰、金宏洲、姜慧霞、郭峻峰、裘加林。

  社会责任奖：严　丹、周　游、叶金章、王加义、宋　开、施　丹。

  国际视野奖：杨志勇、陈莉霜、罗锡评、柳荣军、蒋志兴。

（撰稿人：裘婷）

高级管理人员工商管理硕士教育中心(EMBA)

基本情况

1. 浙江大学高级管理人员工商管理硕士(EMBA)项目及中心的设立

2002年7月,国务院学位委员会批准浙江大学开展高级管理人员工商管理硕士(EMBA)专业学位教育工作,浙江大学成为国内首批开展EMBA教育项目的高校之一。同年9月25日,浙江大学校长办公会议研究并通过了EMBA专业学位教育工作实施方案并决定成立"EMBA教育领导小组",由校长亲自担任领导小组组长。随后又专门设立了"浙江大学EMBA教育中心"(以下简称EMBA中心),具体负责浙大EMBA项目的招生推广、教学培养、校友服务等各项工作,EMBA中心隶属于浙江大学管理学院,在管理学院的领导下开展工作。

2. EMBA项目发展与现状

2003年3月28日,首届浙大EMBA开学典礼隆重举行,按教育部及全国MBA教育指导委员会的要求,通过入学考核的浙江大学EMBA项目32位首届班学生正式入学。EMBA学生的培养采用每月4天集中授课的模式,正常学制2年,经申请最长可以在6年内完成学业。学生以修学分的模式完成课程(其中10门教育指导委员会规定的必修课)和学位论文,学生修满共计32学分课程,学位论文经专家评审和答辩通过后可申请获得"浙江大学高级管理人员工商管理硕士学位"。项目聘请海内外著名学者担任课程教师,课程授课形式也区别于别的教育项目,较多采用案例讨论的方式,学生参与度较高。

项目开办之初,重点以质量提升和品牌塑造为主,在学生选拔和师资遴选方面坚持高标准。EMBA中心内部也逐渐建立起完整的EMBA培养计划、招生推广制度、教学教务管理规范和制度流程,项目发展迅速,招生规模从1年1期逐步增加到1年春秋2期，品牌影响力迅速提升。2005年6月，首届学生顺利毕业。同年12月，国务院学位办组织专家对浙大EMBA项目进行全方位的合格评估，专家们对浙大EMBA教育的规范性和办学特色均给予了充分肯定，一致同意通过合格评估。2006年，浙大EMBA项目成功获得AMBA认证，成为国内第一个获得国际认证的EMBA项目。通过合格评估和国际认证，标志着浙大EMBA项目已从培养模式探索阶段上升到巩固拓展阶段。此后几年，浙大EMBA项目的社会影响力进一步得到提升，期间也尝试为特定的企业组织定制EMBA培养方案，招生规模也逐年上升，2008年达到180人左右。此后由于受金融风暴等内外因素的影响，招生规模一度呈下滑趋势。

2012年经教育部批准，与法国HEC共同设立了浙大—HEC中外合作EMBA项目，定位于服务国有企业高管人才的培养，每年招收1个班。2016年，根据国家新的政策，两校经过友好协商，决定停办该项目。

2014年开始对EMBA项目进行了新一轮的课程改革，更加聚焦创新创业特色，配合强化市场拓展，充分发挥校友作用等举措，不仅使招生人数又有了显著提升(2016年达到200人)，而且培养质量也有了明显提升，学生评价课程满意度(优秀率)保持在95%以上。浙大EMBA在培养方向上也进行了大胆改革创新，先后推出了创新创业综合、新生代、新金融和新阶层等特色班级。在这个阶段，浙大EMBA项目还先后通过了EQUIS、AACSB国际认证及中国高质量工商管理项目的认证，在2016年教育部专业学位评估中取得全国排名第五(A)的好成绩，浙大EMBA项目在《经理人》等第三方中国EMBA项目排行榜中的名次也逐年上升。

2017年开始，根据《教育部关于进一步规范工商管理硕士专业学位研究生教育的意见》和《教育部办公厅关于统筹全日制和非全日制研究生管理工作的通知》，EMBA学生录取需参加全国MBA联考并达到统一划定录取分数线，EMBA项目入学人数面临前所未有的挑战。

2018年，EMBA项目围绕“商学+”的理念，开始对培养计划进行全面改革。

2019年，为适应新形势下高端人才培养的新需求，EMBA中心遵循学院“平台+项目”框架，经过充分的检验、论证和探索，逐步呈现了“一体两翼”的项目布局，即以EMBA学历学位项目为本体，以“战略企业家项目”和“企业家学者项目”(DBA)为两翼。

3. EMBA 中心历任负责人

表 7-2　浙江大学管理学院 EMBA 中心负责人一览

主任	副主任	任职时间
吴晓波	魏江　张刚峰　毛礼松	2002.10—2005.12
范晓屏	毛礼松 卢艳锋 徐伟青	2006.1—2006.12 2006.1—2009.12 2006.1—2009.12
卫龙宝	徐伟青　黄月圆	2010.1—2013.12
贲圣林	杜　红(常务) 黄月圆 王　剑	2014.1—2017.12 2014.1—2015.8 2016.11—2017.12
韩洪灵(学术)　杜　红(行政)	王　剑	2017.12—2018.5
窦军生(学术)　杜　红(行政)	王　剑	2018.5 至今

4. 浙江大学 EMBA 项目特色

浙江大学 EMBA 教育的目标是面向企业中具有良好教育背景和丰富管理经验的高层次管理人士，培养具有宽广国际视野、卓越创新能力、强烈创业精神和高度社会责任感的中国经济建设与发展的领军人物。

浙江大学 EMBA 项目立足于中国经济最具活力、民营经济最为发达的长三角地区，充分发挥浙江大学在管理学科及其他相关学科的综合优势，针对中国经济与社会发展对企业家与领导者需求，依托浙江大学卓越影响力与高端社会网络，与国际知名商学院合作，建立了一支高水平的世界级师资队伍，培育了一个活跃在市场经济各领域的高级管理精英群体，形成了具有鲜明的创新创业特色，国内最具影响力的 EMBA 专业学位项目。

浙大EMBA是国内首个通过AMBA国际认证的EMBA项目，也是国内少有的均以最高标准通过AMBA、EQUIS、AACSB国际认证和中国高质量MBA教育认证的EMBA项目。浙大EMBA在2016年教育部专业学位评估中取得“A”的好成绩。在中国最佳EMBA排行榜中的“课程项目”和“实效性”排名中，浙大EMBA分别于2017年、2018年和2019年连续排名全国第一。

人才培养

1.浙大EMBA的课程特色及质量保障

浙大EMBA项目以“双创＋X新”为架构，设有创新创业综合班、新金融班、新生代班和新阶层班。

在浙大EMBA学员中，有40％左右的学员为自主创业者。近年来，项目陆续增设了“浙商精神与文化”“创业金融与资本战略”“家族企业管理与传承”“科技创新与商业机会”“商业模式创新”“企业并购”等课程。创新创业的内容也有机融入精品讲座和移动课堂中，开展了如“创业融资”“互联网金融”“企业自主创新体系的构建”“创业商务模式创新”“企业走出去的人力资源困境”“最优创新方案的开发与选择”等以创新创业为主题的系列讲座。2014年开始，EMBA项目结合课程案例分析内容，邀请企业家走进课堂，分享创业经验，与学员展开面对面交流。“战略管理”“战略人力资源管理”“领导力开发”等经典课程直接将课堂移到案例企业现场。EMBA项目建立信息化的教学平台以改进现有的教学手段，改善教学设施以提高教学硬件水平，专业化服务支撑体系以提升教学服务水平，立体化的教学模式和规范化的教学管理，较好地提升了学生、教师对项目的整体满意度。

2018年开始的培养体系改革，重点突出了“商学＋科技”“商学＋人文”的课程设计理念，有效整合校内、校外的资源，更好地将“行动学习”融入EMBA培养过程中，形成浙大EMBA独特的培养模式。2018—2019年度《经理人》中国最佳商学院EMBA项目综合排名位列第三，课程项目全国第一。

2.EMBA 学生国际化视野的培养

浙大 EMBA 项目自 2006 年设立了海外访学模块。海外模块一直是 EMBA 项目的重要组成部分，每年组织近百名学生参加海外访学项目，根据学员和校友的需求量身定制海外访学和考察行程，实现国际互动教学，拓展 EMBA 学员的国际经营视野，帮助学员获取商业经营的新灵感。通过对知名商学院的访问和学习，以及与国际知名教授的近距离交流，切身感受顶级商学院的培养模式、授课风格、学习氛围；通过企业参观，与业界人士就热点经济管理话题进行深入交流。至今，浙江大学 EMBA 海外访学模块已带领学生先后到哈佛大学、耶鲁大学、斯坦福大学、西北大学、麻省理工学院、UBC 大学、华盛顿大学、剑桥大学、牛津大学、帝国理工、英国城市大学、英国曼彻斯特商学院、欧洲工商管理学院、法国 HEC 商学院、马赛商学院等国际著名大学商学院学习，聆听国际知名专家教授授课，到谷歌、微软、英特尔、爱立信、高通、惠普、联邦储备银行、圣地亚哥港务局、联合利华、吉百利、通用、宝马、奔驰、美洲豹、毕马威等欧美知名企业及机构参观，与当地知名企业家开展面对面交流。

校友发展

浙江大学 EMBA 项目培养的 2000 余学生遍及我国各地(包括港澳台地区)。为凝聚校友力量，提升浙大 EMBA 品牌价值，搭建 EMBA 校友与学校、校友与校友间真诚沟通及资源共享的平台。2006 年 4 月浙大 EMBA 校友俱乐部协会揭牌成立。EMBA 校友俱乐部协会由 EMBA 教育中心组织，以校友学员为参与主体的非营利性组织，现已发展出包括温州、宁波、绍兴、上海、北京等区域校友联谊分会以及玫瑰会(女性校友)、飞鹰会(户外运动、戈壁挑战赛)、启真社(读书会)、蜜蜂会(房地产协会)、金融协会等近 20 余个专门协会。

EMBA 各个校友联谊会及协会通过组织年会、前沿论坛、精品讲座、圆桌沙龙、商务考察、移动课堂、兴趣比赛、休闲旅游等多层次的活动体系，促进校友之间的互动沟通，帮助校友扩大人际网络等。在这个广大的校友平台上，校友们交流管理经验，分享投资信息，发现新的创业机会，同时促进了企业的发展，进一步提升了企业的社会责任。

浙大 EMBA 的校友们积极参与学院的发展规划，为学院发展献计献策。校友捐资 5000 多万元支持学院新大楼建设；设立奖学金、助学金奖励和资助在校学生；担任各类学生的企业导师；校友或校友企业支持学院及 EMBA 中心举办的高峰论坛、开展案例研究等等学术活动，推动学院创业学科的发展；支持学院及 EMBA 中心组织参加各类国际、国内的学科竞赛、案例大赛、体育比赛等活动，有效地提升社会影响力。校友们的大力支持为学院和中心的建设和发展注入了强大的动力。

浙大 EMBA 的校友们还积极参与各项社会公益活动。

EMBA 大事记

- 2002 年 7 月 24 日，国务院学位办正式批准浙江大学开展 EMBA 专业学位教育工作（学位办〔2002〕64 号通知），浙大 EMBA 学生培养就此拉开序幕。
- 2003 年 3 月 28 日，首届 EMBA 学员举行开学典礼，32 位浙江大学 EMBA 首届班学生正式入学。
- 2005 年 6 月 28 日，首批浙大 EMBA 毕业生诞生，首届 EMBA 学员经过 2 年多的系统学习及严格的论文评审和答辩环节，获颁浙江大学高级管理人员工商管理硕士学位。
- 2005 年 12 月 18 日，国务院学位办组织专家对浙大 EMBA 项目进行全方位的合格评估，专家们对浙大 EMBA 教育的规范性和办学特色均给予了充分肯定，一致同意通过合格评估。
- 2006 年 12 月 17 日，浙江大学 EMBA 项目成为国内首家通过 AMBA 国际认证的 EMBA 项目。
- 2010 年 5 月 21 日，EMBA 校友章鹏飞（现代联合控股集团有限公司创始人）向母校浙江大学捐赠 1 亿元人民币，以支持浙江大学教育事业。
- 2011 年，EMBA 王铁磊校友以个人名义先后向浙江大学捐款共计 3500 万元人民币用于管理学院新大楼建设。
- 2012 年 6 月 13 日，教育部批准浙江大学与法国 HEC 合作举办高级管理人员工商管理硕士学位教育项目。

- 2013 年 8 月 30 日，浙大 EMBA 与一汽大众奥迪达成战略合作协议，其中包括由双方共同合作开办新生代 EMBA 班，全方位助力新生代企业家的成长。
- 2016 年 6 月 23—26 日，经过前期精心策划和筹备，浙大 EMBA 国内首创的《科技创新与商业机会》课程正式开课，邀请了浙江大学材料科学与工程学院张泽院士、中科院上海微系统研究所王曦院士、南京大学环境材料与再生能源研究中心主任邹志刚院士等共同主讲。
- 2017 年 5 月 5—6 日，日本户田国际赛艇大师赛(Toda International Regatta)在亚洲舰艇天堂户田举办，作为国际知名赛事之一，吸引了来自中国、日本、韩国的赛艇爱好者聚集。浙大 EMBA"大黄蜂"赛艇队组织 20 余名队员首次出征真正意义上的国际比赛，经过 2 天全力拼搏，共获得 6 金 3 银 3 铜的优异成绩，用实际行动完美诠释了健康力量，为浙大 120 周年校庆再添风采。
- 2018 年 10 月，《经理人》杂志发布 2018 中国最佳 EMBA 排行榜，浙江大学 EMBA 项目综合排名全国第三，其中"课程项目"和"实效性"两个单项排名全国第一。
- 2018 年 10 月，学院与新加坡管理大学会计学院签约，双方合作举办"企业家学者项目"(DBA)。
- 2019 年 5 月，首届 DBA 班顺利开班，共招收 21 位来自全国各地的企业高层学生。
- 2019 年 6 月 23 日，浙江大学战略型企业家项目正式开班，成为浙大首个千万级非学历学位项目。

(撰稿人：杜红)

高级管理培训中心(EDP)

基本情况

1.发展历史

浙江大学管理学院高级管理培训(EDP)中心成立于2004年6月,成立时是浙江大学管理学院直属的唯一执行高层管理者非学历培训的专门机构,与MBA、EMBA并列为浙江大学管理学院三大教学机构。

自2004年成立以来,中心始终贯彻落实学校精神,按照"高端化、品牌化、国际化"的特色继续教育发展路径,发展高水平的培训项目和高质量的继续教育,依托浙江大学深厚的学术底蕴和管理学院"双一流"管理学科背景优势,整合借鉴国际一流商学院的经验,结合中国本土管理实践的需要,以本校师资为主体,依托广泛的人脉资源,建立了由国内外最优秀的培训师、实践家、专家教授组成的一流师资队伍,在保证传统培训项目持续发展的基础上,开发创新出许多极具针对性的系列企业管理培训课程;立足于全国民营经济和数字经济最活跃、体量最大、占比最高的长三角地区,扎根具有数字经济先发优势的杭州,汇聚全球浙商资源,搭建起政—产—学—研—创紧密创新合作的实践平台,以"商学+"的全球视野,唤醒管理者对时代、科技、商业、行业以及自我的自觉,激发和引导企业家发展、实现商业和社会价值之路。

在全体同仁的尽心努力下,在不断探索与实践中,中心迅速成长为同行业翘楚,连续4年(2009—2012)荣获"浙江大学继续教育先进集体一等奖",连续2年(2011—2012)荣登浙江省经信委公布的"浙江省管理咨询培训行业示范机构"榜首,是中国EDP教育联盟发起主办单位及首任主席单位。

2.发展现状

中心自成立以来,始终坚持以业务拓展为中心,以打造高端培训项目,树立中心品牌特色为主线,全心全意为企业及相关政府机构服务,在开班数量、学员人数、学费收入等方面实现了平稳、持续的增长，中心近年来的办学实绩参见图 7-1。

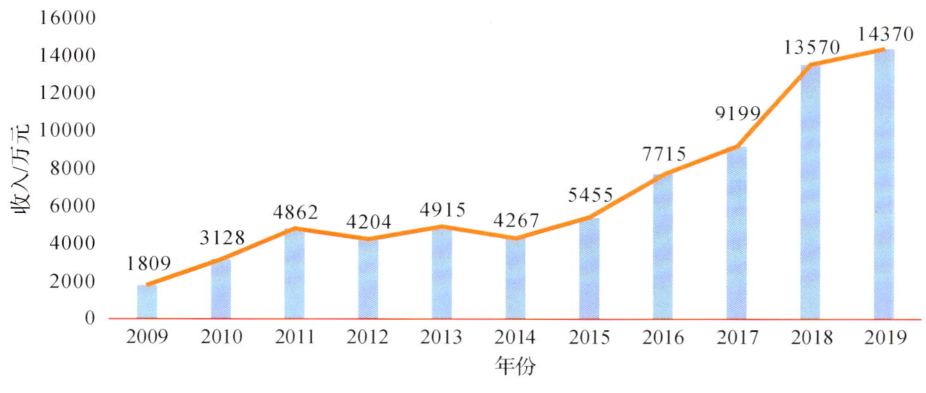

图 7-1　2009—2018 年 EDP 培训收入

3. 历届负责人

第一任中心领导及学院分管领导：中心 2004 年成立初期，管理学院办公室主任、院长助理孙建平老师分管 EDP，陈天来老师担任 EDP 中心主任具体负责中心事务，梁颖老师担任副主任；2005 年梁颖老师升任中心常务副主任。

第二任中心领导及学院分管领导：2007—2008 年"浙大—香港理工"中心主任杜红老师兼任 EDP 中心主任，由管理学院办公室主任、院长助理孙建平老师分管 EDP 中心。

第三任中心领导及学院分管领导：2009 年 7 月孙建平老师调任 EDP 中心担任中心主任，管理学院副院长卫龙宝老师分管 EDP 中心（2009—2013 年 7 月）；2013 年 8 月—2017 年 7 月，管理学院副院长陈凌老师分管 EDP 中心；2017 年 8 月至今，管理学院副院长谢小云老师分管 EDP 中心；宋国民老师担任中心常务副主任，陈翠翠、王誉霏老师担任中心副主任，张春霞老师担任中心主任助理。

4. 项目特色

EDP 中心的课程设置和教学管理强调规范化、专业化、系统化三者的和谐统一。教学中采用课堂讲授、案例讨论、实践模拟、拓展训练、考察交流等多种教学形式，充分调动学员学习的积极性和主动性。教学内容注重理论与实践的有机结合，体现出鲜明的在职成人教育特点。

EDP中心“六度”特色：

1. 课程设计有高度

培养具有社会责任的新时代企业家

2. 跨界视野有广度

以“商学＋科技、哲学、人文”全新视角，融贯浙大综合学科优势

3. 教学研讨有深度

“实践——理论——实践”以最佳实践案例进行启发式教学

4. 课程内容有厚度

融贯百年管理精髓
紧盯学术前沿成果
紧跟时代发展趋势

5. 开放合作有气度

搭建政、产、学、研平台
做好课程融合纽带

6. 校友服务有温度

学习中真情服务
学习后收获同学情、师生情、校友情

人才培养

表 7-3　浙江大学管理学院 EDP 中心人才培养项目一览

项目分类		项目名称
公开课项目 Open Executive Programs	经典品牌课程	浙江大学求是精英班
		EDPU 十校联办企业转型精进高级研修班
		企业工商管理核心课程研修班 Mini-MBA
		董事长战略经营管理高级研修班
		金融 FBA 高级研修班
		企业总裁工商管理高级研修班
		时尚品牌总裁高级研修班
		卓越经理人研修班
		中国传统文化与国学智慧高级研修班
		浙江省隐形冠军企业负责人工商管理研修班
	"商学＋X"特色课程	商学＋科技：企业数字化转型高级研修班
		商学＋区块链：区块链技术与应用高级研修班
		商学＋医疗：现代卫生管理高级研修班
		商学＋新金融：新金融普惠研修班
		商学＋新零售：新零售精英人才研修班
		商学＋新制造：新制造智能研修班

续表

<table>
<tr><th colspan="2">项目分类</th><th>项目名称</th></tr>
<tr><td rowspan="4">亮点项目
Highlight Programs</td><td rowspan="4">“与一流企业同行”
名校＋名企
强强联合，专有课程</td><td>阿里巴巴：商业重塑，数字经济中国样本</td></tr>
<tr><td>华为：从追赶到领先，科技创新世界之巅</td></tr>
<tr><td>吉利汽车：品质革命，智能制造引领未来</td></tr>
<tr><td>物产中大：破旧立新，国企混改最佳实践</td></tr>
<tr><td rowspan="5">定制项目
Custom Executive Programs</td><td rowspan="5">“量身定做”
深入沟通培训需求
按需定制课程方案</td><td>集团企业内训</td></tr>
<tr><td>党政机关培训</td></tr>
<tr><td>金融银行培训</td></tr>
<tr><td>行业专题培训</td></tr>
<tr><td>国际化定制项目</td></tr>
</table>

国际合作与产学研

EDP中心坚持“高端化、品牌化、国际化”的发展战略，紧紧把握全球化、“互联网＋”、企业转型升级等趋势带来的机遇，开设“一带一路”国际化培训项目、跨国集团特设课程、技术创新与商业模式变革专题研讨班、全球化并购、资本运作与互联网金融专题研修班等国际化培训项目。通过深入沟通客户培训需求，与管理层共同设计方案、安排课程和配置师资，运用国内外最新、最优秀的学术研究成果来解决跨国企业在国际化进程中所面临的实际挑战。

表7-4　浙江大学管理学院EDP中心特色项目一览

年份	项目名称	合作方	期数
2009	中国女性创业能力开发项目	美国高盛集团	5

续表

年份	项目名称	合作方	期数
2010	新加坡国际商业伙伴计划杭州高级管理课程培训班	新加坡中华总商会	2
2011	意大利现代产业集群培训班	意大利佛罗伦萨大学	1
2012	德国博世跨境创新管理项目	世界500强德国博世公司	1
	香港特别行政区中级公务员浙江大学国家事务研习课程	香港特区政府	2
2013	香港铁路有限公司浙江大学研习课程	香港铁路有限公司	1
	香港特别行政区中级公务员浙江大学国家事务研习课程	香港特区政府	3
2014	香港特别行政区中级公务员浙江大学国家事务研习课程	香港特区政府	3
2015	香港特别行政区中级公务员浙江大学国家事务研习课程	香港特区政府	3
2016	香港特别行政区中级公务员浙江大学国家事务研习课程	香港特区政府	3
2017	香港特别行政区中级公务员浙江大学国家事务研习课程	香港特区政府	3
2018	香港特别行政区中级公务员浙江大学国家事务研习课程	香港特区政府	4
	浙江大学—澳门航空2018年营业部总经理管理培训班	澳门航空公司	1
	松下全球高管项目	日本松下公司	1

续表

年份	项目名称	合作方	期数
2019	香港特别行政区中级公务员浙江大学国家事务研习课程	香港特区政府	4
	浙江大学—澳门航空2019年营业部总经理管理培训班	澳门航空公司	1
	松下电器(中国)创新战略管理项目	松下电器（中国）有限公司	1

EDP中心积极与海外一流商学院展开一系列交流与合作：与美国西北大学凯洛格商学院、美国伊利诺伊大学商学院、法国里昂高等商学院等发展为战略合作关系。

EDP高级研修课程中提供自选海外游学模块：每年组织学员前往美国、德国、英国、瑞士、意大利、日本、韩国、新加坡、土耳其、以色列、哈萨克斯坦、我国台湾地区和香港地区等知名学府，并深入当地世界500强企业交流学习。

EDP大事记

- 2005年3月11日，首期"浙江省成长型中小企业高级工商管理研修班"正式开班，这是中心与政府合作办学的标志性事件，浙江大学、浙江省中小企业局、各市经贸委(中小企业局)分管中小企业的领导、各相关单位人士，以及企业家学员等共100余人参加了开学典礼。开学典礼由浙江大学管理学院党委书记黄祖辉教授主持，浙江大学党委副书记郑造桓、浙江省中小企业局局长吴家曦、浙江大学管理学院常务副院长王重鸣教授出席开学典礼并讲话。浙江省成长型中小企业负责人高级研修班至今已举办15期，已培训浙江省成长型中小企业的高层管理者近千名，已成为浙江省经信委、省企业发展服务中心和浙江大学管理学院共同推动的一个重要项目，同时也是管理学院EDP中心倾力打造的一个精品化品牌项目，于2019年11月经浙江大学继续教育管理处评议审定为"浙江大学首批继续教育品牌项目”。

- 2006 年 3 月，首期“浙江大学一中国兵器装备集团企业工商管理核心课程高级研修班”开学，中国兵器装备集团公司是中国最具活力的军民结合特大型军工集团。长期以来，中国兵器装备集团为我国国防实力的不断增强做出了重要贡献。随着经济全球化趋势的日益加剧，中国兵器装备集团公司不断调整发展战略，为了能迅速提高所属企业领导人经营管理能力，适应经营环境的新变化，中国兵器装备集团高层领导选拔了一批集团各地主要企业中有发展潜力的管理者，到浙江大学管理学院进行系统的工商管理核心课程培训。中心与中国兵器装备集团的合作一直持续至今，已合作开办 10 期项目，另开办了 3 期青年骨干工商管理核心课程研修班。中心为全面提高中国兵器装备集团公司中高层管理人员的综合素质，为集团实现跨越性发展提供强有力的人力资源支撑。
- 2006 年 4 月 18 日，首期“贵州省企业家工商管理核心误程高级研修班”开学，该高研班标志着中心与贵州省委组织部合作的开端，是中心支援西部大开发，切实提高贵州企业家的管理水平，促进贵州企业持续发展的实际行动，为推进贵州省国有企业的改革和发展奠定坚实的基础。
- 2007 年 2 月，由浙江省信用与担保协会、浙大管理学院高级管理培训中心联合举办的“浙江大学首期担保专业高级工商管理研修班”成功举办，由此拉开了担保行业培训的序幕。此项目首开国内先河，在课程体系设置、教师配备、教学内容等方面都做了有益的探索，为浙江省担保行业的发展做出了重要贡献，赢得了社会的广泛关注和政府有关部门的大力支持，也充分体现了浙江大学管理学院秉承“求是创新”的校训，积极为社会提供智力资源，推动社会进步的责任感和使命感。该项目从杭州推广到温州，从浙江向全国推开，山东、福建、江西、湖北都相继开办了担保班，为全国担保行业的蓬勃发展提供强有力的支持。
- 2007 年 4 月 12 日，浙江大学管理学院与贵州省委组织部、贵州省经贸委签署了“十一五”框架合作协议，协议规定在 2006—2010 年“十一五”期间，每年由浙江大学管理学院高级管理培训中心为贵州省培训一批适应对外开放与国际接轨需要的懂管理、善经营、开放型现代企业高级管理人才。此份协议的签订是建立在 2006 年成功合作，彼此信任的基础上的，2006 年 4 月至 6 月浙大管理学院高级管理培训中心对贵州省 50 位企业家进行了为期两个月的强化培训，贵州主办方对高级管理培训中心规范的教学程序、严格的教学要求、高质量的培训效果感到非常满意，这为此次与管理学院达成长期合作的协议打下了坚实的基础。此次协议的签订表明浙江大学将以更积极的姿态参与国家的西部建设，浙江大学管理学院与地方合作已经上升至战略的高度，更加具有广泛性及长效性。同年，大庆油田、吉林石化、中国兵器装备集团等多家大型集团企业与中心签订战略合作协议；在地域上，山东省、吉林省、辽宁省、江苏省业务有所突破。

- 2008 年 10 月 21 日，“中国石油吉林石化公司领导干部高级工商管理研修班”开班，中国石油吉林石化公司是集炼油、烯烃、合成树脂、合成橡胶等于一体的特大型综合性石油化工生产企业，是国家“十一五”期间兴建的以“三大化”为标志的全国第一个大型化学工业基地。此项目的开班标志着中心与吉林石化公司长期合作的开端。
- 2010 年 7 月 31 日，浙江大学管理学院新加坡国际商业伙伴计划杭州高级管理课程培训在浙江大学紫金港校区国际会议中心如期举行，本次培训汇集了新加坡政府官员及企业家一行共 27 人，是国外学员首次来浙大管院高培中心学习，拉开了高培中心国际化培训发展的新篇章，对提升学院国际化程度和影响力具战略意义。
- 2010 年 12 月 11 日上午，浙江大学管理学院与横店集团联合举办的“横店集团集成化 1＋4 经营管理团队创新管理高级研修班”开学典礼在横店国际会议中心大酒店隆重举行。“1＋4”培训作为一种新型团队学习模式，指的是企业总经理带领人力资源、财务、营销、生产运营等 4 个部门的分管干部一起参加培训学习。这一培训模式将使企业学习从局部走向整体，从零散走向系统，促使培训从个人行为向企业团队行为的跨越，从而进一步提升企业管理水平。此次横店集团集成化 1＋4 研修培训项目，是浙江大学管理学院在横店集团人力资源部配合下，专门为集团量身定做的，具有针对性强、受众面广、师资一流、注重实效、内容丰富等鲜明特点。
- 2010 年 12 月 25 日，由浙江省卫生厅主办，省医院协会与浙大管理学院 EDP 中心联合承办的“现代卫生管理高级研修班”在浙大正式开课。此项目取得了浙江省、各市地卫生主管部门和医疗行业尤其是参训学员所在单位的认可，成为 EDP 中心传统、经典的培训项目之一，得到学校主管部门的充分肯定，是浙江大学校内能够成功承办该项目为数不多的学院之一。截至目前已经成功举办了17期现代医院管理高级研修班，共有千余多名医院领导干部和医院管理人员顺利结业。

- 2011年1月13日，EDP中心荣获“浙江大学继续教育培训先进集体一等奖”，浙江大学管理学院院长助理、EDP中心主任孙建平上台领奖；同年3月，浙大管院EDP荣膺2010年度浙江省企业管理咨询培训行业示范机构榜首。
- 2011年5月14—15日，浙江大学求是精英班在紫金港校区隆重开学，并以其高端性、独创性、针对性、实用性、稀缺性，令备受瞩目的高级管理培训市场风云再起，引起众多媒体及社会各界的广泛关注。这标志着浙江大学管理学院EDP项目向品牌化、国际化、高端化迈出了坚实一步。
- 2011年11月29日，由浙江大学、中山大学、厦门大学、南京大学等管理学院（商学院）EDP中心发起的EDP联盟成立大会在杭州紫金港国际饭店三楼会议室隆重举行。本次EDP联盟成立大会的召开具有开创性的重要意义，对EDP中心的持续健康发展起到了促进作用。在搭建平台、整合资源、优势互补、促进发展、服务社会宗旨的指引下，各EDP联盟成员以真诚、平等、务实、合作为准则，使本次大会真正达到了资源共享、联合共赢的目的。
- 2011年12月4日，为帮助企业家们理清发展思路、明确发展方式、找准发展目标，联合国发展政策委员会委员、浙江大学管理学院名誉院长高尚全教授力邀原外经贸部副部长、中国入世谈判首席专家龙永图先生为浙江大学管理学院的企业家学员传道、授业、解惑。浙江大学校、院领导高度重视，浙江省人大常委会副主任、浙江大学党委书记金德水盛情迎接龙永图先生的到来。龙永图先生做了题为“入世十年与中国的发展战略”的主题演讲，以战略家的眼光解读了当今纷扰的经济现象，高瞻远瞩地指出了中国经济发展的道路与前景。
- 2012年3月，浙江大学2011年度继续教育工作总结暨表彰大会召开，EDP中心再次荣获2011年度浙江大学继续教育先进集体一等奖，中共浙江大学党委金德水书记颁发奖牌，浙江大学管理学院院长助理、EDP中心主任孙建平上台领奖；同年7月，浙江大学管理学院高级管理培训（EDP）中心凭着实用的培训项目、突出的办学实绩、优质的服务质量、良好的社会效应荣膺2011年度浙江省管理咨询培训行业示范机构榜首。这是中心继2010年获此殊荣后蝉联该奖，是浙江省经信委等主管部门及同行对浙江企业提供优质服务、创建培训品牌的充分肯定，极大提升中心在业界的影响力。

- 2012年9月10日，经过近一年时间的精心筹备，位居世界500强企业第110位的德国博世公司选派出25位高管到浙江大学管理学院EDP中心学习研修。这在浙江大学乃至全国高校高级管理培训机构的培训办学过程中尚属首例，从中彰显出EDP中心雄厚的培训实力、良好的社会口碑、显著的培训效果。该期博世班的成功举办，标志着EDP中心在国际化培训项目方面迈出了新步伐。
- 2012年10月15日上午8点30分，香港特别行政区中级公务员浙江大学国家事务研习班开学典礼在浙江大学紫金港校区国际会议中心隆重举行。39位来自香港特区的中级公务员将接受为期6天的国家事务研习课程，以增进对祖国政治、经济、文化、法律、民生等方面的了解和认识。此次香港特区政府来EDP中心培训，在浙江大学培训办学过程中尚属首例，彰显出EDP中心雄厚的培训实力和良好的社会口碑。该期国家事务研习班的成功举办，标志着EDP中心在高端化和国际化培训项目方面迈出了新的步伐，对提升EDP中心的影响力具有深远意义，吸引高端化和国际化的培训业务亦是EDP中心未来的发展方向。在后来的发展中，EDP中心对此项目不断精益求精，推陈出新，将其打造成为EDP中心高端培训品牌项目之一，至今已成功举办至第21期。
- 2012年10月20日上午，首届中国EDP商界领袖境界提升高级研修项目在浙江大学紫金港校区举行了隆重的开学典礼。浙江大学党委副书记任少波、浙江大学管理学院院长吴晓波、中山大学EDP中心主任李孔岳出席了开学典礼，浙江大学管理学院院长助理兼EDP中心主任孙建平担任典礼主持。此项目是中国EDP联盟为全国商界领袖量身定制的高端培训项目，培训过程中会采用“国内名校巡读＋全球考察访学＋全国政商交流＋总结研讨答辩”的立体化学习模式，旨在全面提升企业家的历史眼光、人文素养、国际视野、战略思维、整合能力、商业境界和创新意识。本研修项目具有五大特色：十大高校锻造，统揽名校风采；融汇古今中外，锤炼商道智慧；全国领袖同窗，共创商业高点；跨省政商联动，整合顶级资源；全球高端游学，对话国际精英。本期培训班开创了中国高端领袖教育之先河，在浙江大学乃至全国高校商学院培训历程上具有开创性意义。此项极具开创性、高端性、实用性的品牌培训项目，必将为商界领袖们境界的提升注入源头活水。

- 2017年3月31日上午9点整，以“打造综合服务平台，培养行业领军人物”为主题的2017年“浙江制造”品牌建设系列发布活动正式开始。系列活动包括“浙江制造”品牌建设功能中心挂牌仪式、“浙江制造”品牌建设总裁班开班仪式、《产品质量共治合作备忘录》签约仪式等。义乌市常务副市长陈小忠致辞，浙江省人民政府副省长朱从玖、省质监局副局长纪圣麟、浙江大学管理学院院长吴晓波等领导在会上做了重要讲话。“浙江制造”品牌建设总裁研修班是为培养行业领军人物的班级。为打造“浙江制造”品牌的战略部署，全面提升“浙江制造”国际竞争力，培养一批学习型的企业管理人才和具有国际视野的品牌建设专家，浙江大学管理学院和浙江制造品牌建设促进会共同整合优质教学资源，以“浙江制造”品牌认证企业、重点培育企业高级管理人才为对象，开设“浙江制造”品牌建设课程，举办“浙江制造”品牌建设高级训练营。
- 2017年9月9日，星光行动——2017贵州中小企业“专精特新”培训班开班仪式暨浙江大学管理学院贵州教学基地授牌仪式在浙江大学管理学院举行。EDP中心与贵州省经信委的合作已达10年之久，先后培养了700余名优秀学员。本次培训，围绕“专精特新”这一主题，我们专门进行了相关的课程设置，精心组建了一流的师资队伍，安排了一系列独具特色且富有创新内涵的课堂学习及考察交流等内容。
- 2018年4月18日上午，浙江吉林两省对口合作联合培养企业家开班仪式暨“转型升级——拥抱新时代”主题论坛在吉林大学管理学院开幕。本次论坛是为唤醒并培育企业家精神，同时促成吉林省企业家与浙江省企业家在资本、技术、产业等方面进行对接，浙江大学与吉林省工信厅在联合培养企业家方面达成系列合作。
- 2019年10月19日，为进一步深化校企合作，由浙江大学与紫光旗下新华三集团联合主办、浙江大学管理学院EDP中心具体承办的“数字经济论坛暨新华三数字大脑计划中国行·杭州站”在浙江大学紫金港校区开幕。在参与此次论坛的社会各界千余人的见证下，浙江大学管理学院与紫光旗下新华三集团强强联合，正式揭牌成立“浙江大学管理学院—新华三集团”数字经济研究中心。该研究中心未来将整合双方在数字经济产业化和数字经济学术研究上的各自优势与资源，通过双方在科研合作、人才培养、成果发布及产业前沿论坛举办等方面的深入合作，建设面向“政—产—学—研—创”五位一体的数字经济领域的科创能力示范中心，以及全国领先的集人才培养、科学研究与成果转化为一体的数字经济创新·生态系统平台，为推动中国数字经济的发展贡献力量。

- 2018 年 7 月 30 日，EDP 中心与位居世界 500 强企业第 114 位的日本松下公司合作，成功举办松下集团高管高端培训项目，班级汇集来自世界各地的松下全球高层管理者，课程历时 5 天，重点关注世界经济、政治、新兴技术、松下在中国未来战略发展，以及与中国企业的合作等诸多主题。该项目的成功举办进一步提升中心的国际影响力及办学声誉。未来中心将继续围绕国家“一带一路”倡议，围绕学院“培养引领未来健康力量，争创双一流国际商学院”的目标，复制推广“松下集团高端培训”模式，做好境外全球 500 强企业来浙江大学培训项目，进一步拓展“中国深度”和“全球广度”，进一步扩大学院在全球的影响力，树立“建设世界一流的中国管理学院”品牌，构筑战略国际合作企业群，打造一流生态系统。

（撰稿人：孙建平、史嫣然）

第八章
学术研究机构

浙江大学创新管理与持续竞争力研究中心

历史与现状

中心于2005年5月成立，是我国创新管理领域的重要研究基地。前身为浙江大学管理科学研究所及后来的管理科学与发展战略研究中心、浙江大学创新与发展研究中心、浙江大学技术创新与科技产业发展研究中心。中心创始人为许庆瑞院士和吴晓波教授。

中心是国家自然科学基金第一个技术创新研究重大项目的主要参与单位，对我国技术创新理论体系的完善起了重要的作用。20世纪90年代初完成了加拿大国际发展研究中心（IDRC）的“发展中国家技术创新能力研究对策”课题，这是国内创新管理领域最早的国际合作课题。1995年率先创办了我国技术与创新管理领域首个系列性国际会议（ISMOT），现已成为我国技术创新与技术管理领域中最具规模和水平，并在国际上较有影响的重要国际性学术盛会之一。1998年，率先在国际权威杂志上发表介绍中国技术创新与技术管理情况的论文。2018年，由华中生老师为学术负责人的"服务科学与创新管理"创新研究群体项目获国家自然科学基金委资助批准，成为浙江大学人文社科研究领域首个国家自然科学基金创新群体项目。

拥有中国工程院院士、长江学者（3 人）、新世纪国家百千万人才工程国家级人才、国家杰青、教育部新世纪人才、151 人才等在内的国内实力最强创新管理研究团队，团队成员老中青结合，是一支具有扎实理论沉淀、丰富实践经验的创新团队。

依托制造业创新研究所、服务业创新研究所、社会创新研究所、技术创业研究所、知识资产研究所、绿色创新研究所和创新政策研究所七大研究，八大校企政府联合研究中心，两大企业联合实验室，下设三大高校分基地，形成了良好的产学研政生态合作系统。

以"扎根中国实践，以原创性创新管理理论和方法，赋能创新，引领发展"为使命，致力于打造一个开放型国际一流创新研究平台和智库。

中心的组织架构参见图 8-1。

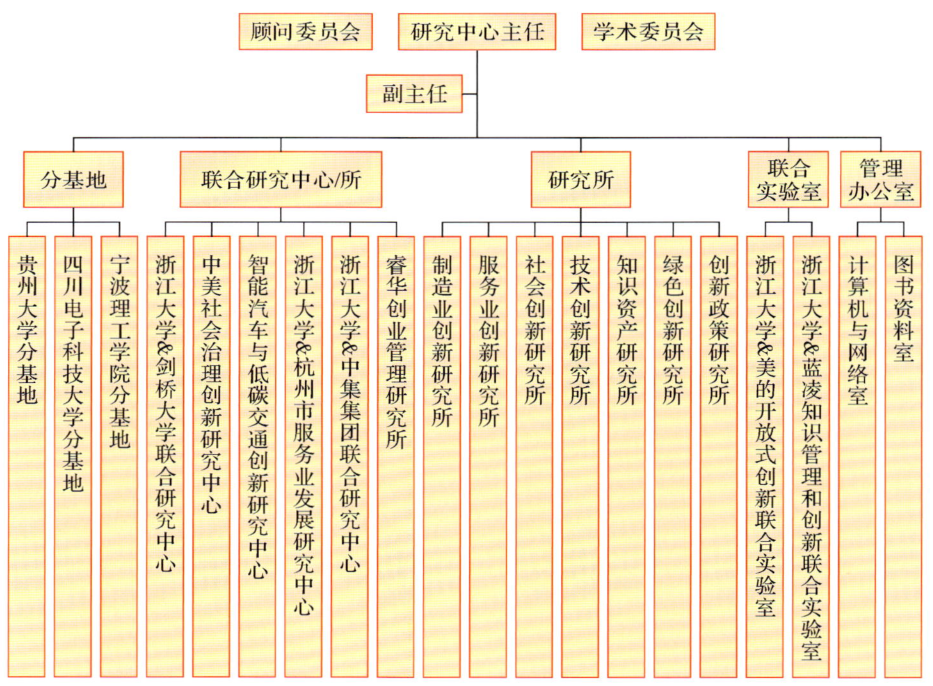

图 8-1　浙江大学创新管理与持续竞争力研究中心组织架构

学术研究

中心是校级跨学科研究机构，综合了管理科学与工程、工商管理、机械工程和公共管理四大学科。其中管理科学与工程是国家重点学科、国家双一流学科、浙江省双一流学科，机械工程是国家重点学科、一流学科，工商管理为省重点学科。

教育部长江学者特聘教授吴晓波为中心首席专家，同时也是管理科学与工程学科带头人。在吴晓波教授的带领下，中心确立了“理论原创、积淀深厚和顶天立地”的中心学术研究的特色，也是中心长久以来在学术研究方面秉持的宗旨。

中心拥有国内最早开展技术与创新管理研究的团队。早在21世纪初许庆瑞院士就带领浙大创新研究团队前瞻性地提出并构建了“全面创新管理”理论（Total Innovation Management，TIM），为近年来中央提出的以“全面创新”为核心的“四个全面”思想奠定了理论基础。《全面创新管理：理论与实践》英文版荣获第三届中国出版政府奖提名奖。吴晓波教授一直致力于研究的“S形曲线”与范式转变、包容性创新等思想也多次被中央领导提及。长期扎根研究中国企业从追赶到超越追赶的创新管理实践，特别是浙江省的创新型企业实践，形成了以“二次创新—组合创新—全面创新”为核心的原创性中国特色创新管理理论体系，并在国内外学术界、企业界得到广泛认可和应用，在国内率先系统提出包容性创新的理念。

中心科研成果丰厚，对理论研究、企业实践产生了深刻影响，自2005年成立以来出版学术专著40余部，如浙江省创新型经济蓝皮书、创新管理与持续竞争力丛书、产业集群研究前沿丛书等，获教育部高校优秀科研成果奖、中国出版政府图书奖、中国管理科学奖、全国百篇优秀管理案例、浙江省科学技术奖等国家和省部级科研奖项10余项。平均每年在国内外学术期刊上发表论文100余篇，其中10数篇论文被SSCI/SCI收录。主持国家社科基金重大项目、国家自科基金重大项目和重大国际合作项目。代表性系列丛书有“创新管理与持续竞争力”“浙江省创新型经济蓝皮书”等。

人才培养

中心为研究生学习科研提供了良好的软硬件条件，积极鼓励其参加国内外学术交流，同时举办国际博士生暑期班，并聘请国际知名学者授课。除博士生暑期班，中心还定期邀请国内外知名学者和企业实践人员来中心开展讲座。同时，鼓励同学积极参与国际会议、多多交流，对在国际会议上进行论文汇报的同学，中心给予一定出行补助。

中心与剑桥大学、斯坦福大学、利兹大学、蒂尔堡大学等世界一流大学建立了博士生访学联合培养机制，为学生拓展国际视野、开展国际学术交流提供了良好的机会。中心每年约有 10 位博士生赴海外参加联合培养项目。

中心为学生提供了创业实践的土壤，若干毕业生或在读生已成功创业，并获国家领导人接见座谈。

交流合作

中心学术活动丰富多彩，定期主办国内外学术研讨会、四季睿华论坛和"创新管理论坛"讲座，邀请众多国内外知名学者围绕创新管理领域的前沿问题展开形式多样、内容丰富多彩的学术演讲和互动交流，在师生中产生了良好影响。与此同时，中心老师在国际国内会议上积极发表主旨演讲，分享自己最新的研究成果和丰富的教学研方面的经验。

中心与国外数十所一流大学及研究机构建立了广泛联系，在师资培养、学生交流、科研合作及学术活动等方面保持了良好的合作关系，如斯坦福大学、剑桥大学、华威大学、爱丁堡大学、瑞典隆德大学、印度 SDC 等。邀请并接待来自美国、加拿大、英国、德国、日本、丹麦、印度、泰国、韩国等国际知名学者和学术访问团及来自国内企业的代表来创新管理基地访问交流或讲学。中心还响应国家政策，与"一带一路"沿线国家积极开展合作和交流。此外，中心教师在国际学术平台上表现活跃，积极参加国际学术会议、参与国际课程、长短期海外访学等，利用出访机会积极宣传本基地，大大促进了中心的学术水平、人才队伍建设和学生培养，进一步扩大了中心学术影响和声誉。

中心目前已形成三大系列国际会议(ISMOT、GMC、CICALICS),在国内外创新管理领域产生了较大影响。与剑桥大学联合主办的全球化制造与中国(GMC)双边学术会议已成功举办14届,成为国内最高端也最有影响力的中国制造论坛之一。技术与创新管理国际研讨会(ISMOT)已成功举办8届,成为我国技术与创新管理领域规模最大、水平最高,并在国际上较有影响的重要国际性学术盛会。除以上三大标志性会议,中心还与清华大学联合定期举办全国高校创新管理研究与教学研讨会;承办GLOBELICS 2012;与CEEMAN联合举办"隐形冠军"国际研讨会;与华营联合举办"睿华"四季论坛等。

中心与企业共建深度融合的"双所长、双聘研究员"联合研究中心,致力于将理论研究成果真正应用于企业创新实践。协助海尔和中集建立了完善的全球研发和创新体系;跟踪和研究杭氧的创新演进模式20余年,帮助其实现了制造业服务化的重大战略转型;帮助海康威视实现从"二次创新"向"一次创新"的追赶和超越追赶,10年里成长为全球第一的安防监控视频设备与服务商;与美的集团共建国内首家产学研合作"开放式创新联合实验室",并指导建设了美的开放式创新O2O平台——"美创平台"及美的全球创新中心;与华为合作成立睿华创新管理研究所,基于华为实践探索属于中国的、具有世界影响力的管理理论,并举办季度性论坛,开放式传播研究成果,带动更多企业健康发展。

社会服务

以原创性创新管理理论为指导,服务创新型国家战略的实施。支持和参与了国家/区域多个重大创新战略规划项目,如《"十二五"国家自主创新能力建设规划》《浙江省中长期(2006—2020)科技发展规划》(有此文件),《关于面向全球战略制高点的国家实验室组建建议》(呈中共中央办公厅),《警惕学术评价标准西化 提升我国国际学术话语权》(呈中共中央办公厅),《阻碍高校科技成果资本化的症结在于解决知识所有权问题》(教育部《成果要报》2016年),《国家"十二五"自主创新能力建设规划》由国务院国发〔2013〕4号发布实施等等。作为国内首家对创新型经济进行持续跟踪与检测的研究团队,自2005年起每年发布《浙江省创新型经济蓝皮书》,为省政府进行"创新强省创业富民"建设及宏观经济决策提供了重要参考。多项成果要报、咨政建言获得国家和省领导批示,或登上《人民日报》和《浙江日报》。多年来，与其他同行一起，对“国家技术创新工程”“自主创新战略”“创新型国家”等国家重大战略决策的出台起到了有力的推动作用。此外，中心主任吴晓波教授为浙江省企业技术创新协会会长，中心多位专家被聘为杭州市企业技术创新促进会科技创新管理领域首届专家咨询委员会成员。

（撰稿人：唐敏遐）

浙江大学全球浙商研究院

历史沿革

浙江是改革开放的先驱地，浙商对浙江乃至全国和世界经济发展都做出了积极贡献。随着浙商群体越来越受到社会关注，系统研究浙江现象、总结浙江经验、提炼浙商精神，向世界传递中国企业的形象和故事也越发具有重要意义。“浙江大学全球浙商研究院”正是在此背景下应运而生。2011 年 10 月浙江大学全球浙商研究院成立。

紧跟时代发展，2018 年研究院做出重大战略调整，围绕研究院的战略定位——服务于学科发展的学术创新平台、学科支撑平台和资源整合平台，充分整合企业家学院、全球农商研究院和案例研究中心三大力量，秉承“研究浙商、服务浙商、提升浙商、宣扬浙商”的宗旨，依托浙江大学多学科综合研究优势，汇聚社会力量，以全球浙商为主要对象，开展学术研究、人才培养、研修咨询等活动。

研究院下设浙江大学管理学院企业家学院、浙江大学全球农商研究院、案例中心、指数研发中心、高端智造与品牌发展研究中心、社交电商研究中心、现代服务研究中心、上市公司研究中心、家族企业研究所组成的研究机构，以及研修中心和综合服务中心组成的服务机构。

浙江大学全球浙商研究院成立

学术研究

研究院作为浙江大学跨学科、跨学院的政、产、学、研交叉性研究机构，自成立以来，发挥浙江大学学科齐全的优势，整合校内外相关研究力量，与各类浙商相关资源有效对接，以问题为导向，以项目、论文、论坛、报告、案例等为抓手，陆续围绕浙商创业、国际商务、企业健康与社会责任、企业史与企业文化、家族企业传承、浙商全球战略与运营、技术与商业模式创新、浙商案例、浙商指数等方面顶天立地开展了一系列高质量的研究活动，深度挖掘和记录浙商发展历程，高度提炼浙商创新创业精神，推出了一系列有分量的研究成果。

研究院还独创性规划了多项反映浙商创新创业历史、契合当代浙商需求、彰显研究院特色的重点研究项目。2018 年研究院组织专家精心筹谋的《浙商传奇：

书写创新创业史诗》系列丛书，一经推出，在政商学界引起了强烈反响和高度关注。2019年研究院对“企业健康力量”研究体系进行升级，推出“健康力量观察计划”项目，围绕企业运营基础健康、发展动力健康和生存环境健康三个维度，发布《中国上市公司创新指数报告》《浙江上市公司内部控制指数报告》等系列主题指数报告，为企业健康发展、政府决策提供参考依据。在全国MBA教指委主办的全国百篇优秀管理案例评选活动中，蝉联“最佳组织奖”，获奖数量稳居全国高校前列，居C9院校之首。多篇论文被“中国企业管理案例与质性研究论坛”评为最佳论文。数个案例被斯坦福案例库、哈佛商学院出版社案例教学资源平台收录。基于已入库案例陆续编辑出版《管理案例精选》系列丛书。

浙江大学全球浙商研究院部分著作

人才培养

研究院充分利用企业家学院在家族企业研究领域的深厚积淀，开展家族企业教材编写，开发出家族传承大使、传承创业未来、财富传承和管理、新生代企业家海外访学等系列精品高端课程，为家族企业基业长青贡献智慧。为响应国家“乡村振兴战略”重大决策部署，2018年研究院携手云集共享科技有限公司共同发起“乡村振兴千人计划”项目，同时组建新农人群体协作网络，为“新农人”学员提供交流、学习等平台，持续地发挥项目效能。

交流合作

研究院充分发挥高校机构对外交流合作的优势，以更宽广的视野，更多元化的资源，为浙商提供更有价值的服务。2015年研究院与浙江省工商业联合会签署“战略合作协议”。2018年研究院成为浙江省“一带一路”智库合作联盟发起成员。2019年研究院成为浙商智库中心建设单位，全面服务浙商总会和浙商企业创新发展。

研究院与行业一流企业采用多种模式合作，方太集团、浙江集乘网络科技有限公司、大北农集团、云集共享科技有限公司等多家优秀企业捐资支持研究院基础建设，在家族企业、高端智造与品牌发展、国际农业与食品经营、社交电商等方面展开深度合作。娃哈哈集团、万向集团、传化集团、万事利集团、正泰集团、吉利控股集团、横店集团、海康威视数字技术股份有限公司、大华技术股份有限公司、物产中大集团等众多知名企业与研究院开展合作。

在全球化背景下，研究院一直致力于推进国际合作与交流，通过主题访学、国际会议、国外名企考察、高层互访等形式，为浙商搭建起立体式多维度的国际交流合作平台。目前研究院与非洲、美洲、欧洲等地商会建立了长期友好的合作关系。

社会服务

研究院紧扣时代脉搏，将工商学科发展与国家社会变革、企业发展相融合，通过打造学术盛会，搭建多维平台，促进浙商发展。“全球浙商高端论坛”“上市公司内部控制论坛”“中国上市公司创新论坛”“国际家族企业论坛”“乡村振兴论坛”“中国企业健康力量论坛”等系列活动，已产生广泛社会影响，成为杰出浙商、著名学者、政府官员交流的重要平台。

研究院与圣牧集团、安徽农垦集团、农业农村部管理干部学院、江西农业大学、农业农村部管理干部学院等多家企业或机构深度对接，为变革中的企业提供知识服务。研究院曾多次受邀到各省市进行调研考察，为当地政府和企业分享浙商创业与商业模式创新等方面先进经验。通过创新实践，不断增强研究院作为平台的社会服务功能，产学研合作全面开花，夯实和提升了研究院的实践服务能力。

浙江大学全球浙商研究院大事记

- 2011 年 10 月 23 日，浙江大学全球浙商研究院成立。
- 2011 年 10 月 24 日，“全球浙商研究丛书”（第一辑）在首届世界浙商大会专题活动“全球创业与转型升级”开幕式上首发。
- 2012 年 5 月 19 日，发布《2012 年中国企业健康指数报告》并承办“首届中国企业健康力量论坛”，在全国率先提出“企业健康力量”的概念、理论体系和指数报告。
- 2012 年 11 月 12 日，发布《中国家族企业健康指数报告》。
- 2013 年 10 月 27 日，承办第二届世界浙商大会专题活动——全球浙商高端论坛。
- 2013 年 12 月 27 日，吴晓波所著的《2013 全球浙商发展报告：转型与升级》获得“2013 浙江经济（浙商）研究年度成果奖”。
- 2014 年 11 月 10 日，方太集团及其创始人茅理翔先生家族为浙大捐款 2000 万元，支持浙商研究与浙江大学管理学院企业家学院建设。
- 2014 年 12 月 1 日，发布《2014 全球浙商发展报告：国际化发展的浙商》。
- 2015 年 4 月 28 日，浙江大学全球浙商研究院与浙江省工商业联合会签署“战略合作协议”。
- 2015 年 10 月 21 日，发布 2015 全球浙商发展报告《新时代、新征程——浙商与“一带一路”》，并举办 2015 全球浙商高端论坛。
- 2017 年 2 月 27 日，浙江大学全球浙商研究院硅谷中心成立。
- 2017 年 3 月 3 日，浙江集乘网络科技有限公司捐资 2000 万元人民币，用以设立浙江大学高端制造与品牌发展研究基金，并筹建浙江大学高端制造与品牌发展研究中心。

- 2017 年 4 月 7 日，发布《2016 浙江省创业发展报告》。
- 2017 年 5 月 10 日，发布《2016 浙江全球化发展报告》。
- 2017 年 6 月 23 日，浙江大学校友、大北农集团董事长邵根伙捐款，支持建设“浙江大学全球农商研究院”。
- 2017 年 6 月 26 日，联合浙江上市公司协会首次发布《2016 浙江上市公司内部控制指数报告》，并举办上市公司内部控制论坛暨浙江上市公司内部控制指数(2016)发布会。
- 2017 年 10 月 25 日，云集共享科技有限公司捐赠 1000 万(分期捐赠)，设立“浙江大学教育基金会管理学院云集社交零售基金”，专项用于支持“浙江大学管理学院社交零售研究中心(筹)”的建设和人才培养。
- 2018 年 12 月 26 日，首批《浙商传奇：书写创新创业史诗》系列丛书发布，并举办“全球浙商创新创业论坛”。
- 2018 年 1 月 10 日，举办“乡村振兴战略高峰论坛”。
- 2018 年 6 月 8 日，浙江省“一带一路”智库合作联盟正式成立，浙江大学全球浙商研究院成为该合作联盟发起单位。
- 2019 年 9 月 4 日，浙商总会与浙江大学签订高端智库建设战略合作框架协议，该合作将以浙江大学全球浙商研究院为主体，整合政府部门、科研机构、第三方智库等优质学术资源，共建浙商创新发展的智慧赋能平台。
- 2019 年 9 月 5 日，深度升级“企业健康力量”研究体系，推出“健康力量观察”项目，举办健康力量观察·中国上市公司创新论坛暨中国上市公司创新指数报告发布会。
- 2019 年 11 月 13 日，浙大管院与浙商总会共建智库中心授牌成立。
- 2020 年 5 月 12 日，第二批“浙商传奇：书写创新创业史诗”系列丛书陆续出版。

（撰稿人：陆婷婷）

浙江大学—杭州市服务业发展研究中心

历史与现状

“浙江大学—杭州市服务业研究中心”成立于2009年12月29日，是浙江大学—杭州市战略合作的工作平台。中心整合浙江大学的学科优势和人才优势，以开放式、网络化的建设理念和管理模式，致力于打造具有国际影响力的现代服务业研究中心、杭州市与服务企业的思想智囊库和决策咨询中心、杭州市现代服务业数据库和信息平台。中心的研究领域：杭州市服务业发展政策、体制机制和发展模式，杭州市服务业百强、创新百强和商业模式创新评价体系，联合相关机构向浙江省和国家发展和改革委员会申请课题并展开研究，致力于将研究中心建设成为杭州市服务业发展重大课题、前沿问题的研究基地。

中心主任由浙江大学管理学院魏江教授担任，杭州市发展和改革委员会副主任朱师钧担任中心联合主任。中心副主任由浙江大学管理学院应天煜教授担任。中心依托浙江大学管理科学与工程、工商管理两个一级学科，形成了以长江学者特聘教授魏江主任为服务科学研究方向的带头人，以具备国际视野和国内领先科研能力的中青年教授与副教授为核心的研究团队，整合杭州市发改委的研究力量，形成了强有力的研究团队。研究中心骨干成员包括：长江学者特聘教授华中生、产业经济专家许庆明教授、浙江大学旅游系主任应天煜教授、管理学院百人计划成员刘洋研究员、城市学院院长郑健壮教授，以及浙江大学管理学院吴茂英副教授、林珊珊副教授、杭州电子科技大学周丹副教授、浙江农林大学白鸥副教授。

2009 年 12 月服务业发展研究中心挂牌成立
浙江大学原党委常务副书记陈子辰(左)和杭州市常务副市长杨戌标(右)

学术研究

研究中心围绕杭州市现代服务业发展的重大现实问题，组织管理学、公共管理学、经济学等学科专家，高质量完成了 27 项研究课题，取得了一批重要的研究成果，共有 20 多个研究成果为国家发改委、浙江省和杭州市采纳，国家领导人批示 2 次，省市主要领导批示 8 个，出版专著 10 多部，在国内外高水平学术期刊上发表论文 100 余篇。中心成员获国家自然科学基金委基金面上项目 2 项、国家社会科学基金面上项目 1 项。出版专著 6 本。专著分别获浙江省科技进步二等奖，浙江省高等教育教学成果奖一等奖，高等学校科学研究优秀成果(人文社科)三等奖，浙江省哲学科学优秀成果奖二等奖等诸多重要奖项。

代表性成果如:2015 年魏江教授主持完成的《生产性服务业创新能力评价体系研究》获得浙江省科技进步二等奖，专著《生产性服务业与制造业融合互动发展——以浙江省为例》获得高等学校科学研究优秀成果（人文社科）三等奖。这两项成果聚焦生产性服务业的创新问题以及与制造业的融合互动问题，为杭州市生产性服务业的突破性发展提供了重要思路。2010年卢向南教授主持完成了“杭州市现代服务业大企业大集团国际竞争力研究”，并进行了“2010年杭州市现代服务业企业竞争力100强暨具有国际竞争力的大企业大集团45强评选”。魏江教授主持完成的“杭州市服务质量‘十二五’规划研究”，明确了服务质量的内涵、评价要素及评价体系，提出了“三大层次、六大要素、五大工程”的总体规划思路，为杭州市制定服务质量“十二五”规划提供了决策依据，部分研究成果被市政府采纳。

人才培养

研究中心整合学校资源，在杭州市服务业领导小组和浙江大学的双重领导下开展工作。以非学位班的形式，开展ETP、EDP等中高层服务业管理人才的系统培训工作；开办各类不同类型的服务业专题培训班，如结合浙江大学的优势，在现代物流、电子商务、金融工程、旅游等领域的专业领域高层次人才培训。研究中心依托课题研究，培养了服务创新领域博士生5名，硕士生45名，已经成为多个高校服务管理研究领域的骨干。

交流合作

服务业领导小组办公室与浙江大学管理学院进行多次交流互访，就市服务业发展战略、服务业发展专题等问题进行协商研讨。双方多次召开工作会议，推进合作细节、合作方案和合作机制等问题的进一步完善。中心聘请杭州市有关部门的领导专家，到研究中心指导研究；陆续选派优秀在读博士生赴国外知名高校如美国密歇根大学罗斯商学院、宾夕法尼亚大学沃顿商学院进行联合博士培养；邀请多名国内外知名学者给博士生讲座，与青年教师交流，提升了中心的学术水平。

社会服务

自2010年开始,研究中心每年推出《年度研究报告汇编》和《研究中心简报》,深入剖析每年杭州市服务业发展中的热点、难点问题,为杭州市政府和服务企业的发展提供决策参考。2010年至2018年共发放简报15期,编制完成5本成果汇编。

为浙江省、杭州市政府提供决策参考。例如魏江教授主持完成的"国内外服务业发展体制政策比较和浙江的政策选择研究"得到时任副省长陈敏尔的批示。魏江教授负责起草了市校合作发展现代服务业组子规划,提出了"十二五"期间市校合作发展现代服务业组在项目研究、平台建设、人才培训等重点领域的工作及落实措施。许庆明教授提交咨询报告《服务业先进城市服务业政策比较及其对杭州的借鉴研究》获得当时的杭州市常务副市长批示采用。"杭州市服务企业服务质量评价体系研究"课题获得杭州市优秀规划奖。

助力杭州服务企业成长和转型发展。为一批企业提供战略和创新体系的咨询,例如"杭州迪安诊断科技服务业商业模式创新设计""信雅达股份公司创新体系设计""大华技术股份有限公司创新系统设计"等面向服务企业的战略和体系研究,这些研究成果获得省级、国家级技术中心的认定。研究中心还承担了"浙江省十佳服务业商业模式创新案例"和"十佳商业模式创新评选体系"等的研究,出版了专著,评价体系得到省政府的采纳。

(撰稿人:魏江)

浙江大学信息技术与新兴产业研究中心

中心简介

"浙江大学信息技术与新兴产业研究中心"的前身是"浙江大学技术创新与科技产业发展研究中心"。

1999年，在管理科学研究所、管理工程研究所、管理信息系统研究所、企业发展研究所、创新与发展研究中心、科技哲学研究所和高等教育研究所的基础上抽调骨干力量，组建了浙江大学技术创新与科技产业发展研究中心，旨在通过全新的运作和发展机制，吸引和利用全国优秀人才，在高效的管理体制下，不断研究我国技术创新与科技产业发展的实际问题与理论问题，为我国高新技术产业的发展提供优秀的咨询服务，为政府有关政策的制定提供决策参考和建议，为我国高新技术企业的发展提供有效的诊断、改造、发展策略与战略等全方位的决策咨询服务。

2004年，中心经过评估后，正式更名为浙江大学技术创新与科技产业发展研究中心。并先后成立了“贵州工业大学分中心”“技术创新与科技产业发展研究虚拟联合体”。2005年，“技术创新与科技产业发展研究中心”获评为校级B类强所。2011年5月，经浙江大学人文社科类研究中心登记，正式更名为浙江大学信息技术与新兴产业研究中心。

中心负责人及学术委员会成员

主　任：马庆国教授，博士生导师，国务院学位委员会管理科学与工程组成员

副主任：吴晓波教授，博士生导师

　　　　陈　劲教授，博士生导师

中心顾问：潘家铮院士

中心学术委员会成员：

于维栋研究员，中共中央办公厅调研员

马庆国教授，国务院学位委员会管理科学与工程组成员

成思危教授，国家自然科学基金会管理学部主任　全国人大常委会副委员长

许庆瑞教授，浙江大学管理学院

李京文研究员，中国社科院数量经济与技术经济研究所原所长，俄罗斯科学院院士

吴晓波教授，浙江大学管理学院

蔡　莉教授，吉林大学管理学院

学术研究

中心研究方向立足于信息化建设中各种管理问题，并进行有效的经济思考和分析，参与了诸如浙江省社会科学重大招标项目“加快浙江省社会与国民经济信息化的研究”，该项目形成了一本专著：《信息化建设：难点、误区与对策》；省政府招标项目：数字浙江项目，该研究针对现实，提出当前信息化建设的重点是整合基础设施建设，在盲区延伸，并探讨了政府在电子政务建设过程中的一些问题。成立6年多来，中心在技术创新和科技产业领域的教学、科研上积极探索，取得了一系列的重大研究成果，先后承担国家自然科学基金项目30多项，国家社会科学基金10多项，省部级项目40多项，其科研水平居于国内领先地位，在国际学术界也产生了重要的影响，部分研究成果已达到国际先进水平，对推动我国该学科领域的学科建设和发展，对实现我国企业发展方式的根本转变及推进高科技产业化做出了重要贡献，在浙江省，乃至全国产生了巨大的社会经济效益。

对外交流

在技术创新方面，组织了技术创新与技术管理国际研讨会(ISMOT)、价值工程与企业技术创新国际会议(VETIE)等系列的国际会议，都是在世界范围内有相当影响的国际会议。

继续发展与我国著名企业的合作关系，如北大方正、江南造船、中兴通讯、华北制药、清华泰豪、杭州钢铁集团、浙江广厦、珠海丽珠、深圳艾默生、温州奥康、温州华丰等，为我国企业的技术创新战略的制定和方法的应用，提供指导和服务。

下属研究机构

信息化管理与经济分析研究所

所长:马庆国教授,博士生导师

研究人员:宝贡敏博士,浙江大学教授、博士生导师
　　　　　刘　南博士,浙江大学教授
　　　　　王端旭博士,浙江大学副教授
　　　　　汪　蕾硕士,浙江大学副教授
　　　　　项保华博士,浙江大学教授、博士生导师(兼职)
　　　　　范晓屏硕士,浙江大学教授(兼职)
　　　　　李京文院士,中国社科院教授(兼职)
　　　　　Max von Zedtwizt 博士,瑞士 IMD Intl. Institute 教授(兼职)

技术创新研究所

所长:吴晓波教授,博士生导师

研究人员:许庆瑞教授,浙江大学博士生导师
　　　　　魏　江博士,浙江大学教授、博士生导师
　　　　　李靖华博士,浙江大学博士后
　　　　　张　钢博士,浙江大学教授(兼职)
　　　　　赵晓庆博士,浙江大学副教授(兼职)
　　　　　司春林教授,复旦大学(兼职)
　　　　　谢科范博士,武汉理工大学教授(兼职)

科技产业与政策研究所

所长:陈　劲教授,博士生导师

研究人员:贾生华博士,浙江大学教授、博士生导师
　　　　　徐金发博士,浙江大学教授、博士生导师
　　　　　郭　斌博士,浙江大学副教授

陈明亮博士，浙江大学副教授

褚　健博士，浙江大学教授、博士生导师（兼职）

邢以群博士，浙江大学教授（兼职）

范柏乃博士，浙江大学教授（兼职）

Peter Sheldrake 博士，澳大利亚皇家理工学院教授（兼职）

蔡　莉博士，吉林大学教授、博士生导师（兼职）

（撰稿人：马庆国）

浙江大学人力资源与战略发展研究中心

浙江大学人力资源与战略发展研究中心创建于 1993 年，于 1999 年在工商管理博士后流动站、工商管理一级学科博士点、企业管理博士点和国家重点学科应用心理学博士点的基础上，结合浙江大学的其他管理学科、经济学等相关博士点、硕士点的基础上进一步组建而成。

研究领域与项目

浙江大学人力资源与战略发展研究中心的主要研究领域包括战略性人力资源管理、数字化人力资源管理、领导力与组织发展、工业与组织心理学、人类工效学相关领域等。中心先后承担与完成了一系列国家自然科学基金和国际社会科学基金资助的重大项目子项目、重点项目与面上项目。所主持承担的“基于人与组织匹配的组织变革行为与战略决策机制研究”和“基于并行分布策略的中国企业组织变革与文化融合机制研究”（国家自科重点项目）构建了组织变革的“适应—选配—发展”（ASD）行动模型以及《实施人才强国战略重大问题跟踪研究》（社科重大项目）“专业人员国际化”子课题研究都取得了突破性理论进展。还完成了数十项省部级重要研究课题和多项企业部门委托的横向研究课题。在战略性人力资源管理和领导力组织行为领域形成了理论优势和应用技术特色。

国际合作与交流

中心研究团队积极开展高层次国际合作与交流，先后承担与完成中荷战略人力资源合作研究项目（科技部与荷兰皇家科学院资助项目）、中英合作管理决策研究（与英国塔维斯托克研究院合作管理决策项目）、中瑞合作（与斯德哥尔摩经济学院合作瑞典科学基金）等多项战略性人力资源管理的国际合作研究项目。在基础理论和应用研究方面都取得大量研究成果，与国内外重要研究机构建立了长期合作关系，与多家著名企业建立了紧密的咨询与合作关系，显著增强了中心的国际国内知名度和影响力。

特色与发展方向

中心整合多学科优势与研究力量，在多个领域取得显著进展并形成鲜明特色。

1.前沿的领导力与组织行为的理论成果。浙江大学人力资源与战略发展研究中心在领导力与组织变革、组织决策及文化融合、团队动力机制和数字化人力资源管理等重要领域承担多项国家自然科学基金资助的重点研究项目，在团队共享模型、组织变革与文化融合理论、变革赋能行动理论和创业领导力方面形成重要研究成果，得到国际学术界高度评价。

2.创新的经理人与领导力赋能评价方法。浙江大学人力资源与战略发展研究中心在职业经理人资质标准、党政领导干部能力模型、企业文化建设、创业人才能力开发、企业经理人激励与业绩考核方法和人力资源测评方法等方面承担各级政府部门和行业机构的一系列重要课题，取得一系列方法与应用成果，受到部门与企业的广泛认可。

3.活跃的国内外合作交流与学术研讨会。浙江大学人力资源与战略发展研究中心积极推动国际合作学术研究与合作网络的建设，与中国心理学会工业心理学专业委员会、浙江省行为科学学会、杭州市职业经理人发展研究会等专业学会和协会以及各院校相关领域开展合作研究，共同举办学术会议，协作组织各项服务企业和社会的活动与课题。浙江大学人力资源与战略发展研究中心联合浙江大学全球创业研究中心积极组织和举办各种专题会议。每年组织举办“战略性人力资源与创业管理国际研讨会”，至今已经成功举办了15届专题国际研讨会，成为国内外人力资源管理领域的“品牌会议”；从2016年起，每年联合举办“全国MBA组织行为与领导力教学研讨会”，为MBA教育的高质量发展做出了持续努力；联合举办《决策心理与领导力研究新进展》学术研讨会和多种专题学术会议。

4.积极的企业能力开发与经理评价服务。浙江大学人力资源与战略发展研究中心结合自身研究与教育强项，积极服务于企事业单位的人力资源管理实践。先后组织并开展了一系列人力资源管理与能力开发活动，累计为数千名企业家、人力资源管理经理和专业技术人才提供能力开发服务，特别是中国职业经理人资质评价与认证试点工作等。同时，积极为各企事业单位提供咨询服务与智力支持，包括浙江省人才市场管理办公室，各地人力资源与社会保障局、国有资产经营有限公司、国网浙江省电力公司培训中心、中国职业经理人协会、浙江省职业经理人协会和绿城物业服务集团十几家企事业单位等，帮助提升组织发展规划与行动能力。

在已取得的各种成绩的基础上，围绕创新驱动发展和新时代主题，中心积极开展有关转型升级组织变革与组织发展、创业创新人才开发和数字化人力资源管理等新实践与新研究。不断夯实研究基础，开拓新兴方向，加强师资团队的能力建设。同时，创建新的专业人才培养模式。随着互联网、大数据、智能化技术的发展，在线教学技术和研究方法成为科学研究、能力开发与人才培养的重要手段之一。浙江大学人力资源与战略发展研究中心正在全力加强数字化研究与教学创新，努力为创新驱动和人才强国的战略发展做出新的贡献。

（撰稿人：王重鸣）

浙江大学创新与发展研究中心

历史与现状

浙江大学创新与发展研究中心是1998年新的浙江大学成立以来，是为了发挥管理科学与工程同人文社会科学的综合优势而组建的面向创新的高级研究机构。主体是原浙江大学"管理科学与发展战略"研究中心（RCMSS），RCMSS是我国较早从事科技管理的单位之一，在国内最早拥有科技管理博士点，开展了多项国际、国内研究项目，是两次国家自然科学基金有关技术创新重大项目的承担者之一，在技术创新方面发表了大量的论著，曾被美国麻省理工学院斯隆管理学院冯·希佩尔（Von Hippel）教授誉为"国际上30个科技管理研究机构中排名前10位"的研究机构。

从我校学术和科研历史发展看，中心是我校第一个跨学科研究中心，1988年由路甬祥校长提议创建，由数学、计算机、社科、系统研究组和管理系五大学科/院系组成，从事国民经济发展中面临的重大问题的研究，如当时国家政策中要解决国家是先投教育还是先投科技的问题等。中心成立之时由许庆瑞担任中心主任，2018年由魏江教授担任主任职务，许庆瑞先生担任副主任。

学术研究

浙江大学创新与发展研究中心以"创新"为主线，着重研究技术创新管理的基本规律；二次创新范式、组合创新范式、全面创新管理（TIM）的理论与方法；国家创新系统、区域创新系统和企业创新系统；创新能力；技术创新政策；创新型人才的培养、激励与开发；技术创新的管理工具与软件等。近年来在全面创新管理的理论与方法、突破性创新、创新与创业人才的激励、复杂产品创新系统、技术创新、组织创新与文化创新的协同等方面做了深入、独创的研究，是具有我国特色的创新道路。

中心完成的著作《全面创新管理》《研究与发展管理》《技术创新管理》《研究发

展与技术创新管理》、*To Leverage Innovation Capabilities of Chinese Small & Medium-Sized enterprises by Total Innovation Management* 等是我国科技管理专业的重要论著，组织翻译了《创新管理》《产业创新手册》等创新著作，有关成果获得了中国高校科学技术奖、教育部教育科学优秀成果奖、国家级优秀教材奖、教育部人文社会科学优秀成果奖、浙江省科技进步奖、浙江省哲学社会科学优秀成果奖等。

中心创始人、中国工程院院士许庆瑞教授长期从事管理科学与工程的教学、科研与工程实践，以技术创新与创新管理为重点，注重理论联系实际，致力于我国创新理论与实践的发展，推动了我国企业自主创新发展与能力的建设。他开拓了技术创新与创新管理研究的中国学派，提出了"二次创新—组合创新—全面创新"的中国特色技术创新理论体系和具我国特色的创新道路。在理论创新基础上，对我国创新工程中心建设与发展做出了杰出贡献。20 世纪 80 年代针对科技经济"两张皮"的问题，提出了"创新应以企业为主体"。承担国家经贸委《关于引进技术消化吸收和体制与政策研究》课题，研究国内外企业技术引进实践，提出在消化吸收基础上再创新的"二次创新"理论，为当时的国家经贸委接纳。

中心主任魏江教授提出了"非对称创新"的中国特色管理理论。聚焦全球化和互联网背景下中国企业和产业技术追赶，探索了市场体制—技术体制—制度形态(MIT 框架)情境下基于网络构建、组织设计、技术学习和制度创业的后发企业创新追赶理论；提出了制度双元下创新全球化追赶战略；遵循"非对称创新"理论框架，研究制度形态与后发企业技术追赶的内在逻辑、后发企业全球化过程合法性战略，提出了中国制度逻辑背景下后发企业全球技术追赶的创新制度观；提出了产业集群创新体系与集群治理体系。首次构建了产业集群创新系统模型、基于合法性的产业集群知识资产治理体系，提出了产业集群特殊产业组织形态的创新系统，以及基于合法性的创新体系治理机制。围绕关注的领域，魏江教授曾主持国际合作项目 6 项，主持国家自然科学基金项目 12 项(其中重点项目 2 项)、国家社科基金重大项目 1 项、国家"十二五"重大科技支撑计划项目 1 项，其他国家和省部级项目 60 多项。在 *Management & Organization Review*、*Technovation*、*R&D Management*、*Asian & Pacific Journal of Management*、《管理世界》《中国工业经济》等国际、国内有关刊物上发表论文近 400 篇，出版专著 16 部。

中心针对企业技术创新中重产品创新、轻工艺创新和文化制度创新等问题，以对立统一理论，提出了产品创新与工艺创新、自主创新与引进吸收、重大创新与渐进创新、内源创新与外源（合作）创新、技术创新与组织文化创新相结合的组合创新范式。该范式突破了斯坦福大学孟格博士将组合创新主要限定于产品创新模式的理论视角。组合创新理论得到国际技术创新专家麻省理工学院爱德华·罗伯茨（Edward Roberts）教授的好评和应用。罗伯茨两度以此理论对全球 500 家研发投入居前企业做调查，1992 年结果是日本企业 80%达产品与工艺创新平衡，欧美企业仅 60%—70%；1998 年的再次调查，欧美日企业产品与工艺创新平衡者均达 80%。从国际范围内印证了组合创新理论的普适性。

中心在 2002 年提出全面创新管理理论（TIM），被学术界称为“迄今为止最系统的创新管理模式”，2007 年出版《全面创新管理》一书，从理论上和实践上阐明了全面创新管理的背景、源头、基本内容、形成基础、机制和过程，并阐述了国内外 7 个跨国企业形成和实施全面创新管理的案例。该理论突破了长期以来形成的欧美创新理论范式，针对中国创新实践提出了全面创新管理理论范式，即以培植核心能力、提高竞争力为导向，以价值增加为目标，在创新要素协同的基础上增强全员与全时空创新的有效机制和方法，持续提高企业竞争力。全面创新管理研究不仅受到国内外学术界的认可，而且在惠普、海尔等著名企业得到应用。浙江大学创新与发展研究中心的特色与亮点在于理论紧密结合实际地开展各种学术活动，完成项目任务，并拥有一支精干的研究团队。中心成立近 30 余年，获得了较为突出的学术及理论成果，得到社会各界的一致好评。

团队构成和人才培养

浙江大学创新与发展研究中心聘请了多名国内外知名学者、政府高级官员与企业总裁担任中心的顾问。教育部长江学者、浙江大学管理学院院长魏江教授担任中心主任，我国科技管理及技术创新管理的杰出研究者与教育家、中国工程院院士许庆瑞教授担任研究中心副主任，教育部长江学者、清华大学经管学院技术中心主任、浙大兼职教授陈劲教授担任副主任，负责内外协调。主要研究人员由管理学院教师、博后、在读博士生、专职研究人员担任。

中心成立至今为国家建设和学科发展做出了很多工作：一是与全国各高校同行一起创建管理院系和先进学科建设，把一个原为二级学科的管理专业越级连升两级成为一级学科门类；二是领导浙大创新团队在我国率先大力开展创新研究，寻找中国及企业创新的道路和创新人才培养规律与实践。

中心推动了我国创新战略从创新驱动向创新引领发展，并为国家第一个技术创新工程（该项目始于1994年，由国家经贸委负责组织）做出了重大贡献，培育了一大批创新型研究与管理人才，发展了一批如方正海尔，江南造船，华北制药等创新型企业。把握学术前沿，严格培养学生，形成"扎实坚韧"的研究风范和"团结合作"的精神，以"严谨、务实、国际化"的标准，先后指导博士生40余名，其中10余位已晋升为教授（9人为博导和学科带头人，3人被授予长江学者的称号），硕士生50余名。他们中不少已成了高校管理界的学术骨干和学科带头人，有的在企业界颇有建树。

浙大创新团队文化可概括为"高、精、笃、合"四个字。"高"是高标准，首要的是"严"要求。严格的作风和纪律，要有"精益求精"的思想作风。要达到"高"与"精"，必须要有持之以恒和百折不挠的毅力与作风，也就是"笃"的文化与作风。团队的"合作精神"，是合作互助，思想交锋，共同提高。现在这种团队文化和精神依然在整个团队和各个子团队中得到广泛的传承。始终引导研究生树立正确的人生观和价值观，积极为国家和社会的需求服务，增强社会责任感。努力培养求是踏实的科学精神，加强团队文化。努力培养研究生的综合知识、能力与素质，要求研究生不断学习国内外管理学、经济学、系统科学等方面的最新进展，积极阅读重要的国际期刊，并强调设计科研项目的能力，积极要求研究生撰写科研项目建议书。在综合素质方面，继续强调人品与意志，只有将人的智力与毅力协同，才能培养出一流的人才。

国际合作

为了促进技术创新的学科发展与知识共享，浙江大学创新与发展研究中心先后成功地举办了八届技术创新与技术管理国际研讨会（ISMOT），该系列会议已逐渐成为我国技术创新与技术管理领域规模较大、水平较高，并在国际上较有影响的重要国际性学术会议。英国剑桥大学迈克·格雷戈里（Mike Gregory）教授认为ISMOT具有成为技术管理主要论坛的潜力，ISMOT是三大系列性技术管理国际会议之一。

浙江大学创新与发展研究中心已经主办 ISMOT 国际会议共计九届。ISMOT 由浙江大学创新管理与持续竞争力研究国家哲学社会科学创新基地、浙江大学创新与发展研究中心、浙江大学科教发展战略研究中心主办，得到国家教育部、国家自然科学基金委、浙江省科技厅、海尔集团、中集集团、中国普天集团、浙江大学永谦学科发展基金等的大力支持。会议吸引了来自中国、美国、英国、法国、意大利、德国、丹麦、荷兰、比利时、瑞典、西班牙、葡萄牙、加拿大、墨西哥、巴西、埃及、南非、尼日利亚、巴布亚新几内亚、日本、韩国、新加坡、泰国、马来西亚、巴基斯坦、爱沙尼亚、澳大利亚、新西兰等 20 多个国家和地区的几百位创新管理领域的专家学者、创新型企业高级管理人员、政府科技政策与管理部门负责人参会。历次 ISMOT 国际会议收到海内外投稿共计 3000 余篇。

经过多年的努力，浙江大学创新与发展研究中心与美国、英国、加拿大、新加坡、荷兰、瑞士等建立了广泛与深入的国际合作关系，如长期以来与美国麻省理工学院、加拿大西蒙弗雷泽大学（Simon Frazer University）等开展技术创新的合作研究。

政企合作

浙江大学创新与发展研究中心的发展目标是通过系统研究，总结创新与发展的基本规律，为政府与社会各界相关的政策咨询与管理咨询提供决策参考，并力争成为我国在创新与发展方面重要的科研中心、管理决策咨询中心、人才培训和培养基地、资料与信息中心、开放性的研究基地。

中心与政府、企业合作的历史要追溯到 20 世纪 80 年代，中心主任许庆瑞先生正承担国家经贸委《关于引进技术消化吸收和体制与政策研究》课题，研究国内外企业技术引进实践，提出在消化吸收基础上再创新的“二次创新”理论，为当时的国家经贸委接纳，1987 年在大连召开引进技术国产化会议，在 12 条龙中试点推广。自 1995 年开始，中心参与并努力推进由国务院指定、国家经贸委组织实施的“国家创新工程”规划，促进和推动了海尔集团、南京化工、北大方正等企业建立创新中心和创新体系的实践工作。

2002 年提出全面创新管理理论（TIM），被学术界称为“迄今为止最系统的创新管理模式”，2007 年出版《全面创新管理》一书，从理论上和实践上阐明了全面创新管理的背景、源头、基本内容、形成基础、机制和过程,并阐述了国内外7个跨国企业形成和实施全面创新管理的案例。全面创新管理理论在惠普、海尔等著名企业得到应用。

全面创新管理理论其后被纳入浙江省的规划与战略中。2008年,宁波市委副书记、市长毛光烈同志强调,深入贯彻科学发展观,要推进全民创业、全面创新。浙江省"十二五"规划(2011—2015)也要求全面推进国家工程技术创新试点省建设,出台提高自主创新能力、建设创新型省份和科技强省的"两全两创"(全面创新,全民创业)战略。党的十八大以来,习近平同志把创新摆在国家发展全局的核心位置,高度重视科技创新,围绕实施创新驱动发展战略、加快推进以科技创新为核心的全面创新,提出一系列新思想、新论断、新要求;十九大进而提出了创新引领发展的战略要求。

(撰稿人:魏江)

浙江大学互联网与创新金融研究中心

历史与现状

互联网与创新金融研究中心,简称CIFI,是浙江大学管理学院与互联网金融研究院(AIF)共建的研究中心,致力于创新与创业金融、互联网金融与资本市场、供应链金融、互联网金融与商业模式创新、互联网金融与科技金融等研究。CIFI中心以专业方向为核心导向,聚集了来自海内外的30余位专家学者以及业界领袖,创新了专家学者与研究团队之间的合作与日常运营机制,并在充分利用资源拓展研究能力、扩大学术品牌方面进行了有益探索。

学术研究

1.系列著作

中心先后出版发行《中资银行国际化报告》《砥砺前行，守得云开？——中国P2P网贷行业2016年度报告》《扬帆起航——走向国际的中资保险公司》《互联网金融理论与实务》《创业金融实践》等一系列研究成果；同时，与Springer出版社和浙江大学出版社联合出版的 *In Pursuit of Presence or Prominence-The Prospect of Chinese Banks' Global Expansion and Their Benchmarks* 也已面世。

2.指数报告

全球金融科技中心指数、网贷指数、并购指数等系列指数报告，以区块链、银行金融科技创新、智能投顾等金融科技行业为研究对象的专项课题报告陆续推出。

中心连续两年发布“全球金融科技中心指数”（Global Fintech Hub Index，GFHI）、《中国金融科技中心城市报告》、《全球金融科技中心城市报告》、“白沙泉（中国）并购指数”[Baishaquan（China）M&A Index，BMI]，新华社、新华网、《浙江日报》、《金融时报》、《钱江晚报》、《长江日报》、浙江在线、网易、杭州网等多家媒体发布了有关指数并进行后续的深入报道，具有一定的社会影响力。通过大数据的手段深度挖掘并分析全国网贷平台数据，中心持续发布“全球网贷与众筹指数”（CAMFI）、“中国网贷指数”（CMFI），每月追踪全球众筹行业的整体发展状况，建立观测网贷与众筹行业发展的“晴雨表”。同时，CIFI连续两年发布“金融科技才商（FTQ）指数”，以全面的维度和海量的数据刻画金融科技人才画像，为转型中的金融企业进行人才部署给予启示；连续四年发布“银行国际化系列报告”，深耕银行国际化、保险国际化研究领域，持续提高研究成果的知名度和品牌效应。此外，CIFI中心聚焦地区、行业的热点问题，发布《杭州市金融科技发展简报》《中国智能投顾行业发展报告》，以专业的学术眼光，发出有影响力的声音。

3.“金融科技专报”系列

CIFI中心联合中国金融信息网金融科技频道推出的系列报告产品，对政策动向、技术前沿和业务实践进行解读和分析，推动监管机构、市场群体之间的信息沟通与共享，为各相关方提供咨询意见和方案，目前已连续推出两期《如何看待ICO、比特币及区块链现状》(2017 年第 1 期)和《现金贷报告》(2017 年第 2 期)，获得了良好社会反响。

4.专项课题

根据浙江省政府发展需要，CIFI 中心积极承担《浙江 P2P 网贷行业发展困境与对策》《互联网金融服务实体经济》的省长重点课题。联合浙江互联网金融联合会，每月完成浙江互联网金融监测月报及举报信息报告并呈递浙江省金融办公室，每季度完成浙江互联网金融监测季报。受浙江省金融办委托完成《杭州建立国际金融科技中心专项规划》项目；与杭州市萧山区政府合作开展《萧山金融科技发展研究》，项目全面盘点萧山区金融科技发展的优势与挑战，为萧山金融科技特色产业发展提出可操作性建议。

5.国际课题

先后与德国联邦中央银行、德国国际开发机构(GIZ)、英国外交部(FCO)、欧洲经济政策研究中心(CEPS)、南非人文科学研究委员会(HSRC)等政府及国际知名智库机构展开合作，开展了一系列具有国际影响力和能见度的研究课题，进一步提升学术科研能力。

与欧洲经济政策研究中心(CEPS)和南非人文科学研究委员会(HSRC)共同开展的 2017 年德国 G20 峰会数字基础设施(Digital Infrastructure)与数字技能普及(Digital Literacy)领域的两个研究课题，相关研究成果与政策建议(Policy Brief)及研究报告(Policy Paper)被 G20 组委会接受，并在 G20 Insights 主页上发表；与德国联邦中央银行、德国国际开发机构(GIZ)、德国歌德法兰克福大学合作课题 *A Comparative Study on Retail Payment Behaviour in China and Germany* 的相关学术成果被 2017 年欧洲中央银行年会采纳，同时中心承接由德国国际开发机构(GIZ)EMSD 基金资助的国际课题 E-Banking in Africa, Sustainability In the Age of Platforms 研究；由我方牵头主导、英国剑桥大学新兴金融研究中心(CCAF)参与的联合团队，在英国外交部《金融科技监管沙盒：中英合作推动金融创新》(*Regulatory Sandbox for Fintech: UK-China Collaboration to Promote Financial Innovation*)课题项目上竞标成功；与剑桥大学 CCAF、亚洲开发银行研究院

(ADBI)共同探索亚太地区新兴金融行业的发展现状、市场规模及相关金融监管状况,主要包括网络借贷、股权众筹、产品众筹、第三方支付及其他新兴金融业态,完成《2017 亚太替代金融行业调研报告》(*The 2nd Asia Pacific Alternative Finance Industry Report*)、《2017—2018 亚太地区新兴金融研究报告》。

团队构成

互联网与创新金融研究中心团队由国内外著名专家学者组成,主任由浙江大学管理学院贲圣林教授担任,执行主任为浙江大学管理学院副教授徐维东,学术委员会秘书长为浙江大学经济学院副教授俞洁芳,国务院发展研究中心产业经济部部长赵昌文、上海黄金交易所理事长焦瑾璞担任学术委员联合主席,学术委员会对学术研究方向、重大研究项目选题、招投标和成果鉴定给出科学结论并给予指导,并陆续邀请到 KBR 资本董事总经理陈友正、土耳其中央银行尤科赛尔·戈迈兹(Yuksel Gormez)、德国 EBS 商学院战略研究所所长乌尔里希·霍梅尔(Ulrich Hommel)教授、南非人文科学研究委员会(HSRC)金砖国家研究中心主任杰亚·乔西 (Jaya Josie)博士、康奈尔大学刘鹏教授、三菱联合银行(MUFG Union Bank)执行经理左军、浙江大学管理学院姚铮教授和周伟华教授等加入国际化的学术委员会团队。

合作交流

1. 国际合作

CIFI 中心依托浙江大学互联网金融研究院的全球化布局,加快学术科研国际化步伐,积极搭建学术团队,陆续聘请了包括亚洲、北美、欧洲、中东、非洲等地区的学者和业界领袖担任学术委员和特约研究员,实施“全球研究助理”招募行动和“全球实习生”计划,不断为研究团队注入新血液,迸发新动力。多次受邀出访美国、英国、德国、意大利、韩国、印度、尼泊尔、印尼等国家,参与了包括德国联邦中央银行(Deutsche Bundesbank)、中欧国际交易所(CEINEX)、亚洲开发银行(ADB)等多个国际机构组织的学术交流活动,在展示专业形象的同时也推动学校国际影响力的提升。

同时,中心与剑桥大学(University of Cambridge)等国际知名高校建立了战略合作和学术伙伴关系,签署相关谅解备忘录。作为浙江大学“世界顶尖大学战略合作计划”剑桥大学小组合作主导团队,CIFI中心积极推进浙江大学与剑桥大学全方位的深度合作。

2.专题研讨会

结合行业热点问题和政策动向,先后召开“南非的电子银行”(南非人文科学研究委员会金砖国家研究中心主任、CIFI学术委员杰亚·乔西教授主讲)、“区块链技术和数字货币发展动态及趋势”研讨会(区块链研究室承办,美国威斯康星大学终身教授、区块链研究室主任张瑞东教授主讲)、“2018区块链数字经济论坛”(区块链研究室、创业金融研究室承办,美国威斯康星大学终身教授、区块链研究室主任张瑞东教授主持)、金融科技监管沙盒试点方案研讨会、金融科技与金融稳定闭门学术沙龙等多场专题研讨,为政府政策制定、企业战略发展提供参考性意见。

3.金融科技对话

与各国政要、学界、业界专家探讨金融科技各领域的合作,共同交流金融科技的最新发展和生态建设,开展中美金融科技对话、中非金融科技论坛、中韩金融科技对话、中国印尼金融科技对话、中英对话:逆全球化下的企业机遇与挑战、中丹金融科技对话、中日金融科技对话等系列国际金融科技对话,助力全球金融科技行业未来的创新发展。此外,成功促成全球支付和金融科技峰会“Money20/20全球金融科技”落地中国、落户杭州事宜,助推杭州全球金融科技中心的建设。

4.优博计划系列

CIFI中心积极承办由互联网金融研究院与财务与会计学系于2017年12月共同推出的博士生学术分享计划——“优博计划”,旨在通过搭建高层次的财会系博士生学术训练和学术分享平台,提升博士生的培养质量,塑造博士生的学术思想。2018年分别邀请到趣链科技CTO李启雷博士、剑桥大学新兴金融研究中心(CCAF)基兰·加维(Kieran Garvey)和菲利普·罗曼(Philip Roman)、舒尔特研究院(Schulte Research)的创始人保罗·舒尔特(Paul Schulte)、爱财集团CEO钱志龙、国际清算银行原高级经济学家(Herbert Poenisch)等学者和业界专家分享学术前沿及行业动态,目前已举办八期。

企业合作

1.探索共建研究室

与韦莱韬悦共同成立了“金融科技人才研究室”，并邀请了来自蚂蚁金服、领英、瑞银、众安科技、宜信、快钱等企业的16位资深人力资源专家组建了研究室首批专家委员会，更好推进金融科技人才研究和实践。已共同发布《金融科技才商(FTQ)报告》《金融科技才商(FTQ)报告2.0版本》。

2.共同撰写发展报告

联合浙江互联网金融资产交易中心推出国内首份《中国互联网金融资产交易中心发展报告》。该报告于2018年1月正式发布。该报告由杭州市人民政府金融工作办公室指导，就中国互联网金融发展现状和互联网金融资产交易中心发展形态进行分析，探讨互联网金融资产交易中心的竞争力结构与核心竞争力，并对互联网金融资产交易中心的未来发展前景给出了积极展望。

3.开展多方位合作

基于与深化深圳瀚德创客金融投资有限公的合作协议，持续围绕“产学研一体化”的要求，推进落实各项合作，共同主办“2017年度中国金融科技创客大赛(杭州)总决赛暨全球金融科技(杭州)峰会”、联合举办Fintech风暴局区块链系列交流会、共同开展银行国际化项目的研究。先后与微贷(杭州)金融信息服务有限公司、杭州坤盛资产管理有限公司、爱财科技有限公司等企业签订合作协议，就课题研究、人才培养、平台建设等方面达成合作意向，加快产学研一体化发展。

社会服务

CIFI中心充分结合专业研究方向，积极发挥咨政建言作用，多份咨询要报获浙江省政府领导批示。如《紧抓“互联网＋”机遇 抢占全国互联网金融“高地”》(获朱从玖批示，2016年3月)、《我省特色小镇建设情况调研报告》(获车俊、袁家军、冯飞批示，2017 年 3 月）、《关于深入推进“最多跑一次”改革的建议》（获车俊、袁家军、冯飞批示，2017 年 6 月）、《关于在全球建立“浙江中心”的建议》（获车俊、冯飞批示，2018 年 2 月）、《浙江省一季度经济分析报告》（获车俊、朱从玖批示，2018 年 5 月）、《关于“P2P 网络借贷行业加强自律、合规发展座谈会”会议精神及落地过程中若干问题及对策》（获朱从玖批示，2018 年 9 月）等。

同时，有关领导受聘担任各类咨询顾问，指导和推进金融实践：贲圣林教授受聘为广东金融专家顾问委员会顾问委员、全国工商联国际合作委员会委员，认真参与粤港澳大湾区金融发展战略规划、为全国工商联工作建言献策。

获奖与荣誉

中心“大数据＋互联网金融创新团队”作为学校首批“大数据＋人文社会科学创新团队”获得授牌并得到有关经费支持。该团队日常实践中先后开展了多个独立研究及合作研究项目，如校园贷专题研究、网贷专题研究和区块链专题研究等，均获得良好社会反响，并多次获得省级领导批示。

2017 年 1 月 6 日，获浙江大学“大数据＋人文社会科学创新团队”授牌

（撰稿人：李红霞）

浙江大学房地产研究中心

发展历史

浙江大学房地产研究中心成立于2000年(浙大发人社〔2000〕6号文),是一个跨文(管理、公共管理、人文、法学)、理(理学院地科系)、工(建工)6个学院的学科交叉研究中心,是国内最早的房地产专业研究机构之一。旨在充分发挥浙江大学研究力量雄厚、学科综合交叉的优势,培养符合房地产业发展需要的复合型人才,推动房地产相关学术研究,并为政府、企业、行业协会、媒体等机构提供专业服务。

中心依托浙江大学企业投资研究所、土地科学与不动产研究所、建筑经济与管理研究所、城市规划与设计研究所、城市与区域发展研究所等校级研究所,下设办公室、市场研究部、企业研究部、城市住房部、产品研究部、土地研究部和金融研究部等专题研究室,形成以项目为纽带的交叉研究机构。

中心拥有一支跨学科、高水平学术团队,拥有教授13人,副教授6人。主要成员有:贾生华、阮连法、叶艳妹、华晨、欧阳安蛟、褚超孚、杨建军、常杰、刘云、王紫雯、沈兵明、陈信勇、王婉飞、沈杰、毛义华、邬爱其、温海珍、田传浩、秦中伏、张凌、窦军生、周刚华、史煜筠等20多人。

中心的发展愿景是成为"中国一流的房地产学术机构"。中心的战略定位是:房地产学术研究机构、房地产人才培养基地、房地产专业服务平台。

学术研究

中国房地产市场是改革开放的产物,体制、政策、市场规则和交易行为等都是在探索中不断完善和发展的。中心发挥学科交叉优势,围绕现实热点问题,积极开展土地制度、土地经济、住房保障、住房政策、住房市场、房地产项目投资、城市规划与设计、房地产公司战略等方面的研究工作。

自中心成立以来,出版和发表了有关土地经济与管理、房地产投资、房地产市场、房地产政策等方面的著作20余部，论文达500多篇。

《浙江大学房地产研究中心学术文库》(第一辑)共8部专著由经济科学出版社于2005年8月出版，第二辑共8部于2010年1月出版，该丛书的出版在学术界产生了广泛的影响。

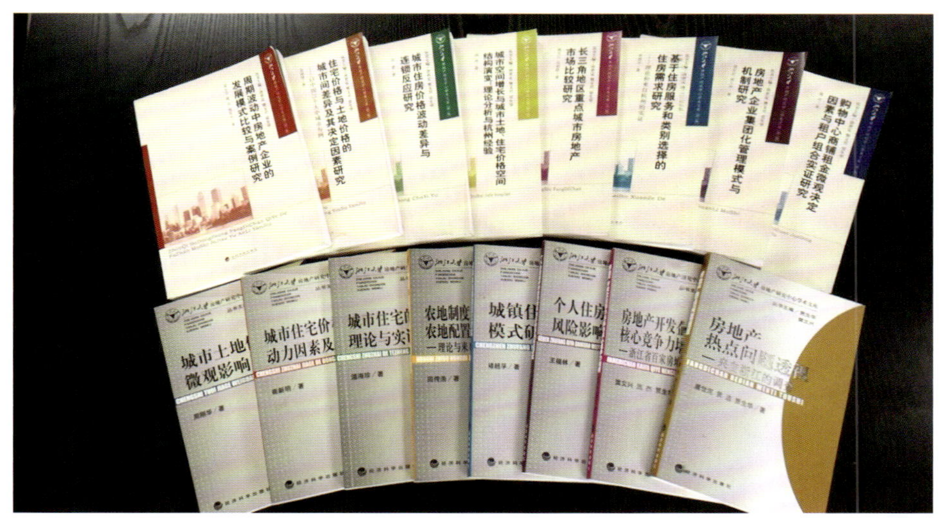

浙江大学房地产研究中心学术文库

中心教师完成了20余项自然基金和社科基金研究课题。其中，贾生华教授2000年主持完成的国家自然基金项目“中国土地非农化机制研究”，开辟了政府主导、大规模、快速城市化背景下，土地经济与管理研究的新视角，研究成果成为该领域基础性文献资料。贾生华教授2014年主持完成了国际社科基金重点项目“整顿和规范房地产市场秩序的制度设计、政策分析和路径选择”，研究成果受到广泛关注。该成果基于房地产市场扩展的SCP分析框架，按照“结构优化—行为调整—绩效改善”的产业政策分析工具和逻辑思路，认为建立房地产市场持续健康发展的长效机制，不能停留在利用政府权力甚至国家机构，进行行政干预和限制，而是要在尊重市场主体自主决策权利的基础上，通过优化房地产市场制度安排和体制机制，改变市场的“游戏规则”，使市场主体的行为更加规范、理性、合理，依靠市场机制协调微观与宏观、个体与集体、短期与长远等复杂的利害关系，实现市场绩效整体性、综合性、持续性的动态优化。

人才培养

中心教师依托各自学科,分别在企业管理、房地产经济、土地经济、建筑经济、建筑规划、环境资源学等交叉学科方向招收研究生,培养了一大批栋梁之材。据不完全统计,中心成立以来,累计培养博士研究生100多名,硕士研究生、EMBA和MBA研究生等400多名,为全国各地大专院校、企事业单位输送了一批优秀人才。

中心学术氛围浓厚,团队氛围开放积极、乐观向上。许多学生在学习阶段就获得奖项/奖励。例如,中心多位硕士研究生荣获北大—林肯研究中心论文奖学金,多位博士生荣获世界华人不动产学会"最佳不动产博士学位论文奖"。

在中心培养毕业的校友,在各个领域都有优异的表现。他们有的成为学术精英,有的成为优秀企业家,有的在政府担任要职,为国家改革发展做出了积极贡献。

交流合作

2002年11月20至22日,中心主办了"绿色居住国际学术研讨会",来自国内外的70余位专家学者和政府及国际组织的官员参加了会议。

2008年7月,中心主任贾生华教授与全球知名的17位华人房地产学者共同发起,创立了"世界华人不动产学会",并担任常务理事。2011年4月1日至3日,中心承办了浙江大学与世界华人不动产学会共同主办的"世界华人不动产学会2011年会",来自海内外、产学研各界1000余人参加了会议,成为学会发展的重要里程碑。

2009—2018年,贾生华教授担任中国房地产学者联谊会主席团成员,积极参与组织每年一次的学术年会,促进了浙江大学相关专业教师和研究生的学术交流与联系。

社会服务

中心在人才培养、学术研究的基础上,依托学术研究和人才队伍优势,持续跟踪国内外房地产政策和市场变化,为政府部门和房地产企业完成了大量咨询课题，应用研究成果获得广泛好评。

中心成立以来，完成了浙江省建设厅、浙江省房协、杭州市建委、杭州市房管局、杭州市土管局、杭州市房改办等政府部门委托课题30余项，部分研究成果得到政府有关部门采纳和领导充分肯定。例如，2008年5月至11月中心承担的“浙江省中等收入家庭住房消费模式与政策”课题，得到了副省长陈加元充分肯定，并做了重要批示。又如，2009年中心承担的“坚持环境立市，打造宜居城市”课题，得到杭州市市长蔡奇肯定，并做了重要批示。这些研究成果为政府出台相关政策提供了决策依据。

中心长期跟踪行业动态和企业实践，为推动房地产业发展做出了贡献。中心成立以来，先后承担各类企业委托课题50余项，与绿城房产、滨江房产等一批企业建立了长期合作关系。例如，中心连续承担了杭房地产、东港集团“十一五”“十二五”“十三五”公司发展战略规划研究任务，研究成果在公司发展中得到应用，促进了公司管理水平提升。

中心积极参与行业协会活动，并发挥专业服务功能。贾生华教授受聘中国房地产业协会专家委员会成员，长期担任浙江省房地产业协会研究分会副主任，长期担任浙江省高级经济师协会房地产与建筑专业委员会主任。2006年开始，中心与浙江省房地产业协会合作，每年发布浙江省房地产业发展报告，客观研究政策动态，科学分析市场变化，系统提出企业转型升级建议，为浙江省房地产业稳定健康发展建言献策。

（撰稿人：周刚华）

浙江大学资本市场研究中心

历史与现状

浙江大学资本市场研究中心由浙江大学校友、紫金港资本创始人兼董事长陈军博士为回报母校，弘扬尊师重教的优良传统，捐赠人民币1000万元设立专项基金资助成立。

中心以“立足高素质人才培养，促进高水平学术研究，助力高质量社会服务”为宗旨，以量化投资和创业金融为主要研究方向，在财务与投资领域，尤其是量化投资和创业金融方向实现科研、教学等方面的突破和创新，更好地服务于高校和社会群体，实现科研与教学相结合，兼顾专业特色与市场发展需求。中心主要发展工作包括专业课程的开发与教学，高校竞赛活动的指导与组织，资本市场研究系列实务和学术讲座，中心年度专题论坛的开展，金融实验室的建设等。

中心成立了“浙江大学资本市场研究中心理事会”作为管理组织。理事会是中心的决策机构，理事会设理事长、执行理事长和副理事长，从理事中选举产生。理事会负责制定、修改章程，审定年度收支预算与决算，决定中心重大活动、重大研究项目以及其他有关的重大事项，听取、审议中心的工作报告。

为充分发挥咨询、审议、评价和监督作用，中心特设立“浙江大学资本市场研究中心顾问委员会”构成研究组织，委员会由校内外专家、学者、业界精英、政府官员等组成，负责对资本市场研究领域的重大事项进行咨询、审议、评价和监督。

中心科研团队由研究员与特聘研究员构成。浙江大学管理学院财务与会计学系黄英教授担任中心主任。黄英教授入选了教育部“新世纪优秀人才”“浙江省 151 工程”第一层次培养人员。管理学院财务与会计学系肖炜麟副教授和世纪证券总裁许建明共同担任中心副主任。研究员成员另有管理学院财务与会计学系张惜丽副教授，管理学院财务与会计学系副主任钱美芬副教授，管理学院财务与会计学系刘博。

特聘研究员一般具有博士学位，或在业界拥有较高知名度和影响力。目前特聘研究员有 10 名成员：徐进博士（幻方量化 CEO），朱笑慷博士（龙旗科技董事长），张志洲先生（敦和资产管理董事兼总经理），陆天羽博士（杭州智君科技 CEO），郭丰博士（浙江天堂硅谷管理合伙人），周欣博士（上海喜岳投资 CEO）、唐涛博士（上海喜岳投资 CIO），于孝建博士（华南理工大学副教授），毛培元博士（Akuna Capital 研究员），季山博士（澳大利亚资本市场合作研究中心 CIO）。

学术研究

中心团队聚焦量化投资和创业金融领域的研究，在量化投资方向方面专注于资产配置、套利、*alpha* & *beta* 策略等方面的研究；在创业金融方向致力于 VC &

PE投资、小微企业融资、科技与金融创新、资本市场与行为金融等方面的研究。团队成员已在多个国际高水平学术期刊上发表了高质量学术论文多篇。

交流合作

为促进学界和业界的交流与合作，中心每年举办一次年度论坛，目前已举办两届。2017年5月22日，由浙江大学管理学院主办、浙江大学资本市场研究中心承办、浙江大学资本市场研究中心专项基金赞助的浙江大学“百廿校庆”管理学院系列活动之“2017年全球金融市场的不确定性和中国投资机会论坛暨浙江大学资本市场研究中心揭牌仪式”隆重举行。2018年5月27日，由浙江大学管理学院、浙江大学资本市场研究中心主办，浙江玉皇山南对冲基金投资管理有限公司、浙江九章资产管理有限公司(幻方量化)协办的浙江大学资本市场研究中心“新时代下中国私募证券投资的机遇与挑战”第二届论坛成功举行。来自世界各地的商界、学界、相关人士以及校友们、师生们交流互动，探讨与展望全球金融市场和科技金融创新、中国投资机会的未来发展方向。

为实现研究、教育和实践的有机结合，加强学界和业界的学术交流，中心不定期举办“紫金港资本”系列讲座，邀请海内外专家学者分享研究与报告，借此充分发挥讲座的交流学习平台作用，为广大师生与社会群体服务。

另外，中心同时开展了广泛的国内外交流与调研活动，对内加强与学校各科研单位的学术交流与合作，对外积极进行对业界的社会调研，争取做到整合资源、互惠互利、合作共赢、共同进步。目前调研合作单位已有：深圳市私募基金协会、深圳市远致富海投资管理有限公司、盈峰资本管理有限公司、深圳市紫金港资本管理有限公司、深圳高等金融研究院、凯丰投资、国泰安教育技术股份有限公司、广发证券、华南理工大学经济与贸易学院、浙江玉皇山南对冲基金投资管理有限公司、杭州财富管理联合会、澳大利亚资本市场合作研究中心、中山大学岭南学院等。

社会服务

团队成员接受媒体采访，为广大读者提供关于资本市场的专业分析与思考。由中心主任黄英教授和浙江天堂硅谷资产管理集团管理合伙人、金融研究院院长郭丰博士共同撰写的《浙江民间资本参与"一带一路"的投融资模式研究》,获浙江省副省长朱从玖批示。报告分析阐述了我省民间资本参与"一带一路"建设的必要性和参与方式,就参与路径建设和投资方向引导提出了专业建议。朱从玖副省长希望黄英教授能够继续为我省金融建设建言献策,希望浙江大学资本市场研究中心和业界、机构有更多的互动,研究出更多前瞻性成果。

中心主办高校量化投资大赛,2017 年浙江大学量化之星投资大赛决赛于 2018 年在紫金港校区校友活动中心成功举行,共计 100 余人、50 余组参赛人员在 Quantrader 量化终端上进行量化策略模拟交易进行竞赛。2019 年中心举办了"钱塘江金融港湾"高校量化投资大赛。此类大赛为高校大学生提供了学习和实践的平台,开拓了创新和挑战精神,提高了知识的应用能力,丰富了课余生活。

(撰稿人:俞璐)

浙江大学全球创业研究中心

创业企业研究是浙江大学相关研究团队工作的主要领域。浙江大学全球创业研究中心创建于 2005 年,由王重鸣教授和斯坦福大学威廉·米勒教授担任首任联合主任。2015 年,以浙江大学全球创业研究中心发起,携手斯坦福大学商学院研究团队,共同创建了米勒创新创业研究院,由王重鸣教授和威廉·巴内特教授担任联合院长,成为浙江大学全球创业研究中心在高端研究与应用方面的重要国际合作平台。目前,浙江大学全球创业研究中心由浙江大学文科资深教授王重鸣与斯坦福大学著名教授威廉·巴内特担任主任,由周帆教授、陈俊教授、窦军生教授和颜士梅副教授担任副主任。

中心的使命是聚焦创新创业、凝练前沿学科、培育创新人才、致力能力开发、建设创新体系。志在培养具有创业精神、创新能力、责任担当和国际视野的创业管理人才和创业理论与方法创新。依托国家"双一流"大学建设计划,浙江大学全球创业研究中心聚焦创业研究与创新实践,助力新世纪创业创新人才培养和国际化创业教育发展。实施"零距离"研究与发展策略,先后与有"天堂硅谷"之称的杭州滨江高新技术产业开发区、迅猛发展的杭州未来科技城与梦想小镇以及与国际丝路创业教育联盟紧密合作，积极打造国际化产学研创合作平台，成为国际丝路创业教育联盟秘书处和国际丝路创业创新研究院所在单位。

通过整合全球多学科优势研究力量，组成创新型研究机构。中心聚焦创业创新研究，凝练前沿学科、培育创新人才，打造国际化产学研平台，致力于多学科交叉创新、研究—产业协同创新和区域与国家创新体系建设，培养具有创业精神、创新能力、责任担当和国际视野的创业管理人才和高层次学术研究团队。

整合全球多学科优势资源与研究力量，依托"双一流"重点学科发展计划，成为国内外知名的创业研究机构。设立三大研究方向：创业人才与全球领导，创业资源与创新战略，组织学习与创业变革。中心具有三大要素：创新研究、人才开发、全球策略。

创新研究

浙江大学全球创业研究中心设立三大研究方向：创业能力与全球领导力、数字化转型与创新加速、创新人才与创业策略。以 21 世纪全球创业经济为背景，以创业赋能与创新发展为关键问题和导向，先后主持承担国家自然科学基金资助的多项重点项目"基于人与组织多层互动匹配的企业家成长机制与创业环境研究""基于人与组织匹配的组织变革行为与战略决策机制研究""基于并行分布策略的中国企业组织变革与文化融合机制研究"等，在企业家成长机制、组织变革的适应—选配—发展三阶段理论等方面做出重要的理论创新，获得"特优"和"优秀"的结题评价结果。此外，主持承担了德国国家自然科学基金项目"中德中小企业创业成功因素比较研究"和数十项国家自然科学基金和国家社会科学基金项目和省部级研究项目。采用模拟实验研究、成长案例开发、动态行为测评和群体决策分析等新型研究方法，对高科技创业战略、创业风险决策、领导胜任能力、企业家成长机制和创业政策环境等进行系统深入研究，取得了一系列重要的理论成果和应用进展。浙江大学全球创业研究中心创建了国际联盟与企业合作的高层次研究平台，主要包括：

1. 创业研究实验平台：创业学习实验室、经理人赋能评价实验室、创业心理学实验室；

2. 创业管理博士后流动站研究平台：重点开展创业管理博士后研究，并与英国雷丁大学亨利商学院等著名院校开展国际合作创业教育博士后计划；

3. 联合"国际丝路创业教育联盟"，着力建设一流的国际丝路创业创新创造的赋能研究平台予网络；

4. 建立国际创业研究文献库、创业企业案例库和创业组织发展策略库。

中心还与浙江省政府合作，开发了浙江省农技人力资源系统、浙江省企业创业创新案例与绩效开发网络等项目，还与省内外多家大型国有企业和民营企业提供创业管理专题咨询与培训服务。中心与各级高科技创业政策部门、国内外著名科研院校、省内外高新技术产业基地、创业要素提供者、创业中介服务机构、世界著名创业研究中心等构建战略联盟，通过网络化运作，构建联结技术供给与市场需求的中介桥梁，为孵化项目提供信息、资金、管理等相关要素的优质服务，为高科技产业化奠定基础。

人才开发

浙江大学全球创业研究中心积极参与多层次的创业教育和创业创新人才培养及能力开发，取得了重要的人才培养成效，主要包括：

1. 参与组建"创业管理精英班"，实施"多通道、阶梯式、复合型"高层次管理类精英人才培养模式，以培养具有广阔国际视野、精通外语与专业知识、复合型知识结构、创业实践能力较强的创业管理精英人才。

2. 参与浙江大学和美国百森商学院，法国里昂商学院联合的全球创业管理项目（三校联培项目），以创新的国际整合培养模式，培养创业管理专业研究和实践领域的领导人才，三校师生合作授课，分期在3个国家学习创业管理课程，取得显著成效，荣获多项省部级奖励，成为全球创业教育创新实践的示范。

3. 参与浙江大学管理学院"创业管理"博士点建设，在创业决策、创业能力、创业变革、女性创业、创业团队、社会创业、创业行动、创业社会责任、数字化创业、创业人资、创业融资、创业领导力和创业生态系统等领域取得了重要的研究成果和应用进展。

4. 主持浙江大学与牛津大学合作创建"女性创业能力""中国女性创业能力开发项目"，通过潜力选拔、专题赋能、辅导服务，纵向研究和深度开发创业女性的创业心智与创业领导力。在创业能力提升、创业业绩增长和新创就业机会等关键指标评价中名列前茅。

5. 主持“全国专业技术人员知识更新工程”指定课程《创业能力建设》，并撰写《专业技术人员创业能力建设读本》(2015)，主编《中关村创业人才成长案例》(2017)，成为全国创新创业教育和人才开发的重要教材。

通过多元互动式教学、创业案例教学、全球创业实验室体验、创业决策模拟、创业领导力评价、创业型组织模拟、创业与商业计划竞赛、政府机关柔性挂职、企业家论坛、创业研究与咨询、创业实践报告等创业实践环节培养实践能力。

全球策略

浙江大学全球创业研究中心积极开展开放式创新和国际化创业研究，构建全球学术网络，开展开放式创新与国际化创业研究。多年来与斯坦福大学、哈佛大学、伊利诺伊大学、牛津大学、伦敦大学、雷丁大学、哥德堡大学、悉尼大学、百森商学院、里昂商学院等著名院校紧密合作，建立战略伙伴关系。共同开展高层次创业研究，联合创办创业管理专业，合作共建研究机构。浙江大学创业管理专业荣获 AACSB 评选全球 15 强的殊荣。由浙江大学全球创业研究中心参与合作共建的雷丁大学亨利商学院创业研究中心入选创业研究机构全球 20 强。这些重要进展形成了浙江大学创业教育与研究的新优势和国际影响力。

浙江大学全球创业研究中心积极创建国际化的产学研合作创新能力开发平台。先后与多家高新技术开发区和各类企业包括国际科技园与孵化器合作，开展一系列应用性理论研究和跟踪式多案例研究。中心率先在杭州滨江高新技术开发区创建了全国第一家“零距离”创业创新研究实验平台和赋能中心，并开展政产学紧密合作建设新一代创业创新生态系统。多年来，浙江大学全球创业研究中心连续举办了 15 届“战略性人力资源与创业管理”国际学术研讨会，成为海内外知名的创业研究会议品牌。

从 2015 年起，浙江大学全球创业研究中心与 AMBA 紧密合作，创建了“国际丝路(‘一带一路’)创业教育联盟”(SREEN: The Silk-Road Entrepreneurship Education Network)和国际丝路创业创新研究院，先后在英国雷丁、意大利米兰、奥地利维也纳、澳大利亚布里斯班、日本名古屋、阿根廷布宜诺斯艾利斯和我国的杭州、天津、广州、成都、上海、武汉、南京、澳门等地创建了国际丝路创业教育合作示范基地和联合研究中心，成为指导和开展“一带一路”创业创新教育和创业研究的国际化创新网络。

作为国内第一家创建了创业管理硕士点和博士点以及工商管理（创业管理方向）博士后流动站的创业研究与教育机构，浙江大学全球创业研究中心积极开展开放式创新和国际化创业研究，构建全球学术网络，与多国大学商学院和学术机构建立战略伙伴关系，创建多个联合研究中心，开展高水平学术交流与国际前沿合作研究，成为创业创新人才的培养和高端创业研究与应用的国际知名研究基地。

2008年6月国际企业家合作论坛在浙江大学全球创业研究中心举行

（撰稿人：王重鸣）

浙江大学数据分析和管理国际研究中心

历史与现状

浙江大学数据分析和管理国际研究中心是2016年正式组建的校级跨学科研究机构。中心综合了管理科学与工程、工商管理、计算机科学与技术、控制科学与工程、心理学、医学等多个学科的师资队伍，聚焦于应用导向的大数据研究。

研究中心设立6个专业研究所，包括数据驱动决策研究所、数据治理研究所、智慧医疗研究所、数据营销研究所、数据分析和可视化研究所、数字资产与区块链研究所。

中心以“数据为燃料，以优化为引擎，创造更智能、美好的世界”为使命；以“开放、协作、创新、包容”为价值观，以“致力成为研究人员的乐土、学生培养的沃土与合作伙伴的热土”为愿景。

由周伟华教授担任中方主任，华中生教授、刘渊教授和杨翼教授担任中心副主任。参与团队研究的管院老师有：王明征教授、陈熹教授、周欣悦教授、黄灿教授、寿涌毅教授、王求真教授、王小毅教授、金庆伟副教授、马弘副教授、瞿文光副教授、黄鹂强副教授、王丽丽副教授、童昱研究员等。中心团队还吸收了来自浙江大学其他学院的学者，如陈为教授（计算机学院）、郑小林教授（计算机学院）、张宏鑫副教授（计算机学院）、刘勇教授（控制科学与工程学院）、余运贤副教授（医学院）、赵敏智副教授（数学科学学院）等。

教师们在各自的团队中带领学生开展与时俱进的科学研究。在读博士研究生20余位，硕士研究生10余位，包括管理科学与工程、工商管理、计算机科学与技术、控制科学与工程、心理学、医学等多个交叉学科方向，团队成员专业背景多样化。

2016 年 7 月，数据分析和管理国际研究中心挂牌成立

学术研究

中心主要从事数据分析和管理方面的研究。研究团队聚焦数据科学研究领域，涵盖数据驱动决策、数据治理、智慧医疗、数据营销、数据分析和可视化、数字资产和区块链等六大板块，具有清晰的架构和明确的职责。

1. 数据驱动决策研究所

聚焦于大数据背景下的决策理论研究及其在运营管理领域的应用。

理论研究：大数据背景下的优化理论方法研究，大数据背景下的优化算法设计，实时数据背景下的动态学习机制设计与优化。

应用领域研究：大数据背景下的库存管理、收益管理，以及风险管理理论与方法研究；大数据背景下的分享经济，互联网金融等新兴模式对企业运营管理的影响。

2.数据治理研究所

聚焦于数据产权，数据公共治理的研究。

理论研究：政府、社会和企业层面的基础数据资源的开放共享机制，研究大数据的所有权、交易权和使用权的问题。

应用领域研究：政府、企业、科研机构采集、处理、整合大数据过程中的知识产权问题；基于数据的社会、公共治理问题。

3.智慧医疗研究所

聚焦基于医疗数据的个人健康管理，医院数字化管理。

研究基于个人健康大数据的就诊预测、疾病预防、疫情预测等，以数字化管理为基础的医院资源、人员的优化配置，医疗流程的改善。

4.数据营销研究所

聚焦基于大数据的营销研究。

理论研究：基于大数据的消费者购买决策机制的研究，基于大数据的市场定价机制研究，以及基于大数据的新产品扩散机制研究等。

应用领域研究：着重于新兴商务模式，如移动商务、社交商务、云计算、“互联网＋”、工业 4.0 情境下的营销问题。

5.数据分析和可视化研究所

聚焦于数据分析和可视化研究。

数据分析研究：主要侧重于问题导向的机器学习、数据挖掘的方法研究。

可视化研究：关注数据分析结果的有效呈现，并提供机器与人交互手段，从而达到协助人深入理解数据挖掘结果，并实现机器和人的增强学习。

6. 数字资产和区块链研究所

聚焦于数字资产和区块链技术探索研究。

理论研究：基于区块链的溯源系统研发。

应用研究：科普培训、技术研发、人才培养、项目培育及标准制定。

在学术论文发表方面，近几年团队成员在 *Operations Research*、*Management Science*、*Production and Operations Management*、*European Journal of Operational Research*、*International Journal of Production Economics*、《管理世界》《管理科学学报》《管理工程学报》等国内外高水平学术期刊上发表论文 100 余篇，其中在 UT/Dallas 24 顶级期刊上发表论文 20 余篇，并且其内容和观点被顶级期刊多次引用。

在科研项目方面，中心团队获得国家自然科学基金委基金重点项目 1 项、国家自然科学基金优秀青年科学基金项目 1 项、国家自然科学基金面上项目与青年项目 9 项，以及包括浙江大学—MIT 联合项目在内的多项国际和企业合作项目。

自 2016 年起，研究中心创办了具有学术和企业影响力的“数据驱动管理科学论坛”，一年一届，吸引了来自纽约大学、德克萨斯大学奥斯汀分校、多伦多大学、上海交通大学、上海财经大学、南京大学、复旦大学、东南大学等高校师生和知名企业人士与会。

交流合作

中心注重国际、国内的交流与合作，与亚洲、北美、欧洲等地区多所国际知名高校建立了合作伙伴关系，如斯坦福大学、麻省理工学院、南加州大学、新加坡国立大学、香港城市大学、荷兰格罗宁根大学、英国拉夫堡大学等。

1. 国际师资团队

叶荫宇教授（斯坦福大学）、赵建良教授（香港城市大学）、胡明教授（多伦多大学）、张彬副教授（亚利桑那大学）、凌雪峰研究员（斯坦福大学转化医学中心）、道夫・麦克林尼（Doff B. McElhinney）教授（斯坦福大学）、努巴哈尔・沙里夫(Naubahar Sharif)副教授(香港科技大学)等。

2.国际合作活动

中心开展了广泛的国际合作研究,与国际学者联合发表了众多国际顶尖论文;承担国际合作项目,如与美国麻省理工学院合作开展 Systemic Risk Management of Food Supply Chains in China 的研究;召开国际会议,如同清华大学、IEEE SMC 举办了服务科学领域的高级学术会议"第 15 届服务系统和服务管理国际学术会议"(ICSSSM 2018)。中心与国内其他高校、企事业单位建立联合实验室,如"智慧交通大数据应用创新联合实验室""供应链金融联合实验室"等,率先开拓大数据研究领域,并积极主办、协办、承办多场有影响力的会议。2016 年以来,中心每年与各合作单位共同举办年终研讨会;2017 年,本中心与 SAP 公司联合主办了"浙江大学与 SAP 大学联盟中国区学术会议暨设计思维·第二届亚洲创新峰会"。同时促进企业与高校展开密切合作,如阿里巴巴、SAP、菜鸟网络、个推、数梦工场、温州中津先进科技研究院等,使数据分析和管理研究逐渐在国内外发展壮大,引起广泛关注。

(撰稿人:周伟华、张韵茹)

浙江大学信息技术与经济社会系统研究中心

历史与现状

浙江大学信息技术与经济社会研究中心于 2013 年成立,旨在为国家和地区数字经济健康发展打造政府高端智库。立足浙江实践优势,聚焦信息技术与经济社会变革,结合当前信息技术重大突破和经济社会转型升级的时代背景,通过对信息技术进步引发社会生产方式和生活方式深刻变革的作用机理的研究,持续进行经济社会重大变革影响因素的识别和发展预测。

研究中心是一个典型的文、理工交叉学科研究团队,拥有跨学科、多领域的高水平复合型研究人才,年龄与知识结构合理。研究中心为主任负责制,并设有一位主任助理负责日常管理工作。研究中心创始人刘渊教授担任中心主任，核心研究成员现有12名，以管理学院信息系统学科方向中青年教师为主，还包括控制学院、计算机学院等信息科学方向的教授组成。

中心聘请国内外专家学者担任学术顾问和兼职研究员，包括清华大学、上海交通大学、南京大学、中山大学，美国华盛顿大学、得克萨斯大学、普渡大学、西佛罗里达大学等教授。研究中心在读博士研究生20余名，包括管理科学、信息科学、公共管理等交叉学科方向。研究成员专业背景多元，在研究领域上既交叉融合又各有特色，对于支持研究中心的高质量发展提供了卓越的支撑条件。

学术研究

研究中心聚焦信息技术与经济社会变革为核心的管理科学问题，面向信息化国家战略需求，从复杂社会技术系统视角，聚焦互联网平台的资源配置和治理研究，构建宏观信息系统（McIS）理论体系。作为首席专家单位连续主持国家社会科学基金重大项目2项，提出了新兴信息技术变革特征与市场演化规律。研究成果持续刊发在国家社科基金《成果要报》《光明日报》《中国科学报》《中国社会科学报》等，对国家和地区网络与信息化建设产生重要社会影响，其政策建议得到了中央领导和国家有关部门负责同志的重视和采纳。全国哲学社会科学规划办公室编发通报，认为研究中心刘渊教授团队"自觉关注现实问题，深入开展调查研究，努力推出高质量的学术研究成果，为国家社科基金更好地服务党和国家工作大局做出了贡献"。

交流合作

以"政、产、学"协同合作为发展模式，实施"顶天立地"的三位一体运行方式，积极打造以研究平台为中心，面向政府与产业发展需求，对接世界一流大学，进行前沿学术研究和社会服务，形成高层次、多维度合作网络。

团队已与浙江省委政策研究室、浙江省经济与信息化委员会、杭州市委政策研究室、杭州市经济与信息化委员会、浙江省交通信息中心等政府部门保持紧密合作；为了更好立足浙江实践、总结浙江经验，团队已经与阿里巴巴、网易、杭州市民卡公司、滴滴公司等知名互联网企业开展深入合作，成立了“浙江省电子商务研究平台”“互联网＋公共服务研究平台”。

同时，团队瞄准国际前沿，目前已与美国华盛顿大学、普渡大学、西佛罗里达大学、得克萨斯大学、加拿大 McMaster 大学、新加坡国立大学等建立了良好的国际合作研究网络。

2017 年研究中心成功举办“云计算、大数据与数字经济高峰论坛”

研究中心每年举办“云计算、大数据与数字经济高峰论坛”。2017 年 12 月来自清华大学、哈尔滨工业大学、中山大学、美国华盛顿大学、普渡大学和浙江省社科联、浙江省委政研室、浙江省经济与信息化委员会、杭州市委政研室、杭州市经济与信息化委员会，以及阿里巴巴集团等知名企业参会，专家领导对本次高峰论坛给予高度评价，认为其主题鲜明、内容充实、时间及时、成果卓著，对于当前数字经济健康发展具有重大现实指导意义。

（撰稿人：董思怡）

浙江大学服务科学研究中心

历史与现状

浙江大学服务科学研究中心成立于 2015 年 3 月 12 日。中心以互联网、物联网、云计算、大数据等新一代信息技术的快速发展与广泛应用为背景，结合浙江省和长三角在金融、健康和养老服务等领域快速发展的区位优势，开展信息数据技术对人们行为和社会生产与生活方式影响的机理研究，开展服务产品、服务商业模式与运作模式的创新以及运营竞争策略等方面的研究，并关注促进现代服务业发展的产业政策和决定利益相关群体社会福利的公共管理政策。

中心拥有一支以复旦管理学杰出贡献奖获得者、长江学者国家自然科学杰出青年基金资助者、浙江大学求是特聘教授华中生教授为领军人物，以高在峰、刘南、徐晓燕、方红生等长江青年学者、教育部新世纪优秀人才、知名教授为各研究方向学术带头人，以大批青年教师为骨干，以博士后博士生为后备的老中青结合具有国际视野的国内领先的研究团队。目前，团队成员共 28 人（包括复旦管理学杰出贡献奖获得者 1 人、长江学者 1 人、长江青年学者 1 人、教育部新世纪人才 1 人、求是特聘教授 1 人），其中教授 6 人，副教授 8 人。

中心面向国家战略，结合浙江省的实际需求，通过系统研究，总结服务科学与现代服务产业发展的基本规律，为企业、政府与社会各界的相关管理咨询与政策咨询提供决策支持；并力争成为我国在服务科学与现代服务业发展方面重要的科研中心、管理决策咨询中心、人才培训和培养基地、资料与信息中心、开放性的研究基地。经过若干年的奋斗，成为有管理领域重要影响的研究中心。

学术研究

中心以医养结合的居家养老服务、服务型制造、基于平台的共享服务等现代服务业为场景，开展服务参与者行为特征、服务资源组织协调、数据驱动服务系统等研究。

在学术论文发表方面，近几年团队成员在多个国际高水平学术期刊上发表论文百余篇，其中在 UT/Dallas 24 顶级期刊上发表论文数篇。研究成果被管理领域国际顶尖专家保罗·齐普金(Paul Zipkin)教授、宋京生(Jingsheng Song)教授等多次引用。

在科研项目方面，团队获得国家自然科学基金委创新群体项目 1 项、重大国际(地区)合作项目 1 项、国家自然科学基金面上项目与青年项目 10 余项。

2018 年国家自然科学基金委领导考察创新研究团队

主要人物有：国家自然科学基金委管理科学部常务副主任高自友、副主任杨列勋、综合处处长李若筠、考察组专家李一军、黄丽华、陈收、未桂龙。

在学术影响力方面，中心主办国家自然科学基金委第 159 期双清论坛“数据驱动的养老服务资源组织与管理机制创新”，协办国家自然科学基金委第 166 期双清论坛“服务科学——跨学科研讨”。此外，中心还发起并成立了中国优选法统筹法与经济数学研究会之服务科学与运作管理分会，以及管理科学与工程学会之服务科学与工会研究会，每年举办一次学术研讨会，为国内外服务科学及相关领域学者的交流提供了平台。

2016 年 5 月 5—6 日于杭州主办国家自然科学基金委第 159 期双清论坛

与会领导有：国家自然科学基金委管理科学部主任吴启迪，浙江大学校长吴朝晖，基金委政策局局长郑永和，合肥工业大学杨善林院士，基金委管理科学部常务副主任李一军、副主任高自友，基金委信息科学部副主任张兆田

国际合作

中心注重国际（境外）合作，与北美、亚洲等地区的多所国际知名高校建立了合作伙伴关系，如美国明尼苏达大学、西华盛顿大学、威斯康星大学麦迪逊分校、新加坡国立大学、新加坡管理大学、香港城市大学等。

1. 国际合作学者

赛义夫·本贾法尔（Saif Benjaafar）教授（明尼苏达大学）、张喆（George Zhang）教授（西华盛顿大学）、虞义敏（Yimin Yu）副教授（香港城市大学）、王宇（Yu Wang）助理教授（新加坡管理大学）等。其中，赛义夫·本贾法尔教授和张喆教授为研究中心客座教授。

2. 国际合作活动

中心开展了广泛的国际合作研究，与国际学者发表了众多的国际顶尖论文；

承担国家自然科学基金重大国际(地区)项目;召开服务科学领域的高级学术会议“第15届服务系统和服务管理国际学术会议”(ICSSSM 2018)。

2018年举办第15届服务系统和服务管理国际学术会议

企业合作

研究中心自成立以来,与随园养老、国家电网、浙医二院、“猪八戒网”等企事业单位开展产学研合作,在企业实践中挖掘科学问题的同时为企业排忧解难。目前本研究中心正开展“基于大数据分析的设备运检策略与资源优化研究”“健康养老跨界服务的支撑理论与创新模式研究”“变压器在线监测装置实用性大数据分析技术服务”等课题的研究,申请专利11项,并已取得2项专利授权。

(撰稿人:华中生、章魏)

浙江大学神经管理学实验室

历史与现状

浙江大学神经管理学实验室建立于2006年，于2009年成为校级实验室，是国内最早从事神经管理学和神经经济学研究的专业实验室，2012年被评为浙江大学“十佳研究中心”。

神经管理学实验室目前共有教师9位，包括教授4位，副教授2位，“百人计划”研究员、博士后等。实验室创始人马庆国教授担任实验室名誉主任，汪蕾教授担任实验室主任，王求真教授和王小毅副教授担任实验室副主任，团队成员还包括陈明亮教授、徐青副教授、陈发动研究员和郑杰慧博士后。实验室在读博士研究生31名，硕士研究生5名，包括管理科学、经济学、应用心理学、认知神经科学、医学等交叉学科方向，团队成员专业背景多样化。

学术研究

实验室主要从事神经管理学方面的研究，是运用神经科学和其他生命科学技术来研究经济管理问题的国际新兴前沿领域，主要通过研究人们面对典型经济管理问题时的大脑活动与思维过程，从而以一个全新的视角来审视人类决策行为以及更为一般化的社会行为与人性。2006年，马庆国教授最早提出了“神经管理学”(Neuromanagement)研究方向，并建立了全球首个“神经管理学实验室”。近10年来，参与了神经工业工程、神经作业管理、神经人力资源管理、神经设计等新兴交叉学科的创立。

实验室的主要研究领域包括：神经决策科学、神经营销学、神经工业工程、神经信息系统、神经金融学等方面的应用性研究。实验室成立至今共发表相关学术论文200余篇，其中SCI/SSCI检索100余篇，出版专著和教材10多部。实验室曾获国家教学成果二等奖1项，省部级科学技术一等奖1项，省部级科学技术二等奖5项，省部级科技进步三等奖1项，省部级哲学社会科学成果奖7项等多项奖励。实验室先后承担了国家和省部级科研项目50余项，其中国家社会科学基金项目“基于神经经济学的不确定经济决策理论研究”和国家自然科学基金项目“基于神经营销学方法的品牌延伸认知与决策研究”均为国内学界在本领域内首次获得资助，“基于神经管理学的非常规突发事件下‘氛围—个体—群体’与‘生理—心理—行为’多层耦合规律和组合干预研究”为国家自然科学基金重大研究计划重点支持项目，“哲学社会科学方法创新研究”被列为教育部哲学社会科学研究重大课题攻关项目。

2018年11月2日至4日第六届“神经管理学与神经经济学国际会议”

实验室建设

神经管理学实验室坐落于浙江大学玉泉校区邵逸夫工商管理楼四楼，目前配置标准的神经学和行为学实验室2间，眼动仪实验室1间，拥有70导脑电ERP设备2套，40导移动便携ERP设备1台，生物反馈仪设备1套、眼动仪设备3套、近红外设备2套、远红外设备2套、神经功能调控系统1套以及压力测量分布系统2套。实验室现拥有固定资产65台件，共计592万元，其中单价在10万元以上贵重仪器14套，合计441.7万元。2017年实验室加入了学校大型仪器有偿共享平台，共计 6 套大型仪器设备加入学校大型仪器共享平台，并有 4 套设备加入浙江省科技创新云服务平台。实验室现有图书 423 册，档案资料 130 宗。

交流合作

神经管理学实验室注重国际、国内交流与合作，与遍布亚、欧、美、澳等地区的十几所国际知名高校建立了合作伙伴关系；与国内其他高校和单位建立联合实验室。

自 2008 年起，神经管理学实验室创办了具有国际影响力的“神经经济学和神经管理学国际会议”，每 2 年 1 届，至今已经成功举办了 6 届国际会议，吸引了来自美、加、德、英、荷、意、俄、瑞士、新、韩等 10 多个国家及地区的知名学者参会，使神经管理学逐渐在国内外发展壮大。实验室举办多次国内该领域的学术交流会议，在此基础上，实验室还发起成立了中国“神经管理与神经工程研究会”和“神经经济管理专业委员会”，立足国际前沿，进一步促进国内各领域相关学者的交流互动，为推进世界一流大学和一流学科建设提供思路。

除了办好国际会议，实验室团队也注重多途径开拓国际交流与合作，团队师生多次赴加州大学伯克利分校、斯坦福大学、宾夕法尼亚大学和马里兰大学进行短期交流访问，考察相关的实验室，商谈开展合作研究、教学和学生培养交流等有关合作。

人才培养

实验室先后培养了学术型博士生 50 名，硕士生 81 名。建立以本校优质本科生为基础的本科、硕博一体化持续性创新人才培养模式，带领学生开展交叉学科领域的研究探索。

在良好的团队学术氛围下，团队在人才培养上成效显著，有 4 位学生（蔡云、王凯、郑杰慧、孟亮）荣获浙江大学“竺可桢奖学金”，孟亮的博士论文获得了浙江大学优秀博士论文、浙江省优秀博士论文（人文社科领域唯一获奖者）和中国管理科学与工程学会首届优秀博士论文。1 位博士生（胡悦）毕业后直接赴德国杜塞尔多夫大学工作。很多学生都在世界各地的企业、政府、教育机构等单位上发挥着重要作用。

基于良好的团队学术氛围和卓越的人才培养成效，实验室团队于 2015 年和 2018 年 2 次获得浙江大学研究生“五好”导学团队。

汪蕾教授的 Sunshine 团队于 2018 年获得第八届研究生“五好”导学团队

社会服务

实验室团队除了发表高水平的学术成果，还将神经管理学前沿研究成果应用于实际管理工作中，服务于社会。团队将脑认知科学和神经计算引入了生产作业管理，提出了用脑神经信号评估作业人认知状态并据此改进作业管理的理论和方法；在特定领域，突破了发达国家封锁，自主开发了可穿戴式脑电采集设备和在线分析系统，解决了作业现场员工脑神经活动信息采集、过滤、分析、计算和发现规律等关键技术难题；建立了部分工种与脑力负荷相关的新 SOP（标准作业计划），并应用于华立仪表公司、中恒电气公司及特殊行业等生产车间，极大改进了企业的生产作业管理。

为了进一步推动国内神经管理学的发展，实验室还发起成立了相关的专业协会，为国内该领域相关学者和业界人士提供了重要的交流平台。2015 年 12 月，马庆国教授发起成立了中国管理科学与工程学会神经管理与神经工程研究会。马庆国教授担任研究会名誉理事长，汪蕾教授任常务副理事长，王求真教授任秘书长和常务理事，王小毅副教授任常务理事。2018 年 4 月，马庆国教授发起成立了中国技术经济学会神经经济管理专业委员会。马庆国教授受聘为专业委员会主任委员，汪蕾教授受聘为副主任委员，王求真教授、王小毅副教授受聘为常务委员，陈发动研究员受聘为副秘书长。

（撰稿人：王求真）

浙江大学质量管理研究中心

历史与现状

浙江大学质量管理研究中心是在 2009 年 6 月设立的院级质量与绩效管理研究所的基础上，于 2014 年 1 月重组，正式成为校级研究中心，研究中心是以质量为核心，集科学研究、人才培养、咨询服务为一体的跨学科专业质量研究服务机构，在质量科学领域取得了一系列重要成果，在国内外形成重要影响，成为全国质量科学领域的顶级研究机构，也是国内权威的质量功能展开（QFD）研究基地。中心充分发挥政、产、学、研合作机制，探索我国企业质量管理的成功路径和方法，为“质量强国/省/市”提供理论支撑，成为政府和企业在质量发展方面的思想智囊库和决策咨询中心。

研究中心设立 7 个专业研究所，包括卓越质量创新研究所、食品质量安全研究所、医疗质量研究所、质量工程与管理研究所、神经质量管理研究所、供应链质量研究所、软件质量研究所。

研究中心以“质量成就未来，推动中国质量迈向卓越”为使命；以“中国未来质量”的缔造者为愿景;以“开拓、创新、协作”为价值观。

学科交叉是研究中心的主要特色,拥有管理、公管、机械、医学、信息等方面的高水平学术梯队。现有教授博士生导师8人、副教授2人、博士后和硕博研究生数十名。团队成员获得多项荣誉,如获得国家自然科学基金委杰出青年基金。

管理学院熊伟教授担任中心主任,公共管理学院周洁红教授、医学院叶志弘教授、机械学院余忠华教授担任中心副主任。中心聘请日本东京大学饭塚悦功教授、德国斯图加特大学教授乔治·赫兹乌默(Georg Herzwurm)教授、日本山梨大学副校长新藤久和教授等三名国际著名质量专家担任顾问。管理学院陈学军副教授任卓越质量创新研究所所长,公共管理学院周洁红教授任食品质量安全研究所所长,医学院张幸国教授任医疗质量研究所所长,机械学院杨将新教授任质量工程与管理研究所所长,管理学院王小毅副教授任神经质量管理研究所所长,管理学院霍宝锋教授任供应链质量研究所所长,计算机学院陈刚教授任软件质量研究所所长。中心团队还包括了来自浙江大学管理学院和其他学院的老师,包括管理、公共管理、计算机、机械、医学等多个学科交叉学科方向。团队成员专业背景多样化,老师们带领学生开展与时俱进的科学研究。

学术研究

中心重点开拓质量创新、质量机理、生态质量、食品质量安全、医疗质量、供应链质量、神经质量管理学等质量科学研究新领域,同时围绕我国当前重大和热点现实质量问题展开应用研究。中心先后承担了国家自然科学基金(含重大研究计划项目、重点项目)、国家社会科学基金(含重大项目、重点项目)、国家863计划、国家973项目、国家科技重大专项、国家重大基础研究、国家教育部重大课题、国防预研项目、浙江省自然科学基金、浙江省社科规划重点课题、浙江省科技计划项目、浙江省重点质量管理课题等各类纵向项目50余项,国际合作、政府咨询及企业委托横向课题100余项。获省部级以上各类奖项10余项、主办国际国内学术会议10余次,出版专著10余部,在SSCI、SCI、EI(含世界顶级A+刊物)以及国内重要刊物等发表论文500余篇。作为中国质量协会卓越质量丛书,出版《质量机能展开》(熊伟著,化学工业出版社2005年版),《质量功能展开——从理论到实践》（熊伟著，科学出版社 2009 年版），《质量功能展开——理论与方法》（熊伟著，科学出版社 2013 年版），《质量创新——基于质量功能展开的系统方法》（熊伟著，中国标准出版社 2015 年版）等系列 QFD 专著，成为目前中国几乎所有 QFD 研究和实践的参考书。

系列 QFD 专著

合作交流

中心注重国际、国内交流与合作，与亚、欧、美等地区的多所国际知名高校建立了合作伙伴关系，如东京大学、斯图加特大学、新加坡国立大学、香港城市大学等;与国内其他高校、单位开展交流。

研究中心继2015年承办21届国际质量功能展开研讨会之后,自2016年起创办了具有学术和企业影响力的系列“亚洲质量功能展开与创新研讨会”,一年一届,吸引了来自美、日、德、英等10多个国家及地区的知名学者,包含东京大学、斯图加特大学、密西根大学、新加坡国立大学、台湾“清华大学”、台湾中原大学、香港城市大学、香港科技大学等,同时有清华大学、上海大学等国内数十所高校师生,以及中国航天、中航工业、中国兵器、中船重工、中国商飞、第一汽车、海尔、徐工、潍柴动力、敦煌研究院、厦门航空、华西医院、台湾桓达科技、台湾广运集团等数百家知名企业高层领导和质量总监与会,使质量功能展开(QFD)逐渐在国内发展壮大,引起广泛关注,该研讨会已成为国际QFD领域规模最大、水平最高的交流平台。在此基础上,中心作为创始成员发起成立亚洲质量功能展开协会(AQFDA),立足国际前沿,进一步促进国内质量领域相关学者的交流互动,为推进世界一流大学和一流学科建设提供支持。

社会服务

在QFD推广方面,2008年举办了第十四届国际质量功能展开研讨会,2011年又在浙大团队的策划下由中国质量协会与浙江大学共同主办了2011中国QFD与创新论坛,浙大质量研究中心承办的2015年第二十一届国际质量功能展开研讨会(浙大紫金港),2016年起每年举办的系列国际会议,又将中国QFD研究与实践推上了新的高度。熊伟教授为中国质量协会(长春、武汉、上海QFD培训班)、深圳市质量协会、珠海质量协会等协会讲授QFD公开课,应邀为香港第十二届品质大会、2012全日本质量与标准化大会等作QFD专题报告数十场。为中国航天、中航工业、中船重工、中国兵器、中国电信、第一汽车、东风神龙汽车、海马汽车、海尔集团、海信集团、美的集团、鞍山钢铁、万科房地产、云南烟草、娃哈哈、横店集团、金蝶软件、福建电力、英博啤酒、正泰电器等众多大型企业提供QFD培训和咨询。

QFD应用实践方面,在浙江省质量技术监督局的支持下,中心辅导浙江省数十家企业应用QFD并获得“浙江省质量创新项目”的资助。2014年至2018年每年一期的“浙江制造”训练营中,有数百家企业应用了QFD理论。中心咨询了全国数十家企业的 QFD 应用项目。目前中国在汽车、机械、电器、生物、药品、医院、房地产、软件、玻璃纤维、教育、餐饮、旅游等领域均有 QFD 应用案例。

此外，中心主任熊伟教授等担任中国国家质量奖，浙江省、江苏省、安徽省、云南省、山西省、上海市、重庆市、南京市、无锡市、常州市、宁波市、温州市、丽水市、金华市、台州市、嘉兴市、杭州市等数十省市政府质量奖评审组长。

中心为深圳市、浙江省质量技术监督局、温州市质量强市领导小组、丽水市质量技术监督局、湖州市政府、洞头县政府、嘉兴开发区、金华开发区等地方政府部门开展讲座，及各类质量大讲堂等公益演讲百余场。

（撰稿人：熊伟、陈川）

浙江大学物流与决策优化研究所

历史与现状

浙江大学物流与决策优化研究所的前身是浙江大学决策优化研究所（原杭州大学决策优化研究所）。为响应国内外物流业的迅速发展，2004 年 9 月，在浙江大学决策优化研究所的基础上成立了浙江大学物流与决策优化研究所（校级研究所），刘南教授担任所长，邓明荣副教授、熊伟教授担任副所长。浙江大学物流与决策优化研究所（以下简称浙大物流研究所）主要研究方向有：物流与供应链管理、航运物流运输、质量管理、运营管理、管理信息系统和决策支持系统以及计算机集成制造系统（CIMS）。研究所现有科研人员 12 人，其中教授 4 人、副教授 5 人、讲师 3 人，其中教育部新世纪优秀人才 1 人、国家优秀青年基金获得者 1 人。航运物流运输方向所属的管理科学与工程学科（国家重点一级学科）2015 年 12 月入选浙江大学高峰学科建设支持计划（全校仅 20 个）。

浙江大学物流与决策优化研究所部分成员

学术研究

近5年来，浙大物流研究所主持了国家社会科学基金重大项目1项、国家自然科学基金重大研究计划（培育项目）1项，国家自然科学基金面上项目、国家社会科学基金项目10多项、教育部基金和浙江省社科基金项目多项。同时，浙大物流研究所长期以来致力于为地方政府（浙江省发改委、浙江省交通运输厅等）和龙头企业（浙江省物产集团公司、传化集团、杭州富日物流有限公司、荣盛集团等）提供研究咨询服务，包括近年来成功地为世界500强企业浙江省物产集团公司提供供应链物流与决策优化咨询服务，帮助物产集团制定物流产业发展战略规划，取得了良好的经济效益和社会效益。

在科研成果方面，浙大物流研究所在管理学TOP期刊 *Operations Research*, *Manufacturing & Service Operation Management*, *Production and Operations Management* 等发表论文6篇，在国际核心学术期刊（SSCI、SCI）上发表论文20多篇，出版专著10多部；荣获省部级科技成果二等奖2项、三等奖5项。浙大物流研究所在论著、项目和获奖3个方面均取得了丰硕的成果，在全校文科研究所中名列前茅。根据《2018浙江大学文科发展报告》数据统计，浙大物流研究所在文科71个校级研究所总量结果排名中，2016—2018年度分别名列第6名、第9名和第11名；在文科研究所人均量结果排名中，浙大物流研究所表现更加突出，2015—2018年度连续4年名列文科研究所前5名。

合作交流

浙大物流研究所与国内外知名高校的进行了紧密的合作交流。与上海交通大学、东南大学建立了一个针对应急风险管理的跨学校跨院系的学术交流平台，于2010年、2013年、2016年和2019年，先后承办了第4届、第7届、第10届和第12届运营管理与应急管理学术研讨工作坊。国际上与美国密歇根大学、华盛顿大学、范德堡大学、托莱多大学，瑞典哥德堡大学，加拿大不列颠哥伦比亚大学，新加坡南洋理工大学，澳大利亚塔斯马尼亚大学、澳大利亚海运学院，韩国首尔国立大学、中央大学等开展学术交流。承办了第七届全球供应链管理大会（7th Global Supply Chain Management Conference，中国杭州，2015年3月27—29日），学术声誉在国内处于领先地位，在国际上也形成了一定影响力。

在人才国际化培养方面，浙大物流研究所积极参与浙大管理学院与瑞典哥德堡大学商业、经济与法律学院的物流运输科学硕士交换项目（Master of Science in Logistics and Transport Management），连续6学年（2013—2019年）先后派出6位博士生：肖骁、陈红、龚梓翔、丁潇涵、张羽、朱丽媛，全部获得哥德堡大学授予的硕士学位。其中，陈红博士生表现优异，获得哥德堡大学优秀硕士学位论文奖，之后还获得浙大管理学院优秀博士学位论文奖。

在管理学院的支持下，浙大物流研究所与浙大海洋学院开展校内跨学科合作，帮助海洋学院筹建海洋物流研究所，引进海外人才，制定海洋物流学科规划。浙大物流研究所积极援建温州现代物流学院，所长刘南教授担任该院名誉院长，在教学、科研、专业建设、人才培养及社会服务等方面支持温州现代物流学院的建设和发展，带动省内兄弟院校学科发展。

浙大物流研究所积极响应学校和学院政策，与全球学科排名第一的香港理工大学物流及航运学系开展航运物流领域合作，于2014年4月成立了“浙江大学—

香港理工大学航运及物流管理国际研究中心”(International Centre for Maritime and Logistics Management，简称 ICMLM)，浙大常务副校长宋永华教授与理大常务及学务副校长陈正豪教授共同签署了合作备忘录，刘南教授任中心联席主任(浙江大学)，吕锦山教授任中心联席主任(香港理工大学)。

ICMLM 结合两校办学优势，推动两校在航运物流学术研究、学生发展等方面的合作与交流。中心联席主任刘南教授连续 3 年赴香港理工大学交流，分别出席 3 个国际学术会议并担任分会主席：国际航运、港口与机场论坛(IFSPA，2014)，全球港口研究联盟会议(GPRA，2015)，“一带一路”物流与海运研究会议(OBOR，2016)。浙大物流研究所博士生何雨璇获得了香港理工大学—浙江大学联合培养博士学位。航运物流中心举办了“一带一路”海运物流国际论坛(International Forum on Maritime Logistics of One Belt One Road，中国杭州，2017 年 4 月 23 日)，刘南教授和吕锦山教授共同担任大会主席。

(撰稿人：刘南)

第九章
其他机构

《管理工程学报》

简　介

《管理工程学报》创刊于1988年，由教育部管理工程教学指导委员会委托浙江大学主办，是我国管理学界最早的学术刊物之一，被国家自然科学基金委员会管理科学部认定为管理科学A级重要期刊，同时也是中国科学院文献情报中心认定的管理科学类重要期刊。学报同时被《中文社会科学引文索引》(CSSCI)、《中国科学引文数据库》(CSCD)、《中文核心期刊要目总览》收录。2012—2017年连续6年入选“中国最具国际影响力学术期刊”。2018年入选“中国国际影响力优秀学术期刊”。2018年被浙江大学增补为文科类国内一级学术期刊。

《管理工程学报》编委会由全国管理学界的优秀专家和海外著名学者组成，发表论文涵盖供应链与物流管理、信息技术与电子商务、制造与运作管理、技术与创新管理、金融工程与公司财务、战略管理、人力资源与组织管理、决策科学、行为经济学、营销管理、项目管理等诸多领域，旨在反映我国管理科学、教育及科研的最新成果，提出重大管理问题，引导我国管理工程的发展。

学报自创刊至2019年，一直是季刊，每期约230—250页。自2020年起改为双月刊，以满足学科发展的需要。目前稿源丰富，稿件质量不断提高。2016年以来，为适应新形势下学术期刊发展的需要，学报先后进行了中英文网站改版升级、开设微信公众号、创刊30周年宣传、编委会换届和设置专题负责人、与中国知网合作网络首发等新举措，增强了出版时效和宣传力度，进一步提高了学报影响力。

《管理工程学报》的创办来之不易。1987年，当教育部管理工程教学指导委员会决定创办我国首个与系统工程并列的管理类期刊时，许多著名高校都参与了主办权的争夺。当时，管工系系主任许庆瑞教授召集了教育部管理工程教学指导委员会的部分专家教授在浙江大学专题讨论办刊事宜，并得到了西安交通大学汪应洛教授等高校专家教授以及教育部朱传礼处长的支持，再加上浙江大学校领导的扶持，才得以把《管理工程学报》的办刊权落实到当时的浙江大学管工系。之后上报科技部审批刊号又经历了漫长的等待，经过层层审批，终于在1988年拿到国家新闻出版局的正式刊号。当时与管理工程教学指导委员会达成的共识是：《管理工程学报》是由教育部管理工程教学指导委员会委托浙江大学主办，学报的编委会由各重点高校的知名专家学者构成。因此，学报出版许可证上的主办单位是浙江大学，主管单位是教育部。在每年的新闻出版管理部门对期刊的年检中，学报的年检表上要盖两个章，一个是“浙江大学”的章，另一个是“教育部”的章。由于盖教育部的章每次要去北京，而浙江大学本身的级别已足够作为“主管单位”，后来，在征得有关部门同意后，就将“主管单位”也改成了“浙江大学”。

《管理工程学报》创办至今32年了，在许庆瑞院士引领下，学报一步一个脚印地走来，取得了长足的发展。期间有不少老师呕心沥血辛勤工作，在完成教师本职工作的同时，为学报的发展默默地奉献出自己的心血，如蒋绍忠老师、翁永麟老师、顾新一老师、卢向南老师。这些老师分别在不同时期担任学报的副主编，为学报的发展做出了重要的贡献。其中蒋绍忠老师从学报创刊起就担任副主编；卢向南老师从学报创刊起就投入到学报的工作，自2000年起担任副主编。

学报创办32年来，编委会共进行了7次换届。随着新老交替，不断有管理学科各个领域杰出的专家学者补充进编委会。仅以在浙大工作的教授为例，2005年吴晓波教授、陈劲教授进入编委会并担任副主编；2018年魏江教授、周伟华教授进入编委会。从2018年起聘请曾是浙大校友的外籍教授卫军(Jun Wei)担任编委和副主编，为提升学报的国际影响力做出贡献。

期刊编委会

1. 主编许庆瑞院士

许庆瑞院士为浙江大学管理学院资深教授，博士生导师，我国技术与创新管理研究领域的开拓者之一。2007 年当选中国工程院院士，2008 年荣获首届中国管理科学特殊贡献奖，2011 年荣获第六届中国管理大会终身成就奖，历任国务院学位委员会学科评议组成员、国家教委管理工程教学指导委员会副主任、浙江大学创新与发展研究中心主任等。1987 年着手创办《管理工程学报》（试发行），1988 年正式创刊，后担任主编至今。

2. 编委会换届与沿革

（1）1988 年创刊编委会成员

主任委员：汪应洛；副主任委员：许庆瑞

顾问（以姓氏笔画为序）：王亚强　周志诚　翟立林

委员（以姓氏笔画为序）：

万海川　王嘉霖　厉以京　印邦炎　卢爱珠　许庆瑞　朱传礼　刘惠生
陈一青　李开运　汤正如　汪应洛　陈　金　沈荣芳　谷宝贵　金广林
杨秀苔　杨德荣　郑绍濂　洪宝华　钱仲侯　徐国华　徐南荣　顾昌耀
梁雄健　黄洁纲　黄梯云　黄擎明　蒋绍忠　傅家骥

主编：许庆瑞；副主编：蒋绍忠

（2）1992 年 12 月编委会换届

因部分委员退休或年事已高，增选沈明、张全寿、何伯森、范煦、宣家骥、徐大图、翁永麟为编委会成员；任命翁永麟为常务副主编。

（3）1998 年 6 月编委会第二次换届

因部分委员退休或去世，第三届编委会增选顾新一为编委；任命顾新一为常务副主编。

(4)1999 年 1 月编委会第三次换届

因部分委员退休或去世，第四届编委会增选陈良猷、赵纯均为编委会成员。

(5)2000 年 7 月编委会第四次换届

因顾新一委员调离，第五届编委会增选卢向南为编委会成员；任命卢向南为常务副主编。

(6)2005 年 1 月编委会第五次换届

编委会进行了大规模换届，吸收更多国内外年轻专家和学者加入编委会；组成以郭重庆院士为首的顾问委员会。第六届编委会成员如下。

主任委员：汪应洛；副主任委员：许庆瑞

委员(以姓氏拼音为序)：

陈荣秋　陈　劲　陈国青　陈宏民　陈超(Chao Chen)　陈晓红　邓荣霖
顾新一　胡祥培　黄梯云　黄海军　贾建民　蒋绍忠　厉以宁　李　垣
李维安　李一军　李明芳(Mingfang Li)　梁雄健　刘常勇(Changyung,Liu)
卢向南　马士华　齐二石　邱菀华　石涌江(Yongjiang Shi)　盛昭翰
宋学锋　唐小我　王浣尘　王其藩　王启安(Wong Kie Ann)　汪应洛
汪寿阳　吴晓波　吴冲锋　吴世农　席酉民　谢　旻(Xie Min)　许庆瑞
徐二明　杨建梅　尤建新　张宗益　张　维　曾　勇　郑绍濂　郑祖康
郑渝生(Yusheng Zheng)　赵纯均　赵曙明

主编：许庆瑞；副主编：蒋绍忠、吴晓波、陈　劲、卢向南(常务)

顾问委员会

主任委员：郭重庆；副主任委员(以姓氏拼音为序)：李京文、刘源张、王众托、徐寿波

委员(以姓氏拼音为序)：

陈金贤　陈良猷　傅家骥　范　煦　谷宝贵　何伯森　洪宝华　黄擎明
厉以京　李一智　李开运　刘惠生　沈荣芳　沈　明　汤正如　万海川
王嘉霖　徐南荣　宣家骥　杨秀苔　杨德荣　张全寿　朱传礼

(7)现任编委会

2018 年 1 月因部分委员退休或年事已高，编委会进行换届并吸收更多国内外年轻专家和学者加入。现任编委会成员如下。

主任委员：汪应洛；副主任委员：许庆瑞

委员(以姓氏拼音为序)：

陈　劲　陈国青　陈宏民　陈晓红　丁烈云　高自友　胡祥培　华中生
黄海军　黄丽华　贾建民　康长杰（Hang Chang Chieh）　李　垣
李维安　李一军　李仲飞　刘业政　卢向南　毛基业　盛昭翰
石涌江（Yongjiang Shi）　侍乐媛（Leyuan Shi）　宋学锋　谭跃进　唐立新
汪寿阳　汪应洛　王　帆　卫　军（Jun Wei）　魏　江　魏一鸣　吴冲锋
吴世农　吴晓波　席酉民　谢　旻（Min Xie）　徐玖平　许庆瑞　叶　强
叶匡时　尤建新　余玉刚　张　维　张　燕（Yan Anthea Zhang）
张　跃（Yue Zhang）　张宗益　曾　勇　赵曙明　郑渝生（Yusheng Zheng）
仲伟俊　周伟华　朱桂龙

主　编：许庆瑞；副主编：吴晓波、陈　劲、卫　军（Jun Wei）、卢向南（常务）

专题编委：

物流与供应链管理	胡　明、李勇建、杨　翼
信息技术与电子商务	刘　娜、蔡　舜、陈　熹
金融工程与公司财务	张卫国、肖炜麟
技术与创新管理	康长杰、高旭东、吴晓波
战略管理	杨海滨、路江涌、刘景江
人力资源与组织管理	刘　武、梁　建、谢小云
制造与运作管理	石涌江、蒋　炜、金庆伟
决策科学	Xin Chen、胡祥培、王明征
行为管理学	钟松发、杨春雷、汪　蕾
营销管理	王　青、蒋青云、周欣悦
项目管理	董　岩（Yan Dong）、王守清、寿涌毅

顾问委员会

主任委员：郭重庆

副主任委员（以姓氏拼音为序）：

李京文、刘人怀、王众托、徐寿波、杨善林

委员（以姓氏拼音为序）：

陈金贤　陈良猷　范　煦　谷宝贵　洪宝华　黄擎明　蒋绍忠　李开运
李一智　厉以京　刘惠生　邱菀华　沈荣芳　汤正如　万海川　王浣尘
王嘉霖　王重鸣　徐南荣　宣家骥　杨德荣　杨秀苔　张全寿　赵纯均
朱传礼

 学报主要年度大事记、获奖和荣誉

- 1996 年，被"中国科学引文数据库"（CSCD）收录（1996—2010 及 2017 年至今，2011—2016 年因管理类期刊归入社科分类未收录，2017 年后重新收录）。
- 1998 年，被"中国社会科学引文索引"（CSSCI）收录（后每年收录）。
- 2000 年，与中国学术期刊（光盘版）电子杂志社（中国知网）签订入网协议书。
- 2003 年，与万方数据股份有限公司签订入网协议。
- 2004 年，被《中国社会科学引文索引》（CSSCI—2003）选用为来源期刊（后每年收录）。
- 2008 年，被评为"中国人文社会科学核心期刊"（2008 年版）核心期刊（后每年入选）。被列入《中文核心期刊要目总览》（后每年入选）。被中国学术期刊评价委员会评为"RCCSE 中国核心学术期刊"。
- 2009 年，与"中国人民大学书报资料中心"（复印报刊资料）签订转载协议。与"重庆维普"（《中文科技期刊数据库》）签署收录协议。
- 2012 年，被评为"2012 中国最具国际影响力学术期刊"。
- 2013 年，被评为"2013 中国最具国际影响力学术期刊"。在第三届《中国学术期刊评价研究报告（武大版）（2013—2014）》中被评为"RCCSE 中国核心学术期刊"。
- 2014 年，被评为"2014 中国最具国际影响力学术期刊"。
- 2015 年，被评为"2015 中国最具国际影响力学术期刊"。
- 在第四届《中国学术期刊评价研究报告（武大版）（2015—2016）》中被评为"RCCSE 中国核心学术期刊（A）"。
- 2016 年，被评为"2016 中国最具国际影响力学术期刊"。被"超星期刊域出版平台"全文收录。
- 2017 年，被《中国核心期刊（遴选）数据库》收录（2017—2022）。被评为"2017 中国最具国际影响力学术期刊"。

管理工程学报"2017 中国最具国际影响力学术期刊"证书

- 2018 年，被评为"2018 中国国际影响力优秀学术期刊"，被浙江大学增补为文科类国内一级学术期刊。

（撰稿人：卢向南）

浙江大学—香港理工大学联合中心

"浙江大学—香港理工大学联合中心"前身为"浙江大学—香港理工大学国际企业培训中心"，经国家教育部批准于 1997 年正式成立，选址于浙江大学玉泉校区。2007 年，因发展的需要，中心迁址于浙江大学西溪校区。2015 年，因中心定位的变化，两校决定将中心更名为"浙江大学—香港理工大学联合中心"。

中心成立

1.历史背景

1997 年 10 月，时任浙江大学校长的潘云鹤和香港理工大学校长的潘宗光正式签署了两校第一个合作办学协议，决定成立“浙江大学—香港理工大学国际企业培训中心”，以发挥两校各自的优势，促进内地企业的发展，培养具国际化视野的中高级管理人才。

浙江大学—香港理工大学国际企业培训中心成立
浙江大学校长潘云鹤(右)和香港理工大学校长潘宗光(左)

2005 年，为了配合国家教育部对合作办学提出的新要求，妥善解决两校合作办学过程中出现的新情况、新问题，浙江大学校长潘云鹤和香港理工大学校长潘宗光重新签订两校合作办学协议，以继续推动两校合作办学达致更高水平。

2015年，浙江大学党委书记金德水和香港理工大学校长唐伟章再次签订两校合作协议，旨在将两校合作领域扩展到学科共建、合作研究、联合培养双博士及多层次的学生交流等方面，共同提升两校在国际上的地位。同年，两校决定将中心更名为“浙江大学—香港理工大学联合中心”。

2015年 杭州黄龙饭店 浙江大学—香港理工大学联合中心更名发布仪式

左5—左1：浙江大学常务副校长宋永华、党委副书记严建华、管理学院院长吴晓波、研究生院常务副院长王家平、计财处处长胡素英

右5—右1：香港理工大学副校长阮曾媛琪、酒店及旅游学院副院长宋海岩、建设及环境学院副院长沈岐平、工商管理学院副院长许品斯、中国内地事务总监罗璇

2. 运行模式

根据两校合作协议，中心为两校合作办学非独立法人的管理机构，具体负责合作办学项目的管理和实施。

中心的决策机构为监督委员会，决定两校合作办学的重大事项。监督委员会成员为浙江大学和香港理工大学各4人，成员任期为2年。

中心的工作协调机构为管理委员会，决定中心运行管理中的问题。管理委员会成员为浙江大学和香港理工大学各 4 人，成员任期为 2 年。

监督委员会和管理委员会各设主席和副主席 1 人，由浙江大学和香港理工大学轮流担任，每 2 年轮换 1 次。监督委员会原则上每年举行 1 次会议，管理委员会原则上每年举行 2 次会议。

浙江大学和香港理工大学分别委托浙江大学管理学院和香港理工大学中国内地事务处(CMAO)具体负责管理和协调中心的日常事务。

中心发展

1.学位项目

1998 年，首期“品质管理”硕士(QM)学位教育项目获国务院学位办批准并开办至今。

2000 年，首期“酒店及旅游业管理”硕士(HTM)学位教育项目获国务院学位办批准并开办至今。

2001 年，首期“护理学”学士(BSN)学位教育项目获国务院学位办批准，共承办 4 期。于 2005 年始，停止招生。

2002 年，首期“国际房地产”硕士(IRE)学位教育项目获国务院学位办批准并开办至今。

2004 年，首期“高级管理人员工商管理”硕士(EMBA)学位教育项目获国务院学位办批准，共承办 5 期。于 2012 年始，停止招生。

2013 年，首期“酒店及旅游管理”博士(D. HTM)学位教育项目获教育部批准开办至今。

2.项目评估

2001 年，“品质管理”硕士(QM)学位教育项目和“酒后及旅游业管理”硕士(HTM)学位教育项目，首次接受国务院学位办专家组评估并获优异成绩顺利通过。

2002 年，“护理学”学士(BSN)学位教育项目接受国务院学位办专家组评估并以优异成绩顺利通过。

2003年，“国际房地产”硕士（IRE）学位教育项目顺利通过了英国皇家特许测量师学会（RICS）的评估。

2006年，品质管理硕士（QM）、酒店及旅游业管理硕士（HTM）、国际房地产硕士（IRE）、高级管理人员工商管理硕士（EMBA）及护理学学士（BSN），5个学位教育项目全部通过教育部复核。

2014年，品质管理硕士（QM）、酒店及旅游业管理硕士（HTM）、国际房地产硕士（IRE），3个学位教育项目全部通过教育部评估。

2017年，酒店及旅游管理博士学位教育项目通过教育部评估。

除学位项目以外，中心还通过召开高峰论坛、开展短期培训项目等形式促进学术交流及人才培养，自成立以来，中心承办10余次高峰论坛，开设几十个短期培训项目。

中心现状

2015年，两校共同决定将中心正式更名为“浙江大学—香港理工大学联合中心”。新的联合中心将突破原有合作办学的模式和框架，从对接世界一流学科的新高度，重新赋予新的历史使命——学科共建、科研合作、联合培养、学生发展和校友互动。从这一新的战略定位出发，联合中心将逐步实现自身的创新和转型，以便更好地服务于两校的发展战略。

1.学科共建/科研合作

2015年，浙江大学书记金德水与香港理工大学校长唐伟章教授签订两校合作协议，两校领导一致认可两校合作的成果，希望在学科和科研合作方面有进一步的深入发展。

在双方的共同努力下，我校与香港理工大学就航运及物流管理学术研究、学科建设和学生培养等方面达成合作意向，两校联合成立“浙江大学—香港理工大学航运及物流管理国际研究中心”（简称ICMLM）。时任浙江大学常务副校长的宋永华和香港理工大学常务副校长陈正豪代表双方签署了合作备忘录。

为了支持两校学科建设及学生交流的健康发展，2013年2月两校监督委员会通过“相关学科及学生发展扶持基金管理办法”。联合中心出资，进一步推进两校师生的学科共建、科研合作及学生发展。在中心资助下，近年参与两校学科建设与科研合作的分别有2013年“浙江大学香港理工大学博士生研究交流”项目、2013年“旅游学科提升与高等教育的成功学科”建设项目一期、2015年“旅游学科提升与高等教育的成功学科”建设项目二期、2016年“旅游学科提升与高等教育的成功学科”建设项目三期、2016年“中心发展战略规划”项目、2016年“浙江大学—香港理工大学国际物流研究中心建设”项目等。中心共出资1108500元。

2.联合培养

经教育部批准，两校合作开设了酒店及旅游管理博士(D. HTM)学位教育项目、品质管理硕士(QM)学位教育项目、酒店及旅游业管理硕士(HTM)学位教'国际房地产硕士(IRE)学位教育项目、护理学理学士(BSN)学位教育项目、高级管理人员工商管理硕士(EMBA)学位教育项目。截至2018年7月，累计已培养了2614名业界高级管理人员。各个项目的课程设计注重多学科交叉，着眼于实战应用，采用当前行业典型案例与前沿理论相结合的教学方式，并积极在海内外高等学府(IRE项目赴英国剑桥大学、荷兰代尔夫特理工大学访学)、知名跨国企业(QM项目赴日本访学)开拓“第二课堂”，帮助学员有效提升专业经验、管理技巧及领导力。

两校联合培养双学位博士生项目，由浙江大学选派优秀的在读博士生赴香港理工大学学习1年半时间，完成两校各自的学位课业和论文要求，即可获得两校各自的学位。该项目极大地促进了浙江大学博士生项目的培养质量，深受两校师生的欢迎。截至2018年，共有16位浙江大学博士生(其中10位为管理学院博士生)获此机会赴香港理工大学参加联合培养双学位博士项目，其中3位学生(其中2位为管理学院博士生)已经毕业并获得双学位。

3.学生发展

近年来，中心积极拓展服务功能，将两校师生交流、社会企业交流合作、浙港文化交流等作为出发点和落脚点。2012年至今，共接待香港学生交流团7批/次，300余人。来杭实习生189人。2015年始，中心还协同两校推广“Service Learning”，参与人数共计1664人，为高校与社会搭建服务平台。2017年，第二届创新创业海峡两岸暨香港地区研习营，浙大、台大和理大学生共同参与，培养学生跨区域、跨文化背景交流协作的视野和能力。

4.校友互动

截至2017年，两校已合作培养了约3000名具有国际竞争力的各界管理、技术精英，其中不乏具有影响力的行业领袖和成功企业家。目前，中心已相继成立了杭州、上海、宁波/舟山、广东、北京等地区校友联谊分会。2017年，浙江大学创校120周年、香港理工大学创校80周年及浙江大学—香港理工大学联合中心成立20周年庆典之际，正式成立了浙江大学—香港理工大学联合中心校友联谊会，形成了精英荟萃的校友网络，为促进校友全方位的互动交流与合作发展提供了高端平台。

中心将继续紧紧围绕酒店及旅游管理学科、航运物流学科和质量管理学科的建设，高层次师资队伍培养、多边（国际）合作，双学位博士联合培养等。

历届负责人

丁益（1998年3月—2002年6月）
杜红（2002年7月—2013年12月）
徐伟青（2014年1月至今）

（撰稿人：毛琦）

第三篇　成果和荣誉

第十章 教学与教学成果

专业建设和招生规模

表 10-1　1978—2019 年管理学院各类学生招生人数一览①

年份	专科	本科	会计硕士	农业推广硕士	工程硕士	MBA	EMBA	科学硕士	博士	小计
1978		64								64
1979		61						10		71
1980	43	114								157
1981	46	118						6		170
1982	101	112						6		219

① 数据取自历年《浙江大学年鉴》。

续表

年份	专科	本科	会计硕士	农业推广硕士	工程硕士	MBA	EMBA	科学硕士	博士	小计
1983	249	145						13		407
1984	298	145						12		455
1985	241	142						35		418
1986	61	139						15		215
1987	28	127						16	4	175
1988	14	225						19		258
1989		135						21		156
1990		134						29		163
1991		214						26		240
1992		131						22		153
1993		123						54		179
1994		196				14		42	8	265
1995		228				105		29	15	379
1996		283				69		48	27	427
1997		242				56		85	28	411
1998		322				182		98	43	645
1999		383				248		103	40	774
2000		309				272		118	76	775
2001		270				378		164	78	890

续表

年份	专科	本科	会计硕士	农业推广硕士	工程硕士	MBA	EMBA	科学硕士	博士	小计
2002		307				331		184	77	899
2003		281				237	67	212	78	875
2004		321			135	216	100	255	75	1102
2005		306			131	288	96	270	78	1169
2006		335			116	289	165	205	69	1179
2007		290			115	324	167	182	50	1128
2008		340		23	54	302	183	178	47	1127
2009		248		55	116	322	162	127	41	1071
2010		252		19	117	284	149	116	37	974
2011		242		8	69	308	137	108	50	922
2012		268	15	8	50	308	81	93	42	865
2013		220	20	10	31	381	69	7	63	801
2014		216		5	30	381	117	2	53	804
2015		220	25	10		346	119	10	75	805
2016		210	28			361	200	19	63	881
2017		207	34			497	21	56	64	879
2018		205	26			500	42	50	60	883
2019		259	27			505	72	32	66	961
合计	1081	9089	175	138	964	7504	1947	3077	1407	25382

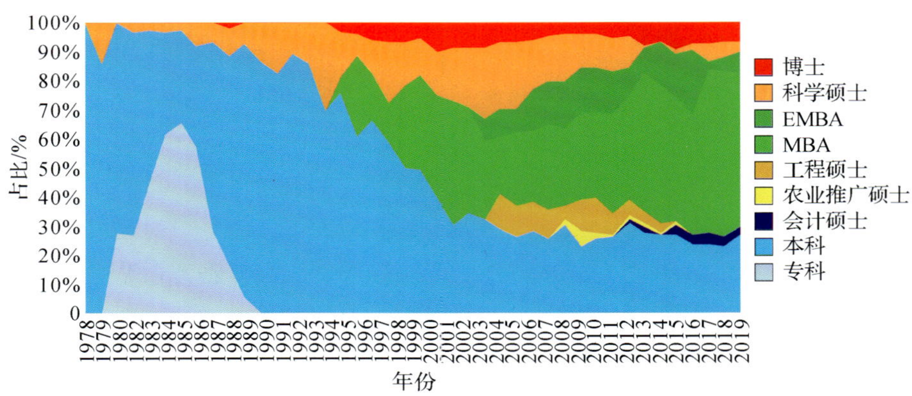

图 10-1　1978—2019 管理学院各类学生人数构成比例

（资料取自历年《浙江大学年鉴》）

教学成果获奖项目

表 10-2　国家级教学成果获奖项目

序号	获奖时间	项目名称	项目完成人	评定等级	备注
1	2009	“管理科学与工程”学科研究生学位论文规范和评判参考标准	马庆国　杨德礼　李京文　汪　蕾　陈宏民　吴晓波　胡旭初　胡祥培　魏　江　陈明亮	2	联合申报：浙江大学、大连理工大学、上海交通大学

续表

序号	获奖时间	项目名称	项目完成人	评定等级	备注
2	2018	研究型大学基于创新的创业教育体系研究与20年实践	严建华　吴晓波　尹金荣　魏　江　邬小撑　邱利民　林伟连　陈凯旋　金一平　徐小洲　高　峰　郭　斌　寿涌毅　刘向东　郭继强　江全元　周文文　邵明国　张　林　朱佐想　吴维东　任聪静　王璐莎	1	
3	2018	《管理概论》	邢以群	1	国家级精品在线开放课程
4	2019	《创新管理》	郑　刚　郭　斌　金　珺　杜　健　刘　洋	1	国家级精品在线开放课程

表10-3　省部级教学成果获奖项目

序号	获奖时间	项目名称	项目完成人	评定等级	备注
1	1997年	《企业战略管理》(教材)	项保华	1	
2	2001年	《管理学》(教材)	许庆瑞　吴晓波　陈　劲　徐金发　邢以群	1	
3		运筹学多媒体课件系统	蒋绍忠	2	
4		《现代营销管理》(教材)	张大亮　范晓屏　阮志毅	2	
5	2005年	未来企业家培育工程——浙江大学本科创新创业强化班创建与实践	吴晓波　陈　劲　魏　江　王瑞飞　周永明	2	

续表

序号	获奖时间	项目名称	项目完成人	评定等级	备注
6		“管理科学与工程”学科研究生学位论文规范和评判参考标准	马庆国 杨德礼 李京文 汪 蕾 陈宏民 吴晓波 胡旭初 胡祥培 魏 江 陈明亮	1	联合申报：浙江大学、大连理工大学、上海交通大学
7	2009 年	浙江大学“多通道、阶梯式、复合型”高层次管理学类精英人才培养模式探索与实践	王重鸣 卫龙宝 王瑞飞 楼程富 吴晓波 孙建平 胡旭初 宋国民 李小东 谢小云 沈 燎	2	
8		以科研平台为支撑的大学生社会实践模式、以“三农”科研平台为支撑的大学生社会实践模式	黄祖辉 钱文荣 阮俊华 郭红东 徐旭初 张栋梁	2	申报口：中国农村发展研究院
9	2014 年	浙江大学全球化创业管理精英人才跨国协同培养模式的创新与实践	吴晓波 严建华 王重鸣 张 钢 卫龙宝 陈 超 李贤红 寿涌毅	2	
10	2016 年	创新为本，创业引领：浙江大学创新与创业管理强化班十八年探索与实践	吴晓波 邱利民 魏 江 寿涌毅 金一平 王瑞飞 郭 斌 郭继强 凌春华 方 毅 杨 泱 戚 译 杜 健	1	
11		求是强鹰开创人才培养的“无边界共同体”	阮俊华 王承超 潘 蕾 张川霞 陈 璞	2	

表 10-4　校级教学成果奖获奖项目

序号	获奖时间	项目名称	项目类别	项目完成人	评定等级	备注
1	1993—1994 年	《技术经济与企业管理》	教材	项保华　王世良　凌春华	2	
2		《证券投资》课程教学的内容更新与完善	教学质量	姚　铮	2	
3	1995—1996 年	市场营销学教学方法的研究与实践	教学改革与质量	范晓屏	3	
4		《中国证券投资理论》	教材	袁禹治　姚　铮　任伟珠	3	
5	1997—1998 年	青年教师优秀教学奖	教学改革与质量	王瑞飞	3	
6		《实用国际贸易与实务课程》	教材	严素静	3	
7		计算机辅助管理基础 Internet 教程	CAI	张建林	3	
8		研究生素质培养教育研究	优秀管理奖	王瑞飞	3	
9	2000 年	《管理原理与现代企业管理》(教材)		和丕禅　徐立幼　徐萍平　姚朝晖　孟林华	1	
10		《管理学》(教材)		许庆瑞　吴晓波　陈　劲　徐金发　邢以群	1	
11		《现代营销管理》(教材)		张大亮　范晓屏　阮忘毅	1	
12		研究生课程进修班规范化管理系统		胡旭初　齐汇汇　宋海清　张建林	1	

续表

序号	获奖时间	项目名称	项目类别	项目完成人	评定等级	备注
13	2000 年	现代管理基础课程教学效果研究		周耀烈	2	
14		“工程经济与管理”课程创新研究		周耀烈	2	
15	2004 年	多课程整合教学法的理论与实践——PDMM		范晓屏　严素静　胡旭初　王世良	1	
16		战略管理——艺术与实务（教材）		项保华	1	
17		创新与创业管理人才培养		吴晓波　陈　劲　魏　江　王瑞飞　周永明	1	申报单位为：竺可桢学院
18		《饭店管理》（教材）		蒋丁新　黄浏英　杨富荣　陈天来　陆军良	2	
19		基于网络的导师用研究生培养指导信息系统		刑以群　张大亮　胡旭初　胡谨卿　田　园	2	
20	2008 年	研究生学位论文质量保证与创新管理		齐汇汇　来　丽　李庆之　胡旭初　宋海清	2	
21		浙江大学“多通道、阶梯式、复合型”高层次管理学类精英人才培养模式探索与实践		王重鸣　卫龙宝　王瑞飞　吴晓波　孙建平	1	
22		管理科学与工程学科博士论文规范和评判参考标准		马庆国	1	
23		普通高校电子商务本科专业知识体系建设与创新实践		陈德人　王　东　刘　渊　徐海林　郑小林	1	联合申报：计算机学院、经济学院、管理学院

续表

序号	获奖时间	项目名称	项目类别	项目完成人	评定等级	备注
24	2008 年	三界联动、东西互动、需求导向:MPA 能力建设研究		张 曦 陈子辰 严建华 姚先国 徐 林	1	申报单位为:公管学院
25		创新创业型本科生培养的摇篮		吴晓波 陈 劲 魏 江 楼程富 金一平	1	申报单位为:竺可桢学院
26		依托平台,体察国情,服务社会——“三位一体”的大学生实践教学模式探索		黄祖辉 钱文荣 阮俊华 郭红东 徐旭初	1	申报单位为:中国农村发展研究院
27		以提升综合素质为核心的动态匹配学生工作体系探索		王瑞飞 蔡 荃 沈 燎 史璐燕 宋淳江等	2	
28		应用统计学课程内容及教材改革		马庆国	2	
29		构建符合国际标准的 MBA 教育质量控制体系的探索与实践		王重鸣 应 飚 贾生华 李小东 范晓屏	2	
30	2012 年	本科课程组织化教学模式的探索与实践		邢以群 鲁柏祥 张大亮 周洁红 徐 青	1	
31		浙江大学全球化创业管理精英人才跨国协同培养模式的探索与实践		吴晓波 王重鸣 张 钢 卫龙宝 陈 超 李贤红 寿涌毅 徐伟青 黄晓雯 马 金 谭 澄	1	联合申报:管理学院、法国里昂商学院、美国百森商学院
32		基于 TRIZ 的创新发明实践课程探索		朱 凌 姚 威 顾 征 郑 刚	2	联合申报:公共管理学院 管理学院

续表

序号	获奖时间	项目名称	项目类别	项目完成人	评定等级	备注
33	2016 年	以学生为中心的体验式教学模式的系统探索		邢以群　鲁柏祥　施　杰　陈随军　周洁红　张大亮　杜　红　刘景江　戚振江　周亚庆　黄浏英　杜　健　唐素萍　徐　青　姚卫红　章重远　张世琪	1	
34		求是强鹰开创人才培养的“无边界共同体”		阮俊华　王承超　潘　蕾　张川霞　陈璞	1	
35		基于创新的创业人才培养生态体系的构建（IEEE）：浙江大学创新与创业强化班实践		吴晓波　邱利民　魏　江　寿涌毅　金一平　王瑞飞　郭　斌　方　毅　杨　泱	1	联合申报：竺可桢学院、管理学院
36		基于学习成果导向理念的农林经济管理专业实践教学模式的探索与应用		钱文荣　黄祖辉　张国平　阮建青　郭红东　金少胜	2	联合申报：管理学院、新农村发展研究院、中国农村发展研究院
37		以硅谷创业实验室（Venture Lab）为载体的国际化、实践浸入式科技创业教育新模式探索		郑　刚　周伟华　邬爱其　窦军生　王　颂	2	

（资料取自历年《浙江大学年鉴》）

第十一章

科学研究和研究成果

承担高层次项目，开展高水平研究，产出高价值成果是研究型大学管理学院的使命。据不完全统计，几十年来，学院教师共承担了300余项国家级项目，获160项政府奖，这些数据从一个侧面反映了浙大管理学院的发展历程，反映了浙大管院人秉承浙江大学求是创新的校训，勇立潮头，开拓进取的精神以及服务国家，服务社会，推动学科发展的担当。

表 11-1　浙江大学管理学院科研项目一览

序号	项目名称	负责人	项目周期始	项目周期末	任务下达单位	总经费（万元）	项目成员（单）
1	防洪减灾计算机辅助专家决策系统	卢可源	1992-07-01	1994-12-01	国家科学技术委员会	10	王申康、谢敦礼、鲍永广等
2	我国旅游市场竞争规则	陈　纲	1996-04-01	2000-05-01	全国哲学社会科学规划办公室	8.18	陈　纲
3	我国税收制度的改革和税收征管问题研究	贾生华	1997-07-01	2001-06-01	国家自然科学基金委	1.5	贾生华
4	消费者管理理论与研究方法	张大亮	1998-01-01	2000-12-01	国家自然科学基金委	7.6	张大亮
5	我国国有企业经营管理基本规律的研究	许庆瑞	1998-01-01	2000-12-01	国家自然科学基金委	50	许庆瑞、石　瑛、黄擎明
6	人力资源质量评估与测算方法研究	袁利金	1998-01-01	2000-12-01	国家自然科学基金委	8	袁利金
7	中国土地非农化机制研究	贾生华	1998-01-01	2000-12-01	国家自然科学基金委	8	贾生华
8	计算机犯罪问题研究	翁贤明	1998-01-01	2000-01-01	全国哲学社会科学规划办公室	6.6	翁贤明
9	杭州制氧机集团有限公司 CIMS 应用示范工程	汪伟机	1998-05-01	1999-12-01	国家科学技术委员会	114	汪伟机、沈祖志、李　浩等
10	转型时期我国农业产业化经营的组织创新与制度安排	黄祖辉	1999-01-01	2001-12-01	国家自然科学基金委	9	黄祖辉
11	企业技术创新审计及高标定位研究	陈　劲	1999-01-01	2001-12-01	国家自然科学基金委	8.5	陈　劲

续表

序号	项目名称	负责人	项目周期始	项目周期末	任务下达单位	总经费（万元）	项目成员（单）
12	动态综合能力结构和分布式内隐知识模型	王重鸣	1999-01-01	2001-12-01	国家自然科学基金委	10	王重鸣
13	基于核心能力构建和培育的企业购并模式研究	魏　江	1999-01-01	2001-12-01	国家自然科学基金委	8.5	魏　江
14	我国高技术产业风险投资市场现状与发展研究	马庆国	1999-01-01	2001-12-01	国家自然科学基金委	9	马庆国
15	21 世纪长江三角洲区域旅游经济发展战略研究	周玲强	1999-01-01	2001-01-01	全国哲学社会科学规划办公室	1.4	周玲强
16	我国产业风险投资体系的构建及其相关政策研究	郭　斌	1999-05-01	2000-05-01	全国哲学社会科学规划办公室	3	郭　斌
17	新知识经济：新的经济增长点与长江三角洲的战略选择	马庆国	1999-05-01	2000-04-01	全国哲学社会科学规划办公室	1	马庆国
18	我国产业风险投资体系的构建及其相关政策研究	郭　斌	1999-05-01	2000-03-01	全国哲学社会科学规划办公室	3	郭　斌
19	新产品开发决策支持系统的营销设计研究	范晓屏	1999-07-10	2002-07-10	国家自然科学基金委	0	范晓屏
20	ZRCC-CIMS 应用示范工程	孙伟君	1999-09-01	2000-12-01	国家科学技术委员会	138	孙伟君、沈祖志、邓明荣、李　浩、叶福根、吴红梅等

续表

序号	项目名称	负责人	项目周期始	项目周期末	任务下达单位	总经费（万元）	项目成员（单）
21	我国制造业的全球化与二次创新战略研究	吴晓波	2000-01-01	2002-12-01	国家自然科学基金委	8.6	吴晓波
22	中国通信产业的双赢竞争战略研究	吴晓波	2000-01-01	2000-12-01	国家自然科学基金委	1.5	吴晓波
23	基于核心能力的企业竞争优势理论及其在管理中的应用	郭　斌	2000-01-01	2002-12-01	国家自然科学基金委	8	郭　斌
24	中国通信产业技术创新的高标定位研究	陈　劲	2000-01-01	2000-12-01	国家自然科学基金委	5	陈　劲
25	企业金融工程管理技术研究	姚　铮	2000-01-01	2002-12-01	国家自然科学基金委	8.7	姚　铮
26	我国绿色技术创新审计的理论与实证研究	杨发明	2000-01-01	2002-12-01	国家自然科学基金委	8	杨发明
27	中小企业资本结构实证研究	贾生华	2000-01-01	2000-12-01	国家自然科学基金委	1	贾生华
28	发达地区农村外来劳动力和移民的综合管理研究	卫龙宝	2000-01-01	2000-05-01	全国哲学社会科学规划办公室	1	卫龙宝
29	电子商务发展规律与我国电子商务发展战略研究	宝贡敏	2000-07-01	2002-09-01	全国哲学社会科学规划办公室	5	宝贡敏
30	经济全球化与中国农业企业跨国发展	潘伟光	2000-07-01	2002-10-01	全国哲学社会科学规划办公室	4	潘伟光
31	乡镇企业制度管理创新与竞争力提高问题研究	宝贡敏	2000-08-01	2001-07-01	国家自然科学基金委	5	宝贡敏

续表

序号	项目名称	负责人	项目周期始	项目周期末	任务下达单位	总经费（万元）	项目成员(单)
32	乡镇企业发展与农发收入、身份、地位变动:历史、现状	黄祖辉	2000-08-11	2001-07-11	国家自然科学基金委	2	黄祖辉
33	以提高知识工作者效能为核心的人力资源管理新模式研究	许庆瑞	2001-01-01	2003-12-01	国家自然科学基金委	11	许庆瑞
34	电子商务背景下综合胜任力与虚拟团队绩效研究	王重鸣	2001-01-01	2003-12-01	国家自然科学基金委	10	王重鸣
35	以转型为背景的企业成长理论研究	宝贡敏	2001-01-01	2003-12-01	国家自然科学基金委	12.3	宝贡敏
36	农业发展可持续性的评估指标体系及其应用研究	张忠根	2001-01-01	2003-12-01	国家自然科学基金委	12.5	张忠根
37	多国化战略与公司业绩关联研究	项保华	2001-01-01	2003-12-01	国家自然科学基金委	12	项保华
38	我国发展电子商务政策与策略研究	马庆国	2001-01-01	2003-12-01	国家自然科学基金委	15	马庆国
39	我国衍生金融工具风险的会计披露模式研究	郑明川	2001-01-01	2003-12-01	国家自然科学基金委	12	郑明川
40	中国通信行业技术人员激励研究	许庆瑞	2001-01-01	2001-12-31	国家自然科学基金委	2.8	许庆瑞
41	高速公路社会效益的定量分析方法与应用研究	刘　南	2001-06-01	2002-09-01	全国哲学社会科学规划办公室	5.2	刘　南
42	中小企业信用担保制度安排的经济金融绩效实证研究	姚明龙	2002-01-01	2002-12-31	国家自然科学基金委	3	姚明龙

续表

序号	项目名称	负责人	项目周期始	项目周期末	任务下达单位	总经费（万元）	项目成员（单）
43	种子产业化创业投资运行机制和市场规制研究	袁　飞	2002-01-01	2002-12-31	国家自然科学基金委	4	袁　飞
44	基于企业顾客互动的中国电信制造业快速创新系统研究	魏　江	2002-01-01	2002-12-31	国家自然科学基金委	1.5	魏　江
45	中国农业合作组织理论与实证研究	郭红东	2002-01-01	2004-12-31	国家自然科学基金委	14	郭红东
46	应对 WTO 我国企业技术创新国际化研究	陈　劲	2002-01-01	2002-12-31	国家自然科学基金委	3	陈　劲
47	基于知识平台的企业技术能力整合和激活机理研究	魏　江	2002-01-01	2004-12-31	国家自然科学基金委	15	魏　江
48	我国复杂产品系统创新过程及评估体系研究	陈　劲	2002-01-01	2004-12-31	国家自然科学基金委	15	陈　劲
49	中小企业融资风险与管理对策实证研究	贾生华	2002-01-01	2002-12-31	国家自然科学基金委	2	贾生华
50	粮食市场化改革的农业结构变动效应及对策研究	陆文聪	2002-07-01	2003-12-01	全国哲学社会科学规划办公室	6.5	陆文聪
51	生物技术对农产品国际贸易格局的影响及中国对策研究	马述忠	2003-01-01	2005-12-30	国家自然科学基金委	14	马述忠
52	中国农产品质量安全管理体系建设及地方适应性机制研究	杨万江	2003-01-01	2005-12-30	国家自然科学基金委	15	杨万江

续表

序号	项目名称	负责人	项目周期始	项目周期末	任务下达单位	总经费（万元）	项目成员（单）
53	企业与员工关系及高科技人才管理的研究	王端旭	2003-01-01	2005-12-30	国家自然科学基金委	15	王端旭
54	中国农业经营风险决策与管理对策研究	陆文聪	2003-01-01	2005-12-30	国家自然科学基金委	15	陆文聪
55	技术范式转变期的企业知识管理研究	吴晓波	2003-01-01	2005-12-30	国家自然科学基金委	15	吴晓波
56	基础研究源头创新及其管理政策研究	葛朝阳	2003-01-01	2003-12-30	国家自然科学基金委	5	葛朝阳
57	基于现实期权的新产品开发组合管理研究	郭　斌	2003-01-01	2005-12-30	国家自然科学基金委	14	郭　斌
58	技术创新与管理	陈　劲	2003-01-01	2006-12-31	国家自然科学基金委（杰出）	70	陈　劲
59	产业演进中民营企业持续成长的因素和机制研究	贾生华	2003-01-01	2003-12-31	国家自然科学基金委（应急）	5	贾生华
60	基于人与组织多层互动匹配的企业家成长机制与创业环境	王重鸣	2003-01-01	2006-12-30	国家自然科学基金委（重点）	90	王重鸣
61	我国企业信用评估机构：实践、问题及目标取向	董旭升	2003-10-01	2004-09-01	国家自然科学基金委	4	董旭升
62	扭转工农之间、城乡之间、地区之间差别扩大趋势问题研究	黄祖辉	2003-10-01	2005-07-01	全国哲学社会科学规划办公室	7	黄祖辉

续表

序号	项目名称	负责人	项目周期始	项目周期末	任务下达单位	总经费（万元）	项目成员（单）
63	农民收入多元化态势与农民阶层分化的互动关系研究	林　坚	2003-10-01	2004-10-01	全国哲学社会科学规划办公室	5.6	林　坚
64	转型背景下的企业诚信与企业竞争优势关系研究	宝贡敏	2003-10-01	2006-03-01	全国哲学社会科学规划办公室	7	宝贡敏
65	重大工业事故与大城市火灾防范及应急技术研究	王　辉	2004-01-01	2005-12-01	国家科学技术部	20	王　辉、谢敦礼、李　浩、袁　飞
66	工作压力作用效能定位诊断与多相测评方法研究	许小东	2004-01-01	2006-12-01	国家自然科学基金委	15	许小东
67	分布式内隐绩效模型和绩效评估的效能研究	陈学军	2004-01-01	2006-12-01	国家自然科学基金委	15	陈学军
68	企业组织中的知识冲突及其管理研究	张　钢	2004-01-01	2006-12-01	国家自然科学基金委	14	张　钢
69	中国订单农业发展的理论与实证研究	郭红东	2004-01-01	2006-12-01	国家自然科学基金委	16	郭红东
70	支撑新一代 CRM（客户关系管理）软件的基础理论研究	陈明亮	2004-01-01	2006-12-01	国家自然科学基金委	14.6	陈明亮
71	我国国债经济绩效评测及其边界研究	杨义群	2004-01-01	2006-12-01	国家自然科学基金委	14	杨义群
72	我国生鲜食品物流系统构建中的组织与制度研究	黄祖辉	2004-01-01	2006-12-01	国家自然科学基金委	15	黄祖辉
73	客户关系价值的管理技术研究	张大亮	2004-01-01	2006-12-01	国家自然科学基金委	14.5	张大亮

续表

序号	项目名称	负责人	项目周期始	项目周期末	任务下达单位	总经费（万元）	项目成员(单)
74	对华反倾销预警系统研究	卓　骏	2004-01-01	2006-12-01	国家自然科学基金委	14	卓　骏
75	全面创新管理(TIM)的系统建构与形成机理研究	许庆瑞	2004-01-01	2006-12-01	国家自然科学基金委	16	许庆瑞
76	基于决策过程的信任形成与建构机制研究	严　进	2004-01-01	2006-12-01	国家自然科学基金委	14	严　进
77	技术跨越的基本理论与技术跨越规划评估研究	马庆国	2004-01-01	2006-12-01	国家自然科学基金委	15	马庆国
78	知识密集型服务业知识创新轨迹与范式研究	魏　江	2004-01-01	2006-12-01	国家自然科学基金委	15	魏　江
79	中小企业信用管理体系建设研究	孙伯灿	2004-01-01	2005-10-31	全国哲学社会科学规划办公室	6	孙伯灿、包迪鸿、刘超英、房定坚、王为农
80	我国现代物流发展的问题及对策研究	刘　南	2004-01-01	2005-08-31	全国哲学社会科学规划办公室	6	刘　南、沈祖志、赵成锋、沐　潮、曹雪军
81	农村土地适度规模经营及其相关问题研究	钱文荣	2004-01-01	2005-10-31	全国哲学社会科学规划办公室	6	钱文荣、蒋文华、邵　峰、朱志良
82	解决中国“三农”问题的理论、思路与对策研究	黄祖辉	2004-01-01	2006-12-31	全国哲学社会科学规划办公室	40	黄祖辉

续表

序号	项目名称	负责人	项目周期始	项目周期末	任务下达单位	总经费（万元）	项目成员（单）
83	城市道路系统多时段次优拥挤定价的效率和公平问题研究	刘　南	2005-01-01	2007-12-01	国家自然科学基金委	16	刘　南
84	基于WSR系统方法论的企业复杂价值工程/价值管理理论与新方法研究（转出）	张彩江	2005-01-01	2007-12-01	国家自然科学基金委	15	张彩江
85	基于农村居民迁移行为分析的城市化道路研究	钱文荣	2005-01-01	2007-12-01	国家自然科学基金委	14	钱文荣
86	软件质量功能展开理论及实现技术研究	熊　伟	2005-01-01	2007-12-01	国家自然科学基金委	15	熊　伟
87	资源约束下多项目调度问题研究	寿涌毅	2005-01-01	2007-12-01	国家自然科学基金委	15	寿涌毅
88	区域产业演进中企业集群化成长模式与机制实证研究	贾生华	2005-01-01	2007-12-01	国家自然科学基金委	16	贾生华
89	城市化进程中农村基本养老保险制度的构建、转化及管理体制研究	杨翠迎	2005-01-01	2007-12-01	国家自然科学基金委	14	杨翠迎
90	促进旅游业快速健康发展研究——以分时度假研究为切入点	王婉飞	2005-06-13	2007-07-25	全国哲学社会科学规划办公室	7	王婉飞、孟　春、魏小安、陈　纲、胡　敏、翟　涛、董长云

续表

序号	项目名称	负责人	项目周期始	项目周期末	任务下达单位	总经费（万元）	项目成员（单）
91	外国直接投资与中国制造业边缘化——机理与对策研究	吴晓波	2006-01-01	2008-12-31	国家自然科学基金委	20	吴晓波
92	知识密集型产业新产品开发过程中的隐性知识管理	郭　斌	2006-01-01	2008-12-31	国家自然科学基金委	16.5	郭　斌
93	全球化背景下中国粮食供求区域均衡机理与政策研究	陆文聪	2006-01-01	2008-12-31	国家自然科学基金委	16.5	陆文聪
94	中小企业创业胜任力与创业行为的适应性匹配研究	杜　红	2006-01-01	2008-12-31	国家自然科学基金委	18	杜　红
95	价值工程（VE）中的复杂系统隐喻（SM）：基于实证的香港与广东建筑项目	张彩江	2006-01-01	2008-12-31	国家自然科学基金委	15.5	张彩江
96	影响企业知识共享与整合（KSI）的主要（典型）文化、习惯、社会	宝贡敏	2006-01-01	2006-12-31	国家自然科学基金委	7	宝贡敏
97	集群企业的本地网络与成长阶段动态匹配机制研究	邬爱其	2006-01-01	2008-12-31	国家自然科学基金委	16	邬爱其
98	企业自主创新的模式研究	赵晓庆	2006-01-01	2008-12-31	国家自然科学基金委	18	赵晓庆
99	农业水权转让的条件及其对农村发展的影响	韩洪云	2006-01-01	2008-12-31	国家自然科学基金委	16	韩洪云

续表

序号	项目名称	负责人	项目周期始	项目周期末	任务下达单位	总经费（万元）	项目成员（单）
100	我国农民收入地区间差异的成因、适度性及其调控方式研究	林　坚	2006-01-01	2008-12-31	国家自然科学基金委	16	林　坚
101	人力资源开发中性别歧视问题的实证研究	颜士梅	2006-08-24	2007-12-31	全国哲学社会科学规划办公室	7	颜士梅、徐伟青
102	鼓励东部地区产业向中西部地区转移研究	朱允卫	2006-08-24	2007-10-30	全国哲学社会科学规划办公室	7	朱允卫
103	依法流转土地承包经营权研究	丁关良	2006-08-24	2007-10-01	全国哲学社会科学规划办公室	8	丁关良、蒋文华、韦　坚
104	发展农村专业合作经济组织研究	徐旭初	2006-08-24	2008-06-30	全国哲学社会科学规划办公室	8	徐旭初、郭红东
105	促进城镇化健康发展的理论与对策——基于农村工业化与城镇化互动关系的研究	卫龙宝	2006-08-24	2007-06-30	全国哲学社会科学规划办公室	8	卫龙宝、汪　晖、张蔚文、徐　加
106	我国科技型新创企业的技术创业模式研究	刘景江	2007-01-01	2009-12-30	国家自然科学基金委	16	刘景江
107	我国城市政府门户网站绩效评价体系研究	刘　渊	2007-01-01	2009-12-30	国家自然科学基金委	18	刘　渊

续表

序号	项目名称	负责人	项目周期始	项目周期末	任务下达单位	总经费（万元）	项目成员（单）
108	开放条件下种粮农户价格风险释放机制研究	卫龙宝	2007-01-01	2009-12-30	国家自然科学基金委	18	卫龙宝
109	团队共享心理模型的发展演化及其效能模式研究	谢小云	2007-01-01	2009-12-30	国家自然科学基金委	18	谢小云
110	产业化进程中蔬菜质量安全管理机制研究	周洁红	2007-01-01	2009-12-30	国家自然科学基金委	18	周洁红
111	创业型并购中知识员工整合风险的阶段特征及控制模式研究	颜士梅	2007-01-01	2009-12-30	国家自然科学基金委	18	颜士梅
112	基于声誉管理的企业软实力提升研究	徐金发	2007-01-01	2009-12-30	国家自然科学基金委	20	徐金发
113	基于六力互动的企业社会资本与动态能力构建研究	项保华	2007-01-01	2009-12-30	国家自然科学基金委	16	项保华
114	网络环境下组织模块化设计研究	张　钢	2007-01-01	2009-12-30	国家自然科学基金委	18	张　钢
115	过程观视角下家族企业代际传承的关键成功因素与作用机理实证研究	贾生华	2007-01-01	2009-12-30	国家自然科学基金委	18	贾生华
116	我国典型文化因素（现象）对高技术创新团队创新绩效的影响：有我国文化特色的有竞争力	宝贡敏	2007-01-01	2009-12-30	国家自然科学基金委	19	宝贡敏

续表

序号	项目名称	负责人	项目周期始	项目周期末	任务下达单位	总经费（万元）	项目成员（单）
117	政府客户关系管理基础理论及其在电子政务中的应用研究	陈明亮	2007-01-01	2009-12-30	国家自然科学基金委	18	陈明亮
118	我国重点行业自主创新现状和提高能力对策:以战略高技术产业和新兴产业为例	刘景江	2007-09-24	2008-12-30	全国哲学社会科学规划办公室	7.5	刘景江、周亚庆
119	农村劳动力流动对流出地的影响及相关政策研究——以西部地区为例	万华根	2007-09-24	2009-07-01	全国哲学社会科学规划办公室	8	万华根
120	加快农村社会保障体系建设研究——着重推进中西部地区建设的理论、思路与对策	杨翠迎	2007-09-24	2008-08-30	全国哲学社会科学规划办公室	9	杨翠迎、米　红
121	建设服务型政府研究——基于地方政府公共服务能力视角的实证分析	张　钢	2007-09-26	2008-12-31	全国哲学社会科学规划办公室	9	张　钢、周生春、王建安
122	加快征地制度改革——集体建设用地使用权市场发育模式与配套政策研究	贾生华	2007-09-26	2009-07-01	全国哲学社会科学规划办公室	9	贾生华、王世良
123	我国旅游业资源开发和保护问题研究——旅游景区饭店对景区环境质量影响研究	陆均良	2007-09-26	2009-12-31	全国哲学社会科学规划办公室	9	陆均良、叶　欣、黄浏英、陈天来

续表

序号	项目名称	负责人	项目周期始	项目周期末	任务下达单位	总经费（万元）	项目成员(单)
124	建设现代农业的问题与对策——基于东部沿海地区的实证分析	杨万江	2007-10-30	2008-12-31	全国哲学社会科学规划办公室	13	杨万江、卫龙宝、朱允卫
125	农业企业汇率风险反应行为与应对策略研究	黄祖辉	2008-01-01	2010-12-31	国家自然科学基金委	21	黄祖辉
126	基于人与组织匹配的组织变革行为与战略决策机制研究	王重鸣	2008-01-01	2011-12-31	国家自然科学基金委	100	王重鸣
127	城市应急物流中不完全扑灭的多商品分配问题研究	刘　南	2008-01-01	2010-12-31	国家自然科学基金委	20	刘　南
128	中国制造业产业自主创新能力动态演化的影响机制研究	郭　斌	2008-01-01	2010-12-31	国家自然科学基金委	20	郭　斌
129	基于全球化制造网络的我国企业 ODI 战略研究	吴晓波	2008-01-01	2010-12-31	国家自然科学基金委	18	吴晓波
130	文化根植性与产业集群演变轨迹的关联机理研究	魏　江	2008-01-01	2010-12-31	国家自然科学基金委	20	魏　江
131	中国农民专业合作社成长机理与发展对策研究	郭红东	2008-01-01	2010-12-31	国家自然科学基金委	23	郭红东
132	基于神经营销学方法的品牌延伸认知与决策研究	马庆国	2008-01-01	2010-12-31	国家自然科学基金委	20	马庆国

续表

序号	项目名称	负责人	项目周期始	项目周期末	任务下达单位	总经费（万元）	项目成员（单）
133	农村社区生活垃圾管理问题研究	叶春辉	2008-01-01	2010-12-31	国家自然科学基金委	18	叶春辉
134	软件可信性需求分析及其过程控制与管理模式研究	熊　伟	2008-01-01	2010-12-31	国家自然科学基金委	50	熊　伟
135	从二次创新到开放式全面创新——中国特色自主创新道路研究	许庆瑞	2008-05-05	2010-12-30	全国哲学社会科学规划办公室	50	许庆瑞、吴晓波、魏　江、陈菲琼、赵晓庆、寿涌毅、郑　刚、朱　凌、吴结兵
136	中国特色农业现代化道路研究	卫龙宝	2008-05-20	2009-12-30	全国哲学社会科学规划办公室	15	卫龙宝、杨万江
137	新农村建设中浙江省农村社会组织的发展现状及对策研究	韩玲梅	2008-07-01	2010-04-30	全国哲学社会科学规划办公室	8	韩玲梅、张英魁、薛志义、张　霞、刘小锋、王　祥
138	山村旅游业可持续发展问题研究	周永广	2008-07-01	2010-06-30	全国哲学社会科学规划办公室	10	周永广、张环宙、周亚庆、应天煜、马金涛、姜佳将
139	加强农产品质量安全研究	周洁红	2008-07-01	2009-12-31	全国哲学社会科学规划办公室	9	周洁红、杨万江、金少胜、周祥胜、姜励卿、赵建欣、叶俊焘、张仕都
140	进城农民工子女融入城市生活问题研究	叶春辉	2008-07-01	2010-07-01	全国哲学社会科学规划办公室	10	叶春辉、韩洪云、张林秀、徐志刚、王学渊、杨增旭、林木喜

续表

序号	项目名称	负责人	项目周期始	项目周期末	任务下达单位	总经费（万元）	项目成员（单）
141	西方经济学前沿发展：基于神经经济学的不确定经济决策理论研究	马庆国	2008-07-01	2010-05-01	全国哲学社会科学规划办公室	10	马庆国、舒良超、李典典、孙　元、王　凯、冯彦东、沈　强
142	中国资本市场GCO行为：信息解读、自我预言实现及其决策机制研究	韩洪灵	2009-01-01	2011-12-31	国家自然科学基金委	15	韩洪灵
143	内隐特质、安全氛围与人员安全行为多层关系研究	周　帆	2009-01-01	2011-12-31	国家自然科学基金委	16	周　帆
144	面向多类随机需求的多级装配系统的最优协同控制策略研究	周伟华	2009-01-01	2011-12-31	国家自然科学基金委	17	周伟华
145	企业新产品开发过程中技术与非技术要素全面协同的机理与模式研究	郑　刚	2009-01-01	2011-12-31	国家自然科学基金委	18	郑　刚
146	中国区域协调发展、治理结构与农村公共投资	黄祖辉	2009-01-01	2011-12-31	国家自然科学基金委	20	黄祖辉
147	电子商务环境下的客户信任与决策行为阶段模型研究	严　进	2009-01-01	2011-12-31	国家自然科学基金委	24	严　进
148	医疗情景下医患知识转移机制与策略研究	张大亮	2009-01-01	2011-12-31	国家自然科学基金委	23	张大亮

续表

序号	项目名称	负责人	项目周期始	项目周期末	任务下达单位	总经费（万元）	项目成员(单)
149	企业研发团队成员变动影响团队创造力的中介机制研究	王端旭	2009-01-01	2011-12-31	国家自然科学基金委	25	王端旭
150	全面建设小康社会的社会主义新农村建设研究	卫龙宝	2009-04-01	2011-12-31	全国哲学社会科学规划办公室	40	卫龙宝、顾益康、郁建兴、杨万江、张忠根、林　坚
151	中国特色农业现代化道路的科学内涵、支撑体系和政策选择研究	杨万江	2009-04-01	2011-12-31	全国哲学社会科学规划办公室	50	杨万江、杨春华、张冬平、傅新红、郭红东、朱允卫
152	宅基地制度体系创新与分区域、分类型、分阶段的改革路径研究	贾生华	2009-04-01	2011-12-31	全国哲学社会科学规划办公室	15	贾生华、丁关良、田传浩、叶艳妹、朱柏铭、宋　彦
153	我国先进制造业发展战略研究	吴晓波	2009-04-01	2011-12-30	全国哲学社会科学规划办公室	17	吴晓波、陈小洪、郭　斌、黄先海、寿涌毅、刘景江
154	面向“物联网”的未来网络技术发展战略研究	刘　渊	2009-11-30	2010-07-01	国家自然科学基金委	20	刘　渊
155	我国资源环境税收政策研究	韩洪云	2009-12-30	2012-12-31	全国哲学社会科学规划办公室	20	韩洪云、钱水苗、杨万江、张蔚文、叶春辉
156	中小食品企业未采纳 HACCP 的成因、支付意愿与政策研究	金少胜	2010-01-01	2012-12-31	国家自然科学基金委	18	金少胜
157	信贷约束与市场分割：基于微观计量模型的经验研究	刘西川	2010-01-01	2012-12-31	国家自然科学基金委	17	刘西川

续表

序号	项目名称	负责人	项目周期始	项目周期末	任务下达单位	总经费（万元）	项目成员（单）
158	基于神经管理学的非常规突发事件下“氛围—个体—群体”与“生理—心理—行为”多层耦合规律和组合干预研究	马庆国	2010-01-01	2012-12-31	国家自然科学基金委	150	马庆国
159	基于组群信息刷新的非常规突发事件资源配置优化决策研究	刘　南	2010-01-01	2012-12-31	国家自然科学基金委	35	刘　南
160	影响企业知识共享与整合的主要（典型）文化因素（现象）作用机理及其管理研究	宝贡敏	2010-01-01	2012-12-31	国家自然科学基金委	26	宝贡敏
161	食品安全危机下的消费者风险评估与购买决策：基于神经营销学的研究	王小毅	2010-01-01	2012-12-31	国家自然科学基金委	18	王小毅
162	基于复杂网络和多 agent 的多元客户智能融合方法研究	陈明亮	2010-01-01	2012-12-31	国家自然科学基金委	26	陈明亮
163	中国民营企业家族与公司双重治理模式研究	陈　凌	2010-01-01	2012-12-31	国家自然科学基金委	26	陈　凌
164	全球制造网络视角下 ODI 对本土企业技术创新绩效的影响研究	杜　健	2010-01-01	2012-12-31	国家自然科学基金委	17	杜　健

续表

序号	项目名称	负责人	项目周期始	项目周期末	任务下达单位	总经费（万元）	项目成员（单）
165	家族企业传承过程中企业家知识的代际转移机理研究	窦军生	2010-01-01	2012-12-31	国家自然科学基金委	19	窦军生
166	超集群学习与集群企业持续成长机制研究	邬爱其	2010-01-01	2012-12-31	国家自然科学基金委	24	邬爱其
167	创业企业的高绩效工作系统构建与绩效促进模式研究	臧　志	2010-01-01	2012-12-31	国家自然科学基金委	16	臧　志
168	危机引发制造业产业集群升级的机理研究	阮建青	2010-01-01	2012-12-31	国家自然科学基金委	16	阮建青
169	发展中国家包容性创新体系研究——理论构建与实证分析	吴晓波	2010-01-01	2012-12-31	国家自然科学基金委	100	吴晓波
170	我国农村土地承包经营权流转问题实证研究	丁关良	2010-07-01	2014-07-31	全国哲学社会科学规划办公室	20	丁关良、李长健、韩学平、蒋文华、童日晖、蒋　莉、葛　斐
171	中国家族企业人力资源管理模式研究	颜士梅	2010-07-01	2012-12-30	全国哲学社会科学规划办公室	20	颜士梅、Fang Lee Cooke、张小林、朱纪平、窦军生、李朱明、陈　抱
172	食用农产品质量安全监管机制研究：以质量安全追溯体系建设为切入点	周洁红	2010-10-21	2012-07-31	国家自然科学基金委	15	周洁红

续表

序号	项目名称	负责人	项目周期始	项目周期末	任务下达单位	总经费（万元）	项目成员(单)
173	整顿和规范房地产市场秩序的制度设计、政策分析和路径选择研究	贾生华	2010-11-20	2013-12-31	全国哲学社会科学规划办公室	20	贾生华、温海珍、田传浩
174	信息技术进步引发社会生产方式和生活方式深刻变革的机理与对策研究	刘　渊	2010-11-20	2013-12-31	全国哲学社会科学规划办公室	70	刘　渊、盛晓明、王　珺、丘海雄、郭　斌、袁雨飞、许小东、汪　蕾、陈　熹、王小毅
175	“十二五”时期调整城乡结构和推进城镇化研究	钱文荣	2010-11-20	2013-12-31	全国哲学社会科学规划办公室	70	钱文荣、郑有贵、卫龙宝、顾益康、丁关良、叶春辉
176	制造型企业组织服务导向模型构建及其多层次效应研究	戚振江	2011-01-01	2013-12-31	国家自然科学基金委	25	戚振江
177	基于契约不完全性的服务外包合同设计与协调机制研究	鲁其辉	2011-01-01	2013-12-31	国家自然科学基金委	20	鲁其辉、陈　熹、张建林
178	人事选拔中的履历数据与叙事智力研究	严　进	2011-01-01	2013-12-31	国家自然科学基金委	24	严　进
179	运输网络中考虑空载运输成本的收益管理研究	周伟华	2011-01-01	2013-12-31	国家自然科学基金委	26	周伟华、徐　宙、鲁其辉
180	全球化背景下中国农民合作组织发展:运营模式、治理结构与比较研究	黄祖辉	2011-01-01	2013-12-31	国家自然科学基金委	164	黄祖辉

续表

序号	项目名称	负责人	项目周期始	项目周期末	任务下达单位	总经费（万元）	项目成员（单）
181	时间框架效应下知识型任务冲突的过程机制与管理策略研究	张　钢	2011-01-01	2013-12-31	国家自然科学基金委	26	张　钢
182	基于可变模式集合发现方法的移动用户行为变迁研究	陈　熹	2011-01-01	2013-12-31	国家自然科学基金委	17	陈　熹、Indranil Bose、鲁其辉、孙　元、王小毅
183	基于任务层面的不确定条件下项目组合选择鲁棒优化研究	寿涌毅	2011-01-01	2013-12-31	国家自然科学基金委	28	寿涌毅
184	基于技术解构—技术重构的中国制造业企业技术追赶中能力构建过程与机制研究	郭　斌	2011-01-01	2013-12-31	国家自然科学基金委	28	郭　斌
185	跨区域流动农民工市民化过程中地方政府之间的合作行为与机制研究	钱文荣	2011-01-01	2013-12-31	国家自然科学基金委	27	钱文荣
186	农户农业生产、非农劳动和消费需求联动增长机理与政策研究	陆文聪	2011-01-01	2013-12-31	国家自然科学基金委	28	陆文聪
187	基于决策神经科学的风险决策与含糊决策机理比较研究	汪　蕾	2011-01-01	2013-12-31	国家自然科学基金委	27	汪　蕾
188	基于会计师事务所整体和个体差异的审计师声誉与审计质量关系研究	宋衍蘅	2011-01-01	2013-12-31	国家自然科学基金委	28	宋衍蘅

续表

序号	项目名称	负责人	项目周期始	项目周期末	任务下达单位	总经费（万元）	项目成员（单）
189	团队断裂带的动态演化过程及其效能机制	谢小云	2011-01-01	2013-12-31	国家自然科学基金委	28	谢小云
190	知识网络双重嵌入、知识整合与制造型集群企业能力轨迹跃迁研究	魏　江	2011-01-01	2013-12-31	国家自然科学基金委	29	魏　江
191	中国农民创业的理论与实证研究	郭红东	2011-01-01	2013-12-31	国家自然科学基金委	30	郭红东
192	我国低碳现代农业发展研究	米松华	2011-07-01	2014-12-31	全国哲学社会科学规划办公室	15	米松华、姚海琴、孔杨勇、黄宝连、黄增健
193	实施人才强国战略重大问题跟踪研究——专业人员国际化研究	王重鸣	2011-09-16	2013-12-31	全国哲学社会科学规划办公室	8	王重鸣
194	基于环境保护、食品安全的农业生产服务体系政策选择	叶春辉	2011-12-01	2014-12-31	全国哲学社会科学规划办公室	5	叶春辉
195	IT外包影响企业价值创造的机理研究:基于社会资本的视角	瞿文光	2012-01-01	2015-12-31	国家自然科学基金委	40	瞿文光
196	网络购物信息环境对消费者购买决策行为的影响研究——基于有限理性的视角	范晓屏	2012-01-01	2015-12-31	国家自然科学基金委	42	范晓屏
197	风险投资契约条款设置动因及其作用机理研究	姚　铮	2012-01-01	2015-12-31	国家自然科学基金委	42	姚　铮

续表

序号	项目名称	负责人	项目周期始	项目周期末	任务下达单位	总经费（万元）	项目成员（单）
198	我国企业自主创新能力的演进规律与提升机制研究	许庆瑞	2012-01-01	2015-12-31	国家自然科学基金委	43	许庆瑞
199	中小企业非研发（Non-R&D）创新的机理、模式及对创新绩效的影响研究	郑　刚	2012-01-01	2015-12-31	国家自然科学基金委	45	郑　刚
200	中国情境下企业反向创新的机理研究	金　珺	2012-01-01	2015-12-31	国家自然科学基金委	40	金　珺
201	安全管理中目标冲突、风险认知与安全产出的多层关系研究	周　帆	2012-01-01	2015-12-31	国家自然科学基金委	42	周　帆
202	基于认知的动态能力及其绩效研究	宝贡敏	2012-01-01	2015-12-31	国家自然科学基金委	42	宝贡敏
203	经济结构转型、研发网络化情境下企业技术创新能力演化规律研究	魏　江	2012-01-01	2016-12-31	国家自然科学基金委	220	魏　江
204	面子激励对研发人员创新意愿的作用机理研究	赵卓嘉	2012-01-01	2014-12-31	国家自然科学基金委	16	赵卓嘉
205	基于行为视角的中国审计师RAQ行为研究	陈　俊	2012-01-01	2014-12-31	国家自然科学基金委	19	陈　俊
206	管理当局业绩预告声誉的形成路径和经济后果	宋云玲	2012-01-01	2014-12-31	国家自然科学基金委	20.5	宋云玲
207	金融突发事件冲击下的动态资产配置及风险对冲策略研究	徐维东	2012-01-01	2014-12-31	国家自然科学基金委	20	徐维东

续表

序号	项目名称	负责人	项目周期始	项目周期末	任务下达单位	总经费（万元）	项目成员(单)
208	长记忆模式下股本权证的定价与参数估计研究	肖炜麟	2012-01-01	2014-12-31	国家自然科学基金委	20	肖炜麟
209	基于乡村社区和谐的拉萨周边地区乡村旅游产业组织研究	周玲强	2012-01-01	2012-12-31	国家自然科学基金委	1	周玲强
210	基于“内生式发展”路径的古村落文化旅游发展模式研究	周永广	2012-06-01	2014-06-30	全国哲学社会科学规划办公室	15	周永广、应天煜、周亚庆、黄浏英、周歆红、戴永明、汪勇庆
211	我国重大装备产品质量管控模式与方法研究	熊　伟	2012-12-28	2017-12-31	全国哲学社会科学规划办公室	80	熊　伟、刘　南、宋明顺、杨将新、陈学军
212	在线反馈系统影响消费者网购决策的行为规律和认知神经机理研究	徐　青	2013-01-01	2015-12-31	国家自然科学基金委	22	徐　青
213	社会支持对消费者自我控制行为的影响研究	王丽丽	2013-01-01	2015-12-31	国家自然科学基金委	22	王丽丽
214	中国企业自主创新与技术追赶理论研究:模式、机制与动态演化	吴晓波	2013-01-01	2017-12-31	国家自然科学基金委	240	吴晓波
215	基于并行分布策略的中国企业组织变革与文化融合机制研究	王重鸣	2013-01-01	2017-12-31	国家自然科学基金委	300	王重鸣

续表

序号	项目名称	负责人	项目周期始	项目周期末	任务下达单位	总经费(万元)	项目成员(单)
216	不同订货成本结构下的随机库存管理研究	杨　翼	2013-01-01	2015-12-31	国家自然科学基金委	22	杨　翼
217	大规模物流系统的路径规划—选址—聚类	马　弘	2013-01-01	2015-12-31	国家自然科学基金委	19	马　弘
218	基于环境协调发展框架下农产品质量安全管理长效机制研究	周洁红	2013-01-01	2016-12-31	国家自然科学基金委	56	周洁红
219	计划生育、家庭结构与中国家族企业传承:一项经验研究	陈　凌	2013-01-01	2016-12-31	国家自然科学基金委	56	陈　凌
220	涉农跨国企业在中国的扩张路径及对农业产业安全的影响研究	金少胜	2013-01-01	2016-12-31	国家自然科学基金委	54	金少胜
221	中国企业管理者非伦理行为扩散和演化的纵向追踪研究	王端旭	2013-01-01	2016-12-31	国家自然科学基金委	58	王端旭
222	中国上市公司内部控制评价问题的理论与实证研究:信息生产、信息鉴证与信息管制	韩洪灵	2013-01-01	2016-12-31	国家自然科学基金委	56	韩洪灵
223	多信息线索及其交互作用对在线购买决策的影响机制:基于认知神经科学方法	王求真	2013-01-01	2016-12-31	国家自然科学基金委	55	王求真

续表

序号	项目名称	负责人	项目周期始	项目周期末	任务下达单位	总经费（万元）	项目成员(单)
224	国际新创企业的新生学习优势：形成与绩效转化机制研究	邬爱其	2013-01-01	2016-12-31	国家自然科学基金委	60	邬爱其
225	通过制度创新纾解中小企业融资困境——基于浙江融资制度创新的研究	阮建青	2013-04-30	2014-01-31	国家自然科学基金委	14	阮建青
226	我国乡村旅游业发展的就业特性、影响与效应研究	姚海琴	2013-06-10	2015-12-31	全国哲学社会科学规划办公室	18	姚海琴、姜　霞、应一道、吴　彬
227	信息化和旅游业的深度融合：智慧旅游新业态研究	陆均良	2013-06-10	2015-12-30	全国哲学社会科学规划办公室	18	陆均良、黄浏英、吕佳颖、王宏星、叶　欣、王新丽
228	劳动力价格上涨对中国粮食生产的影响研究	杨　进	2013-06-10	2015-12-30	全国哲学社会科学规划办公室	18	杨　进、杨奇明、张　菲、刁盼盼、傅琳琳、阮建青
229	应对气候变暖、保障农产品安全的生产转型调研报告	周洁红	2013-11-22	2016-12-31	全国哲学社会科学规划办公室	30	周洁红
230	西藏非物质文化遗产数据库建设	周玲强	2013-11-22	2017-12-31	全国哲学社会科学规划办公室	30	周玲强
231	社会心理学（社会认知和社会神经科学）	周欣悦	2014-01-01	2016-12-31	国家自然科学基金委	90	周欣悦
232	信息生态环境与企业内部控制有效性的基本机理研究	韩洪灵	2014-01-01	2018-12-31	国家自然科学基金委	25	韩洪灵

续表

序号	项目名称	负责人	项目周期始	项目周期末	任务下达单位	总经费（万元）	项目成员(单)
233	具有外部性特征的服务分类及其定价研究	徐晓燕	2014-01-01	2017-12-31	国家自然科学基金委	58	徐晓燕
234	农业产业组织体系与农民合作社发展:以农民合作组织发展为中心的农业产业组织体系创新与优化研究	黄祖辉	2014-01-01	2018-12-31	国家自然科学基金委	220	黄祖辉
235	基于产业集群的工业化模式对农村贫困影响的研究	阮建青	2014-01-01	2017-12-31	国家自然科学基金委	56	阮建青
236	网上社交网络用户生命活力预测模型及实证研究	陈　熹	2014-01-01	2017-12-31	国家自然科学基金委	52	陈　熹
237	中国制造业企业对外直接投资进入模式与区位选择的影响机制研究：基于LLL理论视角的整合性分析框架	郭　斌	2014-01-01	2017-12-31	国家自然科学基金委	56	郭　斌
238	团队共享认同与团队绩效关系研究：基于学习的视角	谢小云	2014-01-01	2017-12-31	国家自然科学基金委	57	谢小云
239	家族社会资本传承及其对家族企业代际创业的影响机理研究	窦军生	2014-01-01	2017-12-31	国家自然科学基金委	57	窦军生
240	关系资本和信息技术对供应链整合与绩效的影响	霍宝锋	2014-01-01	2017-12-31	国家自然科学基金委	60	霍宝锋

续表

序号	项目名称	负责人	项目周期始	项目周期末	任务下达单位	总经费（万元）	项目成员(单)
241	母国网络、动态能力与企业的国际二元性:以中国民营企业为对象的研究	杜　健	2014-01-01	2017-12-31	国家自然科学基金委	58	杜　健
242	基于警示信息认知加工的安全标志感知机制与神经设计研究	马庆国	2014-01-01	2017-12-31	国家自然科学基金委	57	马庆国
243	网络环境下平台服务模式及其资源整合与协作机制研究	华中生	2014-01-01	2018-12-31	国家自然科学基金委	216	华中生
244	LLP 转型、法律风险与审计行为研究	董　望	2014-01-01	2016-12-31	国家自然科学基金委	19	董　望
245	休闲参与和老年人主观幸福感的关系:基于社会资本的探索	吕佳颖	2014-01-01	2016-12-31	国家自然科学基金委	20	吕佳颖
246	A 股市场上交易锁定政策对内幕交易的管制效果及其经济影响研究	朱茶芬	2014-01-01	2016-12-31	国家自然科学基金委	22	朱茶芬
247	奈特不确定性下动态投资组合选择模型与算法研究	张惜丽	2014-01-01	2016-12-31	国家自然科学基金委	22.8	张惜丽
248	二阶锥约束在非凸二次优化问题中的研究	金庆伟	2014-01-01	2016-12-31	国家自然科学基金委	23	金庆伟
249	The operations and innovation strategy to improve international competitiveness and indigenous innovation capabilities of Chinese firms	吴晓波	2014-01-01	2014-06-30	国家自然科学基金委	10	吴晓波

续表

序号	项目名称	负责人	项目周期始	项目周期末	任务下达单位	总经费（万元）	项目成员(单)
250	跨越中等收入陷阱：以沿海地区产业率先转型升级为突破口	阮建青	2014-03-15	2018-12-31	国家自然科学基金委	16	阮建青
251	创造型组织空间形成机理的研究	章重远	2014-07-01	2019-12-31	全国哲学社会科学规划办公室	20	章重远、周　帆、邬爱其、王　颂
252	网络条件下的企业组织创新行为研究	张　钢	2014-07-01	2017-06-30	全国哲学社会科学规划办公室	20	张　钢、蔡　宁、许小东、王建安
253	“新公共外交”视角下的出境文明旅游与国家形象关系研究	吴茂英	2014-07-01	2017-12-31	全国哲学社会科学规划办公室	20	吴茂英、Kim Ieng Loi、李　闯、叶　顺
254	我国环境管理转型路径及政策创新研究	韩洪云	2014-07-31	2016-12-31	全国哲学社会科学规划办公室	80	韩洪云、赵连阁、张蔚文、沈可挺、叶春辉、严向军
255	信息网络技术对市场决定资源配置的影响与对策研究	刘　渊	2014-11-01	2019-12-31	全国哲学社会科学规划办公室	80	刘　渊、王　珺、陈宏民、郭　斌、王小毅、杨　翼
256	产业集聚纾解融资约束及推动转型升级的机制与政策研究	茅　锐	2015-01-01	2017-12-31	国家自然科学基金委	23	茅　锐、阮建青、张惜丽、蔡晓慧
257	猪肉供应链治理模式的优化研究——基于“I-P-O”的动态分析框架	季　晨	2015-01-01	2017-12-31	国家自然科学基金委	18	季晨、Jacques Trienekens
258	个性化模式下在线评论有用性形成机制研究	黄鹂强	2015-01-01	2017-12-31	国家自然科学基金委	20	黄鹂强、Tan Chuan-Hoo

续表

序号	项目名称	负责人	项目周期始	项目周期末	任务下达单位	总经费（万元）	项目成员(单)
259	基于专利存续期和溢价的中国企业专利价值估测和研究	黄　灿	2015-01-01	2017-12-31	国家自然科学基金委	23	黄　灿、Naubahar Sharif、郑素丽、Frans Greidanus
260	从独占性到合法性:知识密集型服务业知识资产保护多层次机制与制度设计	魏　江	2015-01-01	2018-12-31	国家自然科学基金委	65	魏　江、卢向南、杜　健、胡胜蓉、孔小磊、白　鸥
261	双重嵌入的视角下集体离职的形成机制:理论与实证	王　颂	2015-01-01	2017-12-31	国家自然科学基金委	23	王　颂、Robin Teigland、窦军生、章重远、张小林
262	大数据背景下的商业模式创新机制研究	吴晓波	2015-01-01	2018-12-31	国家自然科学基金委	60	吴晓波、吴　东、姜雁斌
263	基于神经经济学的群体声誉对消费决策的影响机制及预测研究	向　婷	2015-01-01	2017-12-31	国家自然科学基金委	21	向　婷
264	中国农业产业集群形成与演变机制研究	郭红东	2015-01-01	2018-12-31	国家自然科学基金委	65	郭红东、丁关良、金松青、童日晖
265	社会网络增进小微企业贷款可得性作用机理研究	姚铮	2015-01-01	2018-12-31	国家自然科学基金委	60	姚　铮、贲圣林、朱茶芬、龚启辉、董　望
266	非常规突发事件下港口—腹地物流运输网络弹性的测度与优化研究	刘　南	2015-01-01	2018-12-31	国家自然科学基金委	60	刘　南、邓明荣、金庆伟、冯雪皓
267	项目驱动型供应链治理的前因与绩效效应:基于项目链与供应链的整合视角	寿涌毅	2015-01-01	2018-12-31	国家自然科学基金委	56	寿涌毅、姜玟求、吴　东

续表

序号	项目名称	负责人	项目周期始	项目周期末	任务下达单位	总经费（万元）	项目成员(单)
268	基于精细加工可能性模型的P2P网络借贷信任形成机理与作用机制研究	汪　蕾	2015-01-01	2018-12-31	国家自然科学基金委	60	汪　蕾、向　婷、张建林、黄鹂强
269	审计风格与会计信息可比性研究：形成机理与经济后果	宋衍蘅	2015-01-01	2018-12-31	国家自然科学基金委	60	宋衍蘅、朱茶芬、董　望、龚启辉、宋云玲
270	中韩“腹地—港口—港口—腹地”集装箱调度与风险管理研究	刘　南	2015-07-01	2017-06-30	国家自然科学基金委	5	刘　南
271	基于国际化表达的西藏民族文化数字化资源汇聚加工	周玲强	2015-07-01	2017-12-31	科技部	356	周玲强
272	信息系统直接使用与间接使用——探索基于社会权力视角的前因及其对工作绩效的影响	童　昱	2016-01-01	2018-12-31	国家自然科学基金委	22.2	童　昱
273	基于近红外脑成像技术的孤独症儿童社交障碍研究	刘　涛	2016-01-01	2018-12-31	国家自然科学基金委	13.248	刘　涛、王雨吟、柯紫筠、何吴明、戴晓天、刘　畅
274	基于企业生态网络和价值链视角的电子商务促进浙江产业集群竞争力提升研究	周伟华	2016-01-01	2019-12-31	国家自然科学基金委	238.2	周伟华、郭　斌、刘　南、郑　刚、郑小林、金　珺、卓　骏、张惜丽、刘　渊

续表

序号	项目名称	负责人	项目周期始	项目周期末	任务下达单位	总经费（万元）	项目成员（单）
275	按单装配系统的最优控制策略研究	周伟华	2016-01-01	2019-12-31	国家自然科学基金委	56.8	汤　颖、周伟华、何　平、马　弘、林甜甜、陈寿长、王天天
276	供应链管理	霍宝锋	2016-01-01	2020-12-31	国家自然科学基金委	280	霍宝锋
277	“大所”是如何炼成的——政治资本在我国会计师事务所成长中的角色问题研究	陈　俊	2016-01-01	2019-12-31	国家自然科学基金委	60.174	陈　俊、吴东辉、杨志锋、韩洪灵、董　望、龚启辉、徐哲琪、朱　惠、陈佳利
278	高管团队注意力焦点、技术创业行为与公司创业绩效的作用机理研究	刘景江	2016-01-01	2019-12-31	国家自然科学基金委	60	刘景江、张慧玉、吴志岩、刘丝雨、许钢祥、王文星、刘　博、江　楠
279	社交网络对产品和信息扩散的影响研究：网络结构、多模网络和环境因素	陈　熹	2016-01-01	2018-12-31	国家自然科学基金委	51.2	陈　熹、沈　强、黄鹂强、耿瑞彬、上官武悦、郭　明
280	管理者非伦理行为的决策偏移机制：权力与规范的影响	严　进	2016-01-01	2019-12-31	国家自然科学基金委	56.64	严　进、邵　闫、卢红旭、凌楚定、王晓璇、王　哲、赵旭东
281	新创企业国际化成长模式及其演进：驱动因素与绩效影响研究	邬爱其	2016-01-01	2019-12-31	国家自然科学基金委	57	邬爱其、张起元、史煜筠、王　颂、杨　洋、陈文强、王　宁

续表

序号	项目名称	负责人	项目周期始	项目周期末	任务下达单位	总经费（万元）	项目成员（单）
282	旅游需求组合预测的理论研究和实证检验——基于贝叶斯理论的视角	林珊珊	2016-01-01	2018-12-31	国家自然科学基金委	21.55	林珊珊、茅　锐、曾　诚、叶　顺
283	ERP 系统影响企业市场敏捷性的机理研究：基于模块化理论	瞿文光	2016-01-01	2019-12-31	国家自然科学基金委	56.4	瞿文光、韩立丰、黄鹏强、方　竞、杨　洋、王　尧、魏嘉德、台　佳
284	供应链管理	杨　翼	2016-01-01	2018-12-31	国家自然科学基金委	150	杨　翼
285	后追赶时代下的后发者窘境：模仿、创新与跨情境研究	吴　东	2016-01-01	2018-12-31	国家自然科学基金委	22.2	吴　东、姚明明、朱培忠、邵晓琳、李　竞、雷李楠
286	产品对消费者的反向塑造：使用酷产品对消费者酷行为的影响及机制分析	王丽丽	2016-01-01	2019-12-31	国家自然科学基金委	61.64	王丽丽
287	基于网页界面刺激的网络冲动性购买的触发与阻断机制：流畅性（fluency）视角下的神经营销学研究	王小毅	2016-01-01	2019-12-31	国家自然科学基金委	60.98	王小毅、向　婷、李典典、付辉建、邱文威、裴冠雄、胡林枫
288	研发团队包容性实践及其双路径影响机制研究：基于动态和学习的视角	戚振江	2016-01-01	2019-12-31	国家自然科学基金委	54.4	戚振江、邢以群、王唯梁、栾　琨、凌楚定
289	转型背景下中国企业竞争优势的跨层次研究：以企业能力、商业模式和竞争优势为主线的探索	宝贡敏	2016-01-01	2019-12-31	国家自然科学基金委	58.4	宝贡敏、黄谆心、肖增瑞、龙思颖、Minhaz Uddin Ahmed

续表

序号	项目名称	负责人	项目周期始	项目周期末	任务下达单位	总经费（万元）	项目成员（单）
290	合作社社会资本及其对农民合作社绩效影响的研究	梁　巧	2016-01-01	2019-12-31	国家自然科学基金委	58.4	梁　巧、刘颖娴、傅琳琳、李　霖
291	全面创新能力的形成原理和提升机制研究	许庆瑞	2016-01-01	2019-12-31	国家自然科学基金委	57	许庆瑞、毛义华、王世良、朱建忠、李俊杰、吴志岩、刘丝雨
292	基于时变价值特性的企业生产与定价问题研究	章　魏	2016-01-01	2019-12-31	国家自然科学基金委	55.2	章　魏、邓明荣、项　坚、范逸文、周　健
293	平台模式下的服务能力共享机制研究	何　平	2016-01-01	2019-12-31	国家自然科学基金委	59.16	何　平、吕佳颖、章　魏、范逸文、周　健
294	移动社交网络（微信）对服务企业组织沟通与协作模式的影响研究	应天煜	2016-06-30	2019-12-31	全国哲学社会科学规划办公室	20	应天煜
295	第八届技术创新与技术管理国际研讨会	吴晓波	2016-09-01	2016-12-30	国家自然科学基金委	6	吴晓波、许庆瑞、魏　江、郭　斌、杜　健
296	2016年神经管理学与神经经济学国际会议	马庆国	2016-11-01	2016-12-31	国家自然科学基金委	6	马庆国、裴冠雄、胡林枫、章莉南子、向　婷、Hmeidatt Abdeljelil、严　敏
297	可持续供应链管理激励机制设计与协调优化决策模型研究	王明征	2017-01-01	2020-12-31	国家自然科学基金委	49.3	王明征

续表

序号	项目名称	负责人	项目周期始	项目周期末	任务下达单位	总经费（万元）	项目成员（单）
298	创业环境变革情景中的企业员工离职创业多视角整合研究	王端旭	2017-01-01	2020-12-31	国家自然科学基金委	57.6	王端旭
299	社会资本影响下的农民工职业技能投资行为与绩效研究	钱文荣	2017-01-01	2020-12-31	国家自然科学基金委	58.8	钱文荣、蒋剑勇、琚向红、钱　龙、应一逍、王大哲、刘玲玲、王鹏飞、才　正
300	家族参与对组织二元性及其价值效应的影响机制研究：基于社会情感财富视角	窦军生	2017-01-01	2020-12-31	国家自然科学基金委	56.4	窦军生、Alfredo De Massis、贾生华、王　昊、傅　颖、陈士慧、王　宁、包　佳、吴赛赛
301	在线医疗健康信息获取风险认知与管理对策研究	张大亮	2017-01-01	2020-12-31	国家自然科学基金委	47	张大亮、钱　辉、徐伟青、邢以群、彭金燕、周　燕、阮　东、王萧榕
302	合同与纽带对企业合作式创新的影响——基于中国制度环境的实证研究	张起元	2017-01-01	2019-12-31	国家自然科学基金委	20.4	张起元、周　政、王丽丽、韩昭君、叶雨潇、李丝雨
303	视觉信息的间接表达方式向消费者传递产品特性的有效性及说服力研究	孙怡夏	2017-01-01	2019-12-31	国家自然科学基金委	20.4	孙怡夏、钟筱彤、罗慧颖

续表

序号	项目名称	负责人	项目周期始	项目周期末	任务下达单位	总经费（万元）	项目成员(单)
304	并购情景下领导-成员资源交换及其对离职意愿的双重影响机制	颜士梅	2017-01-01	2020-12-31	国家自然科学基金委	53.5	颜士梅、张　钢、章重远、戚振江、Teng Da(腾达)、王　颂、陈丽哲、周帅萍、吴轶珂
305	中国淘宝村形成机理及其“三农”影响效应研究	郭红东	2017-01-01	2020-12-31	国家自然科学基金委	60	郭红东、丁关良、金松青、郑霄勇、季　晨、朱允卫、曾亿武、刘丁豪、李晓康、邱东茂
306	全球创新网络下知识密集型企业技术跃迁的影响机制研究	金　珺	2017-01-01	2020-12-31	国家自然科学基金委	48	金　珺、王黎萤、Maureen McKelvey、李　竞、张郑熠、郭　敏
307	购物网站模特面部线索效应的跨文化比较研究：基于认知神经科学方法	王求真	2017-01-01	2020-12-31	国家自然科学基金委	60	王求真、Michel Wedel、向　婷、孟　亮、胡林枫、张晓爽、邹梦琪、欧阳畅
308	敬畏感对于不诚信行为的多维影响和应用研究：基于营销诚信及诚信宣传的视角	周欣悦	2017-01-01	2020-12-31	国家自然科学基金委	57.6	周欣悦、刘　涛、王丽丽、孙怡夏、王　丹、吴轶珂、巩键、沈海莉

续表

序号	项目名称	负责人	项目周期始	项目周期末	任务下达单位	总经费（万元）	项目成员（单）
309	新兴跨国企业的组织合法性、技术资源获取与创新本土化	杜　健	2017-01-01	2020-12-31	国家自然科学基金委	57	杜　健、Xu Yue、卢向南、常晓然、周　超、周　全、张好雨、赵子溢、李　竞
310	顾客需求动态演化的服务模式与资源组织方法研究	徐晓燕	2017-01-01	2020-12-31	国家自然科学基金委	59.16	徐晓燕、章　魏、董　望
311	基于高频数据的金融资产价格过程模型设定检验与协同波动率估计	张惜丽	2017-01-01	2020-12-31	国家自然科学基金委	59.16	张惜丽、姚　铮、刘起贵、钱美芬、余剑峰、郑　凯、冯　宁、曹　洋
312	审计鉴证提升企业生产效率的作用机理：基于审计师合并的准自然实验研究	龚启辉	2017-01-01	2019-12-31	国家自然科学基金委	20.4	龚启辉、宋云玲、董　望、顾慧莹、马　翔、胡梦婕
313	基于顾客选择行为的可替代产品组合规划及收益管理研究	金庆伟	2017-01-01	2020-12-31	国家自然科学基金委	58.44	金庆伟、章　魏、王嘉楠、上官武悦、李　磊
314	“互联网＋”促进制造业创新驱动发展及其政策研究	魏　江	2017-11-15	2021-12-31	全国哲学社会科学规划办公室	60	魏　江、郭　斌、邬爱其、范柏乃、金　珺、贾　玥、王　真
315	按单装配系统的最优控制策略研究	周伟华	2018-01-01	2018-12-31	国家自然科学基金委	5.4	周伟华
316	“互联网＋”嵌入企业协同创新生态系统研究：新范式与创新行为	魏　江	2018-01-01	2022-12-31	国家自然科学基金委	288	魏　江、黄　灿、陈　熹、吴结兵、王　颂

续表

序号	项目名称	负责人	项目周期始	项目周期末	任务下达单位	总经费（万元）	项目成员（单）
317	电子商务行为数据驱动的消费者调节聚焦特征推断研究	黄鹂强	2018-01-01	2021-12-31	国家自然科学基金委	57.6	黄鹂强
318	集聚风险下的投资组合管理研究	徐维东	2018-01-01	2021-12-31	国家自然科学基金委	58.8	徐维东
319	研发税收激励、知识产权保护对企业创新效率的影响及其经济后果	刘起贵	2018-01-01	2020-12-31	国家自然科学基金委	21.6	刘起贵、钱美芬、邵　帅、邹陆曦、杨晓林、刘谆谆、陈　卉
320	走群众路线还是走领导路线——工具性交往的理论构建、结构测量及对员工社会资本的影响机制研究	王　颂	2018-01-01	2021-12-31	国家自然科学基金委	56.4	王　颂
321	服务型组织中授权型领导对亲组织非伦理行为的影响	莫申江	2018-01-01	2021-12-31	国家自然科学基金委	56.4	莫申江
322	团队边界活动与团队创新关系研究：基于群体动机性信息加工理论视角	谢小云	2018-01-01	2021-12-31	国家自然科学基金委	57.6	谢小云、刘　武、章重远、凌楚定、左玉涵、何家慧
323	民营上市公司实际控制人特质、控股方式及其经济后果研究	邵　帅	2018-01-01	2020-12-31	国家自然科学基金委	21.6	邵　帅、龚启辉、钱美芬、王　尧、邹陆曦
324	减持计划预披露、信息含量与内幕交易新模式研究	朱茶芬	2018-06-25	2021-06-30	全国哲学社会科学规划办公室	20	朱茶芬、郑　柳、张　玥、王　黎、凌春华、赵　静、朱晓珍、步佳莹

续表

序号	项目名称	负责人	项目周期始	项目周期末	任务下达单位	总经费（万元）	项目成员（单）
325	乡村振兴战略下我国乡村旅游可持续发展的村民参与研究	王婉飞	2018-06-25	2021-06-30	全国哲学社会科学规划办公室	20	王婉飞、毛润泽、严力蛟、周宏庚、王求真、周永广、周亚庆、Jin Chan、周鹏程、丁　璐、李欣悦、应　舜、易柳夙、吴建兴
326	人类面部情绪的多维度智能识别及其心理学应用	周欣悦	2019-01-01	2020-12-31	国家自然科学基金委	29.6	周欣悦、赵雪莹、赵玉杰、何　琳、王宇然、周鹏程
327	基于感官体验及跨感官交互的消费者决策机理研究	汪　蕾	2019-01-01	2022-12-31	国家自然科学基金委	58.8	汪　蕾、陈发动、张建林、李　欧、Da Qian、郑杰慧、张晓爽、李　璐、孙昊野、黄珅炜
328	汇率政策、内部控制与公司风险对冲行为：基于宏微观整合的实证研究	董　望	2019-01-01	2022-12-31	国家自然科学基金委	57.6	董　望、陈　俊、钱美芬、邵　帅、刘　博、Nan Zhou、赵一甲、胡丽芳、杨　影
329	基于认知过程视角的跨期决策实验、模型与应用研究	陈发动	2019-01-01	2021-12-31	国家自然科学基金委	25.2	陈发动、Ian Krajbich、郑杰慧、张晓爽
330	解构不对称性：国际战略联盟与后发企业创新	刘　洋	2019-01-01	2022-12-31	国家自然科学基金委	57.6	刘　洋、Ping Deng、杨　洋、吴　琳、李拓宇、赵齐禹、王　丁、孙　聪

续表

序号	项目名称	负责人	项目周期始	项目周期末	任务下达单位	总经费（万元）	项目成员(单)
331	女性领导者的性别身份及其对下属认同的影响机制	颜士梅	2019-01-01	2022-12-31	国家自然科学基金委	54.6	颜士梅
332	需求族的动态管理及其服务资源配置优化研究	鲍丽娜	2019-01-01	2021-12-31	国家自然科学基金委	24	鲍丽娜
333	服务科学与创新管理	华中生	2019-01-01	2024-12-31	国家自然科学基金委	840	华中生
334	数据驱动下瞬时波动率的建模及其预测研究	肖炜麟	2019-01-01	2022-12-31	国家自然科学基金委	57.6	肖炜麟、曾　涛、徐维东、钱美芬、郑　凯、左　颖、胡丽芳、袁伟文、方倩如
335	P2P 情境下用户生成内容可信度及影响机制研究：以在线短租为例	王　亮	2019-01-01	2021-12-31	国家自然科学基金委	21.4	王　亮、林珊珊、邵　帅、田焯玮、沈海莉、祝秋晨
336	绩效反馈、制度逻辑与科技企业创业成长研究	刘景江	2019-01-01	2022-12-31	国家自然科学基金委	57.6	刘景江
337	数据驱动下的收益管理研究	杨　翼	2019-01-01	2022-12-31	国家自然科学基金委	59.3	杨　翼、王　亮、鲍丽娜、王嘉楠、陈倩倩、张子颖、董　淳、王　芳、朱赛赛
338	基于专利交易数据的中国高校和科研院所技术转移的机制和政策分析	黄　灿	2019-01-01	2022-12-31	国家自然科学基金委	57	黄　灿、Naubahar Sharif、何达纳、刘　夏、沈慧君、李兰花、徐　戈、金　潇

（资料由管理学院学科与科研中心提供）

表 11-2　浙江大学管理学院获奖项目一览

序号	项目名称	获奖年份	授奖单位	奖励类别	奖励级别	奖励等级	第一完成单位	第一完成人	所有完成人	我校排名
1	双层次按劳分配和两级决策的工资制度	1982		浙江大学校级科技成果奖	浙江省	三等	浙江大学		姚先国	
2	镇海石化总厂炼油生产计划最优化尿素工程网络计划	1985	浙江省人民政府	浙江省科学技术进步奖	浙江省	二等	杭州大学	谢庭藩	谢庭藩、谢敦礼、沈祖志、王建志	1
3	价值工程基点分析法（系列）	1986		国家教委科技进步奖	浙江省	二等	浙江大学		马庆国等	
4	行为科学（专著）	1987		浙江省高校自然科学文科科学成果奖	浙江省	二等	浙江大学		王加微	
5	关于企业技术开发的现状、问题及其策略的研究	1989		浙江省企业管理现代化成果	浙江省	二等	浙江大学		项保华	
6	石油炼制和经营决策的优化	1990	浙江省计划经济委员会	浙江省企业管理现代化应用成果	浙江省	一等	杭州大学决策优化研究所	蔡曼华	蔡曼华、谢庭藩、谢敦礼、沈祖志	1
7	杭州新技术开发区研究（协作）	1990		浙江省科技进步奖	浙江省	四等	浙江大学		朱致超、马庆国董志男、赵申生、祝骑云	

续表

序号	项目名称	获奖年份	授奖单位	奖励类别	奖励级别	奖励等级	第一完成单位	第一完成人	所有完成人	我校排名
8	论企业集团的概念及其经营方式	1990		浙江省第四届企业管理现代化成果(理论成果)奖	浙江省	二等	浙江大学		徐金发	
9	企业经营人才开发	1990		浙江省第四届企业管理现代化成果(理论成果)奖	浙江省	二等	浙江大学		黄擎明、门熙新、黄建防、叶　枫	
10	外向型乡镇企业发展的内部条件分析	1990		浙江省第四届企业管理现代化成果(理论成果)奖	浙江省	三等	浙江大学		王笑曼	
11	外向型乡镇企业生产经营方式的选择	1990		浙江省第四届企业管理现代化成果(理论成果)奖	浙江省	三等	浙江大学		张秘机	
12	浙江省外向型乡镇企业的布局策略	1990		浙江省第四届企业管理现代化成果(理论成果)奖	浙江省	三等	浙江大学		张友仁、张秘机	

续表

序号	项目名称	获奖年份	授奖单位	奖励类别	奖励级别	奖励等级	第一完成单位	第一完成人	所有完成人	我校排名
13	杭州新技术开发区研究(协作)	1990		杭州市科技进步奖	浙江省		浙江大学		朱致超、马庆国、董志男、赵申生、祝骑云	
14	浙江省能源计量及优化模型	1990		浙江省高校科技进步奖、哲学社会科学优秀成果奖	浙江省	二等	浙江大学		石　瑛、虞镇国、蒋绍忠	
15	论企业集团的概念及其经营方式	1990		浙江省高校科技进步奖、哲学社会科学优秀成果奖	浙江省	三等	浙江大学		徐金发	
16	论浙江省外向型乡镇企业部门结构的发展战略	1990		浙江省高校科技进步奖、哲学社会科学优秀成果奖	浙江省	三等	浙江大学		张秘机	
17	浙江省微电子工业前景研究	1990		浙江省高校科技进步奖、哲学社会科学优秀成果奖	浙江省	三等	浙江大学		马庆国、倪　平、黄海龙	
18	衢州市经济与社会发展战略研究	1991	浙江省人民政府	浙江省科技进步奖	浙江省	三等	杭州大学	马裕祥	马裕祥、谢高华、谢庭藩	1

续表

序号	项目名称	获奖年份	授奖单位	奖励类别	奖励级别	奖励等级	第一完成单位	第一完成人	所有完成人	我校排名
19	企业计算机管理与工艺优化	1991	浙江省人民政府	浙江省科技进步奖	浙江省	三等	杭州大学决策优化研究所	谢敦礼	谢敦礼、沈祖志、李　浩、吴红梅、叶福根	1
20	企业集团概论	1991		浙江省企业管理现代化成果奖	浙江省	二等	浙江大学		徐金发	
21	试论制定技术创新政策的理论基础	1991		浙江省企业管理现代化成果奖	浙江省	三等	浙江大学		项保华、许庆瑞	
22	高校杭嘉湖科技开发研究	1991		浙江省企业管理现代化成果奖	浙江省	三等	浙江大学		胡介埙	
23	软技术的特点、功能及作用	1991		浙江省企业管理现代化成果奖	浙江省	三等	浙江大学		刑以群	
24	技术评估——理论、方法与实践	1991		浙江省教委科技进步奖和哲学社科优秀成果奖	浙江省	二等	浙江大学		黄擎明、门熙新、项保华、左　军	
25	现代西方经济学	1992		浙江省第五次社会科学优秀成果奖	浙江省	三等	浙江大学		项保华、周文骞	

续表

序号	项目名称	获奖年份	授奖单位	奖励类别	奖励级别	奖励等级	第一完成单位	第一完成人	所有完成人	我校排名
26	科技成果商品化的运行机制试探	1992		浙江省第五次社会科学优秀成果奖	浙江省	优秀	浙江大学		项保华	
27	杭州热电厂运行优化	1993	浙江省人民政府	浙江省科技进步奖	浙江省	三等	杭州大学决策优化研究所	沈祖志	沈祖志、邓明荣、谢敦礼、诸鹤榕、宣　虹	1
28	我国管理科学学科发展战略研究(协作)	1997		国家教委科技进步奖	浙江省	二等	浙江大学		马庆国	
29	期货交易的风险分析和策略研究(专著论文)	1997		浙江省第七届哲学社会科学优秀成果奖	浙江省	优秀	浙江大学		郑明川、凌春华、张建林	
30	教育—科技—经济协调发展机理与模式研究	1997		浙江省教育科学重大研究成果奖	浙江省	二等	浙江大学		许庆瑞	
31	我国教育投资比例结构及使用效率分析	1997		浙江省教育科学重大研究成果奖	浙江省	三等	浙江大学		卢向南	
32	我国科技发展道路的研究	1997		浙江省教委科技进步奖	浙江省	二等	浙江大学		许庆瑞、陈　劲	

续表

序号	项目名称	获奖年份	授奖单位	奖励类别	奖励级别	奖励等级	第一完成单位	第一完成人	所有完成人	我校排名
33	造漆厂产供销优化管理信息系统	1997	浙江省科学技术协会、浙江省人事厅、浙江科学技术委员会	浙江省自然科学优秀论文奖	浙江省	二等	杭州大学决策优化研究所	谢敦礼	谢敦礼、沈祖志、吴红梅、李　浩	1
34	化纤厂生产和作业计划总体优化模型	1997	浙江省科学技术协会、浙江省人事厅、浙江科学技术委员会	浙江省自然科学优秀论文奖	浙江省	三等	杭州大学决策优化研究所	谢敦礼	谢敦礼、李　浩	1
35	化工企业生产经营决策支持系统的研究和开发	1997	浙江省人民政府	浙江省科技进步奖	浙江省	三等	杭州大学决策优化研究所	沈祖志	沈祖志、叶福根、秦学礼、姜　涵、张建平	1
36	货币电子化与经济社会发展	1998	浙江省人民政府	浙江省科技进步奖	浙江省	三等	杭州大学	王维安	王维安、樊虹国、乐　甄、茅庄难、张建国	1

续表

序号	项目名称	获奖年份	授奖单位	奖励类别	奖励级别	奖励等级	第一完成单位	第一完成人	所有完成人	我校排名
37	经济发达地区农户粮田规模经营内在机理的政策思路	1999		浙江省科技进步奖	浙江省	二等	浙江大学		黄祖辉、张忠根、蒋文华、倪爱娟、陈欣欣	
38	浙江省企业技术创新统计分析研究	1999		浙江省科技进步奖	浙江省	二等	浙江大学		许庆瑞、吴添祖、孙林生、陈　劲、朱建荣	
39	杭州市旅游业跨世纪发展战略研究	1999		浙江省科技进步奖	浙江省	优秀	浙江大学		傅文伟、周玲强	
40	浙江省农业产业化经营:时间与对策	2000		浙江省科学技术奖	浙江省	三等	浙江大学		黄祖辉、郭红东、蔡新光、陈随军、张　明	
41	我国国有企业经营管理基本规律及模式	2001		浙江省科学技术奖	浙江省	二等	浙江大学		许庆瑞、陈　重、陈　劲、赵晓庆、许建平、张晓文、韩岫岚、毛义华、王　毅	

续表

序号	项目名称	获奖年份	授奖单位	奖励类别	奖励级别	奖励等级	第一完成单位	第一完成人	所有完成人	我校排名
42	杭州制氧机集团有限公司CIMS应用示范工程	2001	杭州市人民政府	杭州市科技进步奖	杭州市	三等	杭州制氧机集团有限公司	汪伟机	汪伟机、沈祖志、俞小程、潘晓泓、罗航馨、李　浩、吴旭贞	
43	浙江省国有资产监管模式的构建与分析	2001		浙江省科学技术奖	浙江省	三等	浙江大学		周耀烈、曹舟南	
44	交通项目经济效益评估的理论方法及应用	2004		浙江省人民政府、浙江省第12届哲学社会科学优秀成果奖	浙江省	三等	浙江大学	刘　南		
45	城市地价理论分析及其科学管理研究	2005		浙江省科学技术奖	浙江省	二等	浙江大学		刘卫东、吴次方、彭　俊、陈方正、楼立明、徐荣昌、许佳立、罗日榕、袁慕耘等	
46	浙江省区域性中小企业群技术创新系统研究	2005		浙江省科学技术奖	浙江省	二等	浙江大学		魏　江、葛朝阳、王茂荣、叶　波、申　军、魏　勇、林应勤	

续表

序号	项目名称	获奖年份	授奖单位	奖励类别	奖励级别	奖励等级	第一完成单位	第一完成人	所有完成人	我校排名
47	企业技术能力论	2006	浙江省人民政府	浙江省哲学社会科学优秀成果奖	社科浙江省级	二等	浙江大学	魏江(1/1)	魏　江	1
48	中国粮食供求变化趋势预测：基于区域化市场均衡模型	2006	浙江省人民政府	浙江省哲学社会科学优秀成果奖	社科浙江省级	一等	浙江大学	陆文聪(1/2)	陆文聪、黄祖辉	1
49	中国农村社会保障制度研究	2006	浙江省人民政府	浙江省哲学社会科学优秀成果奖	社科浙江省级	二等	浙江大学	杨翠迎(1/1)	杨翠迎	1
50	发挥供销社在统筹城乡发展中重要作用的建议	2006	浙江省人民政府	浙江省哲学社会科学优秀成果奖	社科浙江省级	三等	浙江大学	黄祖辉(1/6)	黄祖辉、郭红东、吴金华、徐旭初、徐钢军、张若健	1
51	灌区资产剩余控制权安排——理论模型及政策含义	2006	浙江省人民政府	浙江省哲学社会科学优秀成果奖	社科浙江省级	二等	浙江大学	韩洪云(1/2)	韩洪云、赵连阁	1
52	内隐绩效模型对绩效评估一致性的效应分析	2006	浙江省教育厅	其他地厅级人文社科研究成果奖	社科地厅级	二等	浙江大学	陈学军(1/2)	陈学军、王重鸣	1
53	Building up Innovative Culture for Total Innovation Management	2006	浙江省教育厅	其他地厅级人文社科研究成果奖	社科地厅级	二等	浙江大学	许庆瑞(1/3)	许庆瑞、朱　凌、谢章澍	1
54	生鲜蔬菜质量安全管理问题研究——以浙江省为例	2006	浙江省教育厅	其他地厅级人文社科研究成果奖	社科地厅级	三等	浙江大学	周洁红(1/1)	周洁红	1

续表

序号	项目名称	获奖年份	授奖单位	奖励类别	奖励级别	奖励等级	第一完成单位	第一完成人	所有完成人	我校排名
55	服务业实时预订技术研究与应用	2006	浙江省教育厅	其他地厅级人文社科研究成果奖	社科地厅级	三等	浙江大学	陆均良(1/1)	陆均良	1
56	管理统计——数据获取、统计原理、SPSS工具与应用研究	2006	教育部	高等学校科学研究优秀成果奖(人文社会科学)	社科教育部级	三等	浙江大学	马庆国(1/1)	马庆国	1
57	非公共利益性质的征地行为与土地发展权补偿	2006	教育部	高等学校科学研究优秀成果奖(人文社会科学)	社科教育部级	三等	浙江大学	黄祖辉(1/2)	黄祖辉、汪　晖	1
58	Managerial Competency Modelling and the Development of Organizational Psychology: A Chinese Approach	2006	教育部	高等学校科学研究优秀成果奖(人文社会科学)	社科教育部级	三等	浙江大学	王重鸣(1/1)	王重鸣	1
59	转型时期农业产业组织的演进机理及发展战略研究	2007		浙江省科学技术奖	浙江省	二等	浙江理工大学	郭红东(2/5)	胡剑锋、郭红东、徐旭初、黄祖辉、彭　熠	2

续表

序号	项目名称	获奖年份	授奖单位	奖励类别	奖励级别	奖励等级	第一完成单位	第一完成人	所有完成人	我校排名
60	旅游电子商务信息化服务关键技术研究与应用	2007		浙江省科学技术奖	浙江省	三等	浙江大学	陆均良（1/7）	陆均良、邹益民、杨铭魁、黄浏英、许端清、魏宝刚、陆系群	1
61	农技推广与农产品质量安全体系建设：现代农业管理的两个重要问题	2007		浙江省科学技术奖	浙江省	三等	浙江大学	杨万江（1/7）	杨万江、赵兴泉、陈红金、王建伟、朱允卫、徐建华、何乐琴	1
62	自我绩效评价的因果模型与动态属性	2007	浙江省教育厅	其他地厅级人文社科研究成果奖	社科地厅级	二等	浙江大学	谢小云（1/2）	谢小云、王重鸣	1
63	企业价值系统工程理论发展与应用	2008		浙江省科学技术奖	浙江省	二等	浙江大学管理学院	马庆国（1/9）	马庆国、陈明亮、汪　蕾、张彩江、刘　渊、叶正灿、李邦峰、田　野、孙　元	1

续表

序号	项目名称	获奖年份	授奖单位	奖励类别	奖励级别	奖励等级	第一完成单位	第一完成人	所有完成人	我校排名
64	全面创新管理:理论与实践	2008		浙江省科学技术奖	浙江省	二等	浙江大学管理学院	许庆瑞(1/9)	许庆瑞、陈　劲、郑　刚、朱　凌、梁欣如、朱建忠、赵晓庆、水常青、谢章澍	1
65	全球化制造与二次创新战略:赢得后发优势	2008	浙江省人民政府	浙江省哲学社会科学优秀成果奖	社科浙江省级	二等	浙江大学	吴晓波(1/1)	吴晓波	1
66	质量机能展开	2008	浙江省人民政府	浙江省哲学社会科学优秀成果奖	社科浙江省级	三等	浙江大学	熊　伟(1/1)	熊　伟	1
67	食品质量安全生产经济:一个值得深切关注的研究领域	2008	浙江省人民政府	浙江省哲学社会科学优秀成果奖	社科浙江省级	二等	浙江大学	杨万江(1/1)	杨万江	1
68	农业龙头企业与农户订单安排及履约机制研究	2008	浙江省人民政府	浙江省哲学社会科学优秀成果奖	社科浙江省级	二等	浙江大学	郭红东(1/1)	郭红东	1
69	生鲜蔬菜质量安全管理问题研究——以浙江省为例	2008	浙江省人民政府	浙江省哲学社会科学优秀成果奖	社科浙江省级	三等	浙江大学	周洁红(1/1)	周洁红	1
70	城镇住房保障模式研究	2008	浙江省人民政府	浙江省哲学社会科学优秀成果奖	社科浙江省级	三等	浙江大学	褚超孚(1/1)	褚超孚	1

续表

序号	项目名称	获奖年份	授奖单位	奖励类别	奖励级别	奖励等级	第一完成单位	第一完成人	所有完成人	我校排名
71	粮食市场化改革的农业结构变动效应及对策研究	2008	浙江省人民政府	浙江省哲学社会科学优秀成果奖	社科浙江省级	三等	浙江大学	陆文聪（1/1）	陆文聪	1
72	浙江省城乡基本养老保险制度衔接、转化的机理与对策研究	2008	浙江省人民政府	浙江省哲学社会科学优秀成果奖	社科浙江省级	三等	浙江大学	杨翠迎（1/1）	杨翠迎	1
73	并购式内创业中的人力资源整合研究	2008	浙江省人民政府	其他地厅级人文社科研究成果奖	社科地厅级	未评等级	浙江大学	颜士梅（1/2）	颜士梅、王重鸣	1
74	信用成长环境研究	2008	浙江省人民政府	其他地厅级人文社科研究成果奖	社科地厅级	未评等级	浙江大学	姚明龙（1/1）	姚明龙	1
75	农村工业化、城市化和农民市民化	2008	浙江省人民政府	浙江省哲学社会科学优秀成果奖	社科浙江省级	一等	浙江大学	黄祖辉（1/1）	黄祖辉	1
76	阎锡山实用政治理念与村治思想研究	2008	浙江省人民政府	其他地厅级人文社科研究成果奖	社科地厅级	未评等级	浙江大学	韩玲梅（1/1）	韩玲梅	1
77	浙江省知识密集型服务业创新与发展政策研究	2009		浙江省科学技术奖	浙江省	二等	浙江大学管理学院	魏江（1/8）	魏　江、胡胜蓉、孟德楷、陶　颜、郑　刚、邬爱其、赵江琦、王　琳	1

续表

序号	项目名称	获奖年份	授奖单位	奖励类别	奖励级别	奖励等级	第一完成单位	第一完成人	所有完成人	我校排名
78	农林用地产权制度创新与价格评估研究	2009		浙江省科学技术奖	浙江省	二等	浙江林学院	黄祖辉(5/9)	单胜道、徐秀英、程云行、蔡细平、黄祖辉、尤建新、鲍滨福、陈　强、吴亚琪	2
79	创新型经济评价体系构建和浙江省创新型经济发展研究	2009		浙江省科学技术奖	浙江省	三等	浙江大学管理学院	吴晓波(1/7)	吴晓波、寿涌毅、杜　健、周伟华、郭　斌、吴家曦、章　威	1
80	并购式内创业中人力资源整合风险的控制策略:案例研究	2009	浙江省社科联	浙江省社科联社科研究优秀成果奖	社科地厅级	一等	浙江大学	颜士梅(1/2)	颜士梅、王重鸣	1
81	谁是农业结构调整的主体	2009	浙江省社科联	浙江省社科联社科研究优秀成果奖	社科地厅级	一等	浙江大学	黄祖辉(1/1)	黄祖辉	1
82	并购式内创业中的人力资源整合水平和模式研究	2009	浙江省教育厅	其他地厅级人文社科研究成果奖	社科地厅级	一等	浙江大学	颜士梅(1/1)	颜士梅	1
83	区域软实力的理论与实施	2009	浙江省教育厅	其他地厅级人文社科研究成果奖	社科地厅级	二等	浙江大学	马庆国(1/3)	马庆国、楼阳生、王小毅	1

续表

序号	项目名称	获奖年份	授奖单位	奖励类别	奖励级别	奖励等级	第一完成单位	第一完成人	所有完成人	我校排名
84	全面创新管理——理论与实践	2009	教育部	高等学校科学研究优秀成果奖（人文社会科学）	社科教育部级	二等	浙江大学	许庆瑞（1/6）	许庆瑞、陈　劲、郑　刚、郑欣如、朱建忠、朱　凌	1
85	全球化制造与二次创新战略：赢得后发优势	2009	教育部	高等学校科学研究优秀成果奖（人文社会科学）	社科教育部级	三等	浙江大学	吴晓波（1/1）	吴晓波	1
86	知识密集型服务业创新范式	2009	教育部	高等学校科学研究优秀成果奖（人文社会科学）	社科教育部级	三等	浙江大学	魏　江（1/2）	魏　江、胡胜蓉	1
87	土地承包经营权基本问题研究	2009	浙江省人民政府	浙江省哲学社会科学优秀成果奖	社科浙江省级	二等	浙江大学	丁关良（1/1）	丁关良	1
88	灌区水价改革及其影响研究	2009	浙江省人民政府	浙江省哲学社会科学优秀成果奖	社科浙江省级	二等	浙江大学	韩洪云（1/2）	韩洪云、赵连阁	1
89	转型时期的中国农民工	2009	浙江省人民政府	浙江省哲学社会科学优秀成果奖	社科浙江省级	一等	浙江大学	钱文荣（1/2）	钱文荣、黄祖辉	1
90	我国生鲜蔬菜物流体系研究——制度、组织与交易效率	2009	浙江省人民政府	浙江省哲学社会科学优秀成果奖	社科浙江省级	三等	浙江大学	黄祖辉（1/1）	黄祖辉	1

续表

序号	项目名称	获奖年份	授奖单位	奖励类别	奖励级别	奖励等级	第一完成单位	第一完成人	所有完成人	我校排名
91	企业人力资源开发中性别歧视的表现形式——基于内容分析的访谈研究	2009	浙江省人民政府	浙江省哲学社会科学优秀成果奖	社科浙江省级	三等	浙江大学	颜士梅(1/3)	颜士梅、颜士之、张　曼	1
92	以提升农民生活品质为轴的新农村建设研究——基于1029位农村居民的调查分析	2009	浙江省教育厅	其他地厅级人文社科研究成果奖	社科地厅级	二等	浙江大学	黄祖辉(1/1)	黄祖辉	1
93	韩国“新村运动”的实践及启示	2009	浙江省教育厅	其他地厅级人文社科研究成果奖	社科地厅级	二等	浙江大学	潘伟光(1/1)	潘伟光	1
94	Provision of Residential Solid Waste Management Service in Rural China	2009	浙江省教育厅	其他地厅级人文社科研究成果奖	社科地厅级	三等	浙江大学	叶春辉(1/2)	叶春辉、秦　萍	1
95	神经营销学与品牌延伸态度的脑电波识别技术	2010		浙江省科学技术奖	浙江省	二等	浙江大学	马庆国(1/2)	马庆国、王小毅	1
96	“家和”真能“万事”兴吗？——基于企业家默会知识代际转移视角的一个实证检验	2010	浙江省高等教育学会浙江省教育厅	其他地厅级人文社科研究成果奖	社科地厅级	二等	浙江大学	窦军生(1/3)	窦军生、李生校、邬家瑛	1

续表

序号	项目名称	获奖年份	授奖单位	奖励类别	奖励级别	奖励等级	第一完成单位	第一完成人	所有完成人	我校排名
97	软件质量管理新模式	2010	浙江省高等教育学会浙江省教育厅	其他地厅级人文社科研究成果奖	社科地厅级	二等	浙江大学	熊　伟(1/2)	熊　伟、丁伟儒	1
98	Finance and Cluster-Based Industrial Development in China	2010	浙江省高等教育学会浙江省教育厅	其他地厅级人文社科研究成果奖	社科地厅级	三等	浙江大学	阮建青(1/1)	阮建青	1
99	地方政府创新：概念框架和两个向度	2010	浙江省高等教育学会浙江省教育厅	其他地厅级人文社科研究成果奖	社科地厅级	三等	浙江大学	刘景江(1/2)	刘景江、张晓波	1
100	基于神经营销学的品牌延伸评估探索：对 A&K 模型的修正	2010	浙江省高等教育学会浙江省教育厅	其他地厅级人文社科研究成果奖	社科地厅级	一等	浙江大学	王小毅(1/2)	王小毅、马庆国	1
101	Determinants of ERP Knowledge Transfer	2010	浙江省高等教育学会浙江省教育厅	其他地厅级人文社科研究成果奖	社科地厅级	一等	浙江大学	徐　青(1/3)	徐　青、孙　元、马庆国	1
102	旅游目的地形象对游客购后行为的影响研究——基于来杭日韩游客视角的分析	2010	国家旅游局	其他地厅级人文社科研究成果奖	社科地厅级	其他	浙江大学	宝贡敏(1/2)	宝贡敏、胡抚生	1

续表

序号	项目名称	获奖年份	授奖单位	奖励类别	奖励级别	奖励等级	第一完成单位	第一完成人	所有完成人	我校排名
103	生产状态和人体状态信息综合处理关键技术与制造过程优化	2011		浙江省科学技术奖	浙江省	二等	浙江大学管理学院	马庆国(1/9)	马庆国、唐任仲、王小毅、方水良、周向阳、叶　钟、卞　军、徐　青、朱国锭	1
104	中国农产品贸易与SPS措施：贸易模式、影响程度及应对策略分析	2011	商务部	其他省部级人文社科研究成果奖	社科其他省部级	三等	浙江大学	黄祖辉(1/1)	黄祖辉	1
105	基于认证管理的西藏生态旅游资源保护研究	2011	中华人民共和国国家旅游局	其他省部级人文社科研究成果奖	社科其他省部级	二等	浙江大学	周玲强(1/1)	周玲强	1
106	新时期浙江城乡一体化发展的战略思路与改革对策研究	2012		浙江省科学技术奖	浙江省	二等	浙江省农业科学院	胡　豹(1/9)	胡　豹、黄祖辉、王丽娟、顾益康、楼洪兴、章伟江、黄莉莉、杨良山、张　琦	2

续表

序号	项目名称	获奖年份	授奖单位	奖励类别	奖励级别	奖励等级	第一完成单位	第一完成人	所有完成人	我校排名
107	农业标准化推广实施体系研究:基于浙江省的实践	2012		浙江省教育厅高校科研成果奖	市厅级科技奖	一等	浙江大学	周洁红（1/3）	周洁红、何乐琴、金少胜	1
108	全流通时代下内部人交易的信息含量和管制有效性研究	2012		浙江省教育厅高校科研成果奖	市厅级科技奖	二等	浙江大学	朱茶芬（1/3）	朱茶芬、姚　铮、李志文	1
109	基于神经科学与供需新特征的企业生产经营管理及技术应用	2012		其他省级科学技术奖	其他省部级	三等		马庆国（1/1）	马庆国	2
110	基于二次创新动态过程的组织学习模式演进——杭氧1996～2008纵向案例研究	2012	浙江省人民政府	浙江省哲学社会科学优秀成果奖	社科浙江省级	二等	浙江大学	吴晓波（1/3）	吴晓波、马如飞、毛茜敏	1
111	我国土地制度与社会经济协调发展研究	2012	浙江省人民政府	浙江省哲学社会科学优秀成果奖	社科浙江省级	二等	浙江大学	黄祖辉（1/6）	黄祖辉、贾生华、钱文荣、靳相木、汪　晖、王　朋	1
112	Finance and Cluster-Based Industrial Development in China	2012	浙江省人民政府	浙江省哲学社会科学优秀成果奖	社科浙江省级	三等	浙江大学	阮建青（1/1）	阮建青	1

续表

序号	项目名称	获奖年份	授奖单位	奖励类别	奖励级别	奖励等级	第一完成单位	第一完成人	所有完成人	我校排名
113	多元化动机影响企业财务绩效机理研究:以浙江民企雅戈尔为例	2012	浙江省人民政府	浙江省哲学社会科学优秀成果奖	社科浙江省级	三等	浙江大学	姚　铮(1/1)	姚　铮	1
114	城市道路拥挤定价理论、模型与实践	2012	浙江省人民政府	浙江省哲学社会科学优秀成果奖	社科浙江省级	三等	浙江大学	刘　南(1/2)	刘　南、陈达强	1
115	企业和政府客户关系管理理论	2012	浙江省人民政府	浙江省哲学社会科学优秀成果奖	社科浙江省级	三等	浙江大学	陈明亮(1/1)	陈明亮	1
116	企业人力资源开发中的性别歧视问题研究	2012	浙江省人民政府	浙江省哲学社会科学优秀成果奖	社科浙江省级	三等	浙江大学	颜士梅(1/1)	颜士梅	1
117	民营资本的金融突围	2012	浙江省社会科学界联合会	其他地厅级人文社科研究成果奖	社科地厅级	一等	浙江大学	姚明龙(1/1)	姚明龙	1
118	基于神经营销学的品牌延伸评估探索:对 A&K 模型的修正	2012	浙江省社会科学界联合会	其他地厅级人文社科研究成果奖	社科地厅级	三等	浙江大学	王小毅(1/2)	王小毅、马庆国	1

续表

序号	项目名称	获奖年份	授奖单位	奖励类别	奖励级别	奖励等级	第一完成单位	第一完成人	所有完成人	我校排名
119	农业标准化推广实施体系研究:基于浙江省的实践	2012	浙江省教育厅	其他地厅级人文社科研究成果奖	社科地厅级	一等	浙江大学	周洁红（1/3）	周洁红、何乐琴、金少胜	1
120	全流通时代下内部人交易的信息含量和管制有效性研究	2012	浙江省教育厅	其他地厅级人文社科研究成果奖	社科地厅级	二等	浙江大学	朱茶芬（1/3）	朱茶芬、姚　铮、李志文	1
121	民营资本的金融突围——浙商投资村镇银行与小额贷款公司研究	2012	浙江省教育厅	其他地厅级人文社科研究成果奖	社科地厅级	三等	浙江大学	姚明龙（1/1）	姚明龙	1
122	转型时期浙江农业农村改革发展研究与推广	2013		浙江省科学技术奖	浙江省	二等	浙江大学、浙江省农业科学院	黄祖辉（1/10）	黄祖辉、胡　豹、顾益康、钱文荣、徐旭初、郭红东、胡剑锋、王丽娟、高钰玲、陈国胜	1
123	浙江省物联网产业技术路线图研究	2013		浙江省科学技术奖	浙江省	二等	浙江大学、银江股份有限公司	刘　渊（1/7）	刘　渊、王小毅、吴　越、沈　斌、杨　洋、黄　准、孙振曦	1

续表

序号	项目名称	获奖年份	授奖单位	奖励类别	奖励级别	奖励等级	第一完成单位	第一完成人	所有完成人	我校排名
124	浙江省现代服务业科技支撑对策研究	2013		浙江省科学技术奖	浙江省	三等	浙江大学	吴晓波(1/7)	吴晓波、姜雁斌、杜　健、吴　东、周伟华、高　钰、丁婉玲	1
125	转型发展与制度变革——中国三农问题研究	2013	教育部	高等学校科学研究优秀成果奖(人文社会科学)	社科教育部级	三等	浙江大学	黄祖辉(1/1)	黄祖辉	1
126	城市道路拥挤定价理论、模型与实践	2013	教育部	高等学校科学研究优秀成果奖(人文社会科学)	社科教育部级	三等	浙江大学	刘　南(1/2)	刘　南、陈达强	1
127	P300 and Categorization in Brand Extension Neuroscience Letters	2013	教育部	高等学校科学研究优秀成果奖(人文社会科学)	社科教育部级	三等	浙江大学	马庆国(1/4)	马庆国、王小毅、舒良超、戴坤懿	1
128	城市化过程中的耕地保护与土地资源优化配置研究	2013	教育部	高等学校科学研究优秀成果奖(人文社会科学)	社科教育部级	三等	浙江大学	钱文荣(1/6)	钱文荣、谢长青、王心良、张忠明、蒋剑勇、郑黎义	1

续表

序号	项目名称	获奖年份	授奖单位	奖励类别	奖励级别	奖励等级	第一完成单位	第一完成人	所有完成人	我校排名
129	基于二次创新动态过程的组织学习模式演进——杭氧1996～2008纵向案例研究	2013	教育部	高等学校科学研究优秀成果奖（人文社会科学）	社科教育部级	三等	浙江大学	吴晓波（1/3）	吴晓波、马如飞、毛茜敏	1
130	基于神经科学与信息技术的作业过程管控的关键技术与应用	2014	浙江省人民政府	浙江省科学技术进步奖	浙江省	二等	浙江大学	马庆国（1/9）	马庆国、郭峻峰、吴铁军、朱亚丽、孙　钢、王小毅、赵　仑、吕海堂、周向阳	1
131	关于加强虚拟社会科学化治理和有效推进网络政民互动的建议	2014	浙江省人民政府	浙江省哲学社会科学优秀成果奖	社科浙江省级	二等	浙江大学	刘　渊（1/7）	刘　渊、王小毅、陈　熹、许小东、杨　洋、胡开远、王少剑	1
132	中国产业集群的演化与发展	2014	浙江省人民政府	浙江省哲学社会科学优秀成果奖	社科浙江省级	二等	浙江大学	阮建青（1/1）	阮建青	1
133	产业集群升级、区域经济转型与中小企业成长——基于浙江特色产业集群案例的研究	2014	浙江省人民政府	浙江省哲学社会科学优秀成果奖	社科浙江省级	二等	浙江大学	卫龙宝（1/3）	卫龙宝、阮建青、傅昌銮	1

续表

序号	项目名称	获奖年份	授奖单位	奖励类别	奖励级别	奖励等级	第一完成单位	第一完成人	所有完成人	我校排名
134	土地承包经营权流转法律制度研究	2014	浙江省人民政府	浙江省哲学社会科学优秀成果奖	社科浙江省级	三等	浙江大学	丁关良（1/1）	丁关良	1
135	山村旅游业可持续发展研究	2014	浙江省人民政府	浙江省哲学社会科学优秀成果奖	社科浙江省级	三等	浙江大学	周永广（1/1）	周永广	1
136	生产性服务业与制造业融合互动发展——以浙江省为例	2014	浙江省人民政府	浙江省哲学社会科学优秀成果奖	社科浙江省级	一等	浙江大学	魏　江（1/2）	魏　江、周　丹	1
137	Optimal Control of an Assembly System with Multiple Stages and Multiple Demand Classes（服务多类需求的多阶段组装系统的最优控制研究）	2014	浙江省人民政府	浙江省哲学社会科学优秀成果奖	社科浙江省级	二等	浙江大学	周伟华（1/1）	周伟华	1
138	风险投资契约条款设置动因及其作用机理研究	2014	浙江省人民政府	浙江省哲学社会科学优秀成果奖	社科浙江省级	三等	浙江大学	姚　铮（1/3）	姚　铮、王笑雨、程越楷	1
139	中国先进制造业发展战略研究	2014	董氏基金会	其他	社科校级	三等	浙江大学	吴晓波（1/4）	吴晓波、齐　羽、高　钰、白云峰	1

续表

序号	项目名称	获奖年份	授奖单位	奖励类别	奖励级别	奖励等级	第一完成单位	第一完成人	所有完成人	我校排名
140	经常账户失衡的根源——基于比较优势的国际分工	2014	浙江省社科联	浙江省社科联青年社会科学优秀成果奖	社科地厅级	二等	浙江大学	茅　锐（1/1）	茅　锐	1
141	社会网络增进小微企业贷款可得性作用机理研究	2014	浙江省社科联	浙江省社科联社科研究优秀成果奖	社科地厅级	二等	浙江大学	姚　铮（1/3）	姚　铮、胡梦婕、叶　敏	1
142	新型农业经营体系构建亟须相关制度创新	2015	浙江省人民政府	浙江省哲学社会科学优秀成果奖	社科浙江省级	二等	浙江大学	黄祖辉（1/1）	黄祖辉	1
142	社会网络增进小微企业贷款可得性作用机理研究	2015	浙江省人民政府	浙江省哲学社会科学优秀成果奖	社科浙江省级	三等	浙江大学	姚　铮（1/3）	姚　铮、胡梦婕、叶　敏	1
144	突发事件下密集人群疏散方法研究及应用	2015	浙江省人民政府	浙江省科学技术进步奖	浙江省	二等	浙江大学	汪　蕾（1/7）	汪　蕾、马庆国、冉　龙、张建林、郑杰慧、徐　青、赵良云	1
145	生产性服务业创新能力评价体系研究	2015	浙江省人民政府	浙江省科学技术进步奖	浙江省	二等	浙江大学	魏　江（1/4）	魏　江、黄　学、白　鸥、杜旭红	1

续表

序号	项目名称	获奖年份	授奖单位	奖励类别	奖励级别	奖励等级	第一完成单位	第一完成人	所有完成人	我校排名
146	推进城市化和新农村建设的互动共进	2015	教育部	高等学校科学研究优秀成果奖(人文社会科学)	社科教育部级	二等	浙江大学	黄祖辉(1/1)	黄祖辉	1
147	土地承包经营权流转法律制度研究	2015	教育部	高等学校科学研究优秀成果奖(人文社会科学)	社科教育部级	三等	浙江大学	丁关良(1/1)	丁关良	1
148	Empathic Responses to Others' Gains and Losses:An Electrophysiological Investigation	2015	教育部	高等学校科学研究优秀成果奖(人文社会科学)	社科教育部级	三等	浙江大学	马庆国(1/1)	马庆国	1
149	生产性服务业与制造业融合互动发展——以浙江省为例	2015	教育部	高等学校科学研究优秀成果奖(人文社会科学)	社科教育部级	三等	浙江大学	魏　江(1/1)	魏　江	1
150	Operational Causes of Bankruptcy Propagation in Supply Chain	2015	教育部	高等学校科学研究优秀成果奖(人文社会科学)	社科教育部级	三等	浙江大学	华中生(1/3)	华中生、孙燕红、徐晓燕	1
151	Optimal Control of an Assembly System with Multiple Stages and Multiple Demand Classes	2015	教育部	高等学校科学研究优秀成果奖(人文社会科学)	社科教育部级	三等		周伟华(1/1)	周伟华	4

续表

序号	项目名称	获奖年份	授奖单位	奖励类别	奖励级别	奖励等级	第一完成单位	第一完成人	所有完成人	我校排名
152	湿地公园旅游体验：以中国浙江为例（英文）	2015	中华人民共和国国家旅游局	其他省部级人文社科研究成果奖	社科其他省部级	三等	浙江大学	王婉飞（1/1）	王婉飞	1
153	国际游客在北京秀水街的购物体验（英文）	2017	国家旅游局	其他省部级人文社科研究成果奖	社科其他省部级	优秀奖	浙江大学	吴茂英（1/3）	吴茂英、Geoffrey Wall、Philip Pearce	1
154	Structural Properties of the Optimal Policy for the Dual-Sourcing Systems with General Lead Times	2017	浙江省人民政府	浙江省哲学社会科学优秀成果奖	社科浙江省级	二等	浙江大学	华中生（1/3）	华中生、章　魏、徐晓燕	1
155	创新全球化：中国企业的跨越	2017	浙江省人民政府	浙江省哲学社会科学优秀成果奖	社科浙江省级	二等	浙江大学	魏　江（1/3）	魏　江、应　瑛、潘秋玥	1
156	心理时间对中国老年人出境旅游动机和意向的影响研究	2018	文化和旅游部	其他省部级人文社科研究成果奖	社科其他省部级	二等	浙江大学	吕佳颖（1/3）	吕佳颖、王丽丽、胡　亮	1

续表

序号	项目名称	获奖年份	授奖单位	奖励类别	奖励级别	奖励等级	第一完成单位	第一完成人	所有完成人	我校排名
157	变压器智能运检的大数据分析技术及应用	2018	浙江省人民政府	浙江省科学技术奖	社科浙江省级	三等	浙江大学	华中生(1/7)	华中生、王文浩、郑一鸣、徐晓燕、俞鸿涛、游雨暄、梅冰笑	1
158	华为管理变革	2019	浙江省人民政府	浙江省哲学社会科学优秀成果奖	社科浙江省级	二等	浙江大学	吴晓波(1/3)	吴晓波、黄　灿、郭　斌	1
159	非对称创新战略:中国企业的跨越(理论辑)	2019	浙江省人民政府	浙江省哲学社会科学优秀成果奖	社科浙江省级	一等	浙江大学	魏　江(1/4)	魏　江、刘　洋、黄　学、杨　洋	1
160	Biased Sequential Sampling Underlies the Effects of Time Pressure and Delay in Social Decision Making	2019	浙江省人民政府	浙江省哲学社会科学优秀成果奖	社科浙江省级	二等	浙江大学	陈发动(1/1)	陈发动	1

(资料取自历年《浙江大学年鉴》及《浙江大学科研处汇编》)

第十二章
国际认证成果

商学院国际认证是成为“国际一流商学院”的准入证，是一个商学院在国际化跑道上起飞的助动器。通过严格、全面的评估取得国际认证，意味着商学院办学质量和发展前景获得国际认证组织的充分肯定，是优秀管理教育的重要标志。因此，参加国际认证已成为高校和商学院国际化战略的重要举措，也是全球竞争的必然趋势和结果。目前，国际上有三大商学院联盟所推出三大国际认证体系（AMBA、EQUIS、AACSB），国内外一流商学院都以同时拥有三大国际认证为荣。获得认证殊荣，既是对学院发展成绩的充分肯定，也是对国际化战略和学院不断创新的认可，对管理学院的发展无疑具有重大意义。

AACSB、EQUIS 和 AMBA 认证体系

AACSB 认证体系

AACSB（The Association to Advance Collegiate Schools of Business，国际高等商学院协会）成立于 1916 年，以教学质量保证体系为核心，致力于提高和促进工商管理学和会计学高等教育水平。它要求商学院能够清晰准确地陈述其使命，学院

的各项活动应围绕使命展开。同时还要求能够吸引高质量的教师，创造高质量的科研成果，提供高水平的课程和教学方式，促进师生之间的良好互动，从而使学生在毕业时能够达到既定的学习目标。

EQUIS 认证体系

EQUIS(European Quality Improvement System，欧洲质量改进体系)认证由欧洲管理发展基金(European Foundation for Management Development，EFMD)发起并运作。EQUIS认证体系是专门针对商学院整体发展状况(包括治理和战略、教学、学生、师资、科研、高培、资源与管理、国际化、社会责任与可持续发展及企业联系等十个方面)的国际认证。通过认证的院校必须具备国际化的商学教育水平，与企业之间保持密切联系，同时在教学、研究和实践运用中实现良好平衡。

AMBA 认证体系

AMBA(Association of MBAs，工商管理硕士协会)1967 年成立于英国，是专门从事 MBA 项目质量认证的机构。AMBA 的宗旨和使命是，推广研究生以上层次的管理学教育与培养高层次职业经理人，促进全球管理教育质量标准的不断提高。除认证服务外，AMBA 协会还为 MBA 学生、MBA 雇主提供服务，致力于建立一个全球的学生网络、商学院网络、企业雇主网络，为学生、商学院、企业雇主提供管理教育的信息和交流平台。

AACSB、EQUIS 和 AMBA 认证体系对比

1. AACSB、EQUIS 和 AMBA 认证的共同关注点

- 强调使命在院校发展中至关重要的作用；
- 紧密对接社会与适应社会需要；
- 重视商科教育的国际水平与程度；
- 关心与企业界的密切合作；

- 重视社会责任、商业道德和价值教育。

2. AACSB、EQUIS和AMBA认证特色和侧重点

AACSB注重教学质量并拥有一套量化的教学保障体系，即学习质量保证体系（Assurance of Learning，AoL）。AACSB认证强调以量化可度量的方式进行师资、教学、科研管理，其核心是通过制度化的管理保证商学院的学术质量和教学水平。AACSB于2013年制定了新标准并逐步推行，新标准更侧重教学质量与保障、智力贡献与影响力、学术与实践活动的均衡发展。

EQUIS认证强调管理教育的多元化和商学院的社会性，核心是保障教学、科研基础上，拓展管理教育机构发展的新领域，与教学活动相互融合和促进，提升商学院综合实力。EQUIS与AACSB认证最大的区别在于其认证的目标不是学位项目模式化、课程内容或战略选择的标准化，而是希望商学院保持多元化的教育模式。EQUIS认证也对其标准作了修订，在新标准中，国际化、企业联系、道德责任与可持续性三个方面作为标准均单独列出，同时又分别与其他标准的每项内容进行交叉阐述，足见EQUIS认证对这三方面的关注。

AMBA认证的特色主要是对MBA项目评估而并非对整个学院的认证。侧重于对MBA教育规范化的评估，鼓励研究生管理教育、培养职业管理者。

3. AACSB、EQUIS和AMBA认证流程

AACSB认证流程：会员资格申请、资格审查、预认证、初认证、专家审查和持续改进。

EQUIS认证流程：会员资格申请、简短访问、资格审查、自我评估、专家审查和持续改进。

AMBA认证流程：意愿陈述、预评估阶段、评估阶段和后评估阶段。

AACSB、EQUIS和AMBA认证成果

2006年，浙江大学管理学院成为境内首家通过AMBA国际认证的商学院，2011年学院在境内率先通过AMBA第二期国际认证，2017年顺利通过AMBA第三期国际认证。2012年，学院成功通过欧洲最严格的商学院质量认证体系——

EQUIS 国际认证。2015 年，学院顺利通过 EQUIS 再认证、AACSB 认证、中国高质量 MBA 教育认证（CAMEA），均取得了 5 年认证的优异成绩。至此，学院已成为全球少数几家获得五年期三大国际认证的商学院之一。2016 年，学院加入了 CEEMAN（全球新兴经济体商学院联盟），成为国内首个加入该协会的管理学院，并于 2017 年成为国内首个通过 CEEMAN IQA（国际质量认证）的管理学院。

国际认证是浙江大学管理学院在使命和战略驱动下全面成长的动力，是学院持续改进和质量提升的保证机制。参与国际认证的过程是我们全面认识自我的过程，具有纲举目张的重大意义，有助于全方位、全面体系化推进各项工作的改革和水平提升，包括教学、科研、人事、外事、品牌等都与国际认证紧密联系在一起，并按照认证标准规范，进行持续改进。通过国际认证，学院更加明确了自身的使命、发展战略和方向，教育特色和培养目标逐渐清晰，并渗透到每位教职员工和学生的心里。在参与国际认证的过程中，全体教职员工总动员，共同努力，极大地提升了管理学院整体凝聚力与战斗力。

AACSB、EQUIS 和 AMBA 认证历程

2006 年 12 月，浙江大学管理学院通过 AMBA 第一期认证，成为境内首家通过该认证的学校

2011 年 12 月，浙江大学管理学院在境内率先通过 AMBA 第二期认证

2012 年 4 月，浙江大学管理学院通过 EQUIS
第一期认证，并被授予三年期认证

2015 年 3 月，浙江大学管理学院通过 EQUIS 第二期认证，
并被授予最高标准的五年期认证

2015 年 5 月，浙江大学管理学院通过 AACSB 第一期认证。至此，
浙江大学管理学院全部通过全球商学院最重要的三大国际认证

2017 年 5 月，浙江大学管理学院在我国境内率先通过 AMBA 第三期认证，
成为大中华地区首家进入 Advanced Accreditation Process
（即连续三次获得五年期 AMBA 认证）的院校

2017 年 9 月，浙江大学管理学院通过 CEEMAN IQA 国际认证，
成为中国第一家获得该认证的商学院

（撰稿人：高晨）

第十三章
国际合作成果

国际顾问委员会

国际顾问委员会第一次会议

举办时间：2014 年 10 月 12 日

出席人员：

国家教育部原副部长、中国教育国际交流协会会长　章新胜

香港大学经济及工商管理学院院长　张　介

普渡大学克兰纳特管理学院原院长　克里斯·厄尔利（Christopher Earley）

台湾大学副校长、台湾大学管理学院原院长　李书行

“世界创业论坛”创始人及联席主席，法兰西商学院、里昂商学院原院长　帕特里克·穆雷（Patrick Molle）

早稻田大学原副校长　太田正孝

清华大学经济管理学院院长　赵纯均

浙江省物产集团公司董事长　王挺革

西子联合控股有限公司董事长　王水福

上海美特斯邦威服饰股份有限公司董事长　周成建

浙江大学校长　林建华

浙江大学党委书记　金德水

浙江大学常务副校长　宋永华

浙江大学管理学院院长　吴晓波

浙江大学管理学院党委书记兼副院长　包迪鸿

浙江大学管理学院副院长　陈　凌

浙江大学管理学院副院长　钱文荣

浙江大学管理学院副院长　周伟华

浙江大学管理学院　贲圣林等

浙江大学管理学院国际咨询委员会第一次会议合影

国际顾问委员会第二次会议

举办时间：2015 年 5 月 4 日

出席人员：

- 国家教育部原副部长、中国教育国际交流协会会长　章新胜
- 中国工程院原常务副院长、浙江大学原校长　潘云鹤
- 原国家经济体制改革委员会副主任、浙江大学管理学院原院长　高尚全
- 香港大学经济及工商管理学院院长张介
- 普渡大学克兰纳特管理学院原院长　克里斯·厄尔利
- 剑桥大学制造研究院院长　迈克·格雷戈里(Mike Gregory)爵士
- 国际工商管理硕士协会(AMBA)主席、伦敦市金融城市政厅参议会保罗·贾吉(Paul Judge)爵士
- “世界创业论坛”创始人及联席主席、法兰西商学院、里昂商学院原院长　帕特里克·穆雷
- 早稻田大学原副校长　太田正孝
- 韩国延世大学商学院原院长　朴永烈
- 飞利浦公司执行总裁、原首席知识产权运营官　陆毕德(Ruud J. Peters)
- 中国上市公司协会会长、中国移动通信集团公司原董事长　王建宙
- 浙江省物产集团公司董事长　王挺革
- 杭州娃哈哈集团有限公司董事长兼总经理　宗庆后
- 上海美特斯邦威服饰股份有限公司董事长　周成建
- 浙江大学管理学院院长　吴晓波
- 浙江大学管理学院党委书记兼副院长　包迪鸿
- 浙江大学管理学院副院长　陈　凌
- 浙江大学管理学院副院长　钱文荣
- 浙江大学管理学院副院长　周伟华

浙江大学管理学院国际咨询委员会第二次会议合影

浙江大学管理学院吴晓波院长发言

国家教育部原副部长、中国教育国际交流协会会长章新胜发言

中国工程院原常务副院长、浙江大学原校长潘云鹤发言

原经济体制改革委员会副主任、浙江大学管理学院原院长高尚全发言

国际顾问委员会第三次会议

举办时间：2016 年 5 月 10 日

出席人员：

- 国家教育部原副部长、中国教育国际交流协会会长　章新胜
- 原国家经济体制改革委员会副主任、浙江大学管理学院原院长　高尚全
- 澳大利亚塔斯马尼亚大学经济与管理学院院长、普渡大学克兰纳特管理学院原院长　克里斯·厄尔利
- 台湾大学副校长、台湾大学管理学院原院长　李书行

- 法国新世界大学校长、“世界创业论坛”创始人及联席主席　帕特里克·穆雷
- 早稻田大学原副校长　太田正孝
- 中东欧管理发展协会会长、斯洛文尼亚国际发展管理中心布莱德管理学院校长　丹妮卡·普尔格(Danica Purg)
- 中国上市公司协会会长、中国移动通信集团公司原董事长　王建宙
- 物产中大集团股份有限公司董事长、党委书记　王挺革
- 杭州娃哈哈集团有限公司董事长兼总经理　宗庆后
- 法国 DEMOS 集团 CEO　沈　岱
- 浙江大学副校长　罗卫东
- 浙江大学管理学院院长　吴晓波
- 浙江大学管理学院党委书记兼副院长　包迪鸿
- 浙江大学管理学院副院长　陈　凌
- 浙江大学管理学院副院长　钱文荣
- 浙江大学管理学院副院长　周伟华

浙江大学管理学院国际咨询委员会第三次会议合影

国家教育部原副部长、中国教育国际交流协会会长章新胜主持会议

浙江大学副校长罗卫东致欢迎词

浙江大学管理学院院长吴晓波作学院报告

浙江大学副校长罗卫东给新任委员（中东欧管理发展协会会长）
丹妮卡·普尔格女士颁发聘书

国际顾问委员会第四次会议

举办时间:2017 年 4 月 27 日

出席人员：

- 国家教育部原副部长、世界自然保护联盟(IUCN)主席、中国教育国际交流协会会长　章新胜
- 原国家经济体制改革委员会副主任、浙江大学管理学院原院长　高尚全
- 香港大学经济及工商管理学院院长　张　介
- 英国剑桥大学制造研究院原院长　迈克・格雷戈里爵士
- 台湾大学副校长、台湾大学管理学院原院长　李书行
- 韩国延世大学商学院原院长　朴永烈
- 飞利浦公司原执行副总裁　陆毕德
- 美国杜兰大学弗里曼商学院院长　艾拉・所罗门(Ira Solomon)
- CEEMAN 管理协会主席、斯洛文尼亚国际发展管理中心布莱德管理学院校长　丹妮卡・普尔格
- 中国上市公司协会会长、中国移动通信集团公司原董事长　王建宙
- 上海美特斯邦威集团董事长　周成建
- 杭州娃哈哈集团有限公司董事长兼总经理　宗庆后
- 法国 DEMOS 集团总经理　沈　岱
- 浙江大学常务副校长　宋永华
- 浙江大学管理学院院长　吴晓波
- 浙江大学管理学院党委书记兼副院长　包迪鸿
- 浙江大学管理学院副院长　陈　凌
- 浙江大学管理学院副院长　周伟华
- 浙江大学管理学院副院长　汪　蕾
- 浙江大学 MBA 教育中心主任　寿涌毅

浙江大学管理学院国际咨询委员会第四次会议合影

浙江大学常务副校长宋永华致欢迎词

浙江大学管理学院院长吴晓波作学院报告

浙江大学常务副校长宋永华给新任委员（法国 DEMOS 集团总经理）沈岱先生颁发聘书

国际顾问委员会第五次会议

举办时间:2018 年 10 月 21 日

出席人员:

- 中国科学院院士、国家自然科学基金委员会原主任、浙江大学原校长　杨　卫
- 浙江大学党委常委、副书记、纪委书记　叶　民
- 剑桥大学制造研究院原院长　迈克·格雷戈里
- 马里兰大学史密斯商学院教授、帝国理工学院商学院原院长　G. 阿南德·阿南达令格姆
- 悉尼科技大学商学院院长、普渡大学克兰纳特管理学院原院长　克里斯·厄尔利
- 巴黎高等商学院名誉院长　伯纳德·韩玛南索
- 法国新世界大学校长、法兰西商学院、里昂商学院原院长　帕特里克·穆雷
- 法国布雷斯特高等商学院校长、伟东云教育集团高级副总裁、DEMOS 集团前全球总裁　沈　岱
- 全球新兴经济体商学院联盟主席、斯洛文尼亚国际发展管理中心布莱德管理学院院长　丹妮卡·普尔格
- 延世大学商学院原院长　朴永烈
- 台湾东海大学管理学院代理院长、台湾大学原常务副校长　李书行
- Peters IP 咨询公司执行总裁、飞利浦公司原执行副总裁、原首席知识产权运营官　陆毕德
- 中国上市公司协会会长、中国移动通信集团公司原董事长　王建宙
- 物产中大集团董事长、党委书记　王挺革
- 西子联合控股有限公司董事长　王水福
- 浙江大学管理学院院长　魏　江
- 浙江大学管理学院党委书记　朱　原
- 浙江大学管理学院院副院长　周伟华
- 浙江大学管理学院院副院长　汪　蕾

浙江大学管理学院国际咨询委员会第五次会议合影

叶民书记给新任委员杨卫颁发聘书

魏江院长作学院发展报告

（本部分内容由管理学院国际合作与认证中心提供）

国际联合平台

浙江大学一剑桥大学"全球化制造与创新管理"联合研究中心（Zhejiang University-Cambridge University Joint Research Center for Global Manufacturing and Innovation）

成立时间：2006年9月

研究方向：全球化制造与创新管理

中方主任：吴晓波，浙江大学管理学院前院长；

外方主任：安迪·尼利（Andy Neely）

合作高校和机构：英国剑桥大学制造研究所（Institute for Manufacturing of the

University of Cambridge,UK)

浙江大学—剑桥大学"全球化制造与创新管理"联合研究中心由浙江大学"创新创业与持续竞争力研究"国家哲学社会科学创新基地(NIIM)与剑桥大学制造学院(IfM)联袂组成。

联合研究中心主要围绕全球化制造与创新管理领域中的全球化制造演进、全球化制造与可持续发展、FDI与技术转移、跨国公司与中国制造、产业创新与战略等主题展开科学研究,同时以双方合作科学研究带动人才培养与科技服务,旨在成为有效探索与开拓全球化制造与创新管理研究领域的国际一流研究平台。

作为双方紧密合作的结晶与载体,联合研究中心致力于:推动双方合作申请并承担重大研究课题;推动双方学术互访,为对方研究活动提供支持;推动双方交换研究信息、报告、相关论文与资料;推动双方硕士、博士研究生交换交流;承办双方共同感兴趣的学术会议;帮助中英产业界建立联系,并开办面向产业的相关培训项目等。

浙江大学与瑞典隆德大学创新及创业联合中心(Zhejiang University-Lund University Joint Research Center for Entrepreneurship and Innovation,JCIE)

成立时间:2010年5月

研究方向:创新与创业

中方执行主任:邬爱其

外方执行主任:无

合作高校和机构:瑞典隆德大学(Lund University,Sweden)

为了推进浙江大学与隆德大学在创新与创业领域的战略合作,双方共同成立了创新与创业联合中心。联合中心本着促进互相学习、知识共享与创造、深化战略合作、增强传统友谊等合作目标,坚持多学科、多方法、多视角的合作原则;中心专注于开办联合教育项目,推进学生、学者互换交流,促进大学与企业、科技园区的合作,支持联合孵化企业,增进杭州与隆德两市之间的交流与合作,以及联合承办国际性学术研讨会等工作;学术合作主要涉及创新系统、创新政策、创新管理、创业管理、商业模式、产业升级与国际化等领域。

数据分析和管理国际研究中心(International Research Center for Data Analytics and Management)

成立时间:2016 年

研究方向:应用导向的大数据研究

中方主任:周伟华,管理学院副院长

外方主任:叶荫宇,美国斯坦福大学(Stanford University,USA)

该中心是 2016 年正式组建的校级跨学科研究机构。中心综合了管理科学与工程、计算机科学与技术、控制科学与工程、医学、市场营销等多个学科的师资队伍,聚焦于应用导向的大数据研究。

研究中心设立了 5 个专业研究所:数据驱动决策研究所、数据营销研究所、数据治理研究所、智慧医疗研究所、数据分析和可视化研究所。

研究中已经建立了广泛的国际合作研究网络,包括来自美国斯坦福大学、麻省理工学院、南加州大学、加拿大多伦多大学等机构的研究者,同时也有大量深入合作的企业伙伴,包括 IBM、阿里研究院、个推、铜板街等。

(本部分内容由学科与科研中心提供)

国际合作项目

2011—2018 年,浙江大学管理学院与境外大学签订交流合作协议 24 项,内容涉及学生交换、学生联合培养、双学位项目、合作研究等。

表 13-1　浙江大学管理学院国际合作项目一览

序号	协议方	协议内容	签订日期	协议名
1	荷兰蒂尔堡大学（Tilburg University, The Netherlands）	Double Degree Programs at Master Level	2018-01-16	Tilburg Master Program
2	美国夏威夷大学马诺阿分校（University of Hawaii at Manoa, USA）	"3+2" 本硕连读项目（旅游系）	2015-08-09	浙江大学与夏威夷大学马诺阿分校"3+2"本硕连读项目协议
3	英国萨里大学酒店与旅游管理学院（School of Hospitality and Tourism Management, The University of Surrey, UK）	本硕连读"3+1"项目，旅游管理系的优秀本科生在 3 年内完成本科学习，然后赴萨里大学酒店与旅游管理学院进行 1 年的硕士学习，4 年时间内同时获得浙江大学的本科学位和萨里大学的硕士学位	2015-10-07	Agreement between Zhejiang University (Department of Tourism Management) and The University of Surrey (School of Hospitality and Tourism Management)
4	美国杜兰大学弗里曼商学院（A. B. Freeman School of Business, Tulane University, USA）	"4+1"（Tulane's MACCT），Double Degree（MPAcc）	2015-04-23	Memorandum of Understanding for Student Exchange and Academic Collaboration between School of Management, Zhejiang University Hangzhou, The People's Republic of China and A. B. Freeman School of Business, Tulane University New Orleans, The United States of America

续表

序号	协议方	协议内容	签订日期	协议名
5	BI 挪威商学院 (BI Norwegian Business School, Norway)	博士生联合培养	2015-01-13	Memorandum of Understanding for Student Exchange and Academic Collaboration between Zhejiang University, School of Management Hangzhou, China and BI Norwegian Business School Oslo, Norway
6	瑞典哥德堡大学商业、经济与法律学院 (School of Business, Economics and Law, University of Gothenburg, Sweden)	Master of Science in Logistics and Transport Management offered by Gothenburg & Master of Science in Management offered by ZJU	2014-10-27	Memorandom of Understanding Between School of Business, Economics and Law, University of Gothenburg, Gothenburg, Sweden and School of Management, Zhejiang University Hangzhou, China
7	香港大学 (University of Hong Kong)	Finance EMBA 双学位	2014-09-26	浙江大学与香港大学合作举办高级管理人员工商管理硕士学位(EMBA)教育项目协议
8	香港理工大学工商管理学院物流及航运学系 (Department of Logistics & Maritime Studies, Faculty of Business, The Hong Kong Polytechnic University, Hong Kong)	联合举办博士学位课程	2014-08-20	“浙江大学——香港理工大学航运及物流管理国际研究中心”合作协议书

续表

序号	协议方	协议内容	签订日期	协议名
9	QTEM合作网络	QTEM network	2014-06-25	Addendum to The QTEM Cooperation Agreement
10	新加坡国立大学（School of Computing, National University of Singapore）	博士生联合培养	2014-06-10	National University of Singapore acting through its School of Computing and Zhejiang University acting through its School of Management Memorandum of Understanding
11	英国利兹大学（Leeds University Business School, UK）	博士生联合培养	2014-02-14	Memorandum of Collaboration between Zhejiang University School of Management Hangzhou, People's Republic of China and Leeds University Business School Leeds, United Kingdom
12	法国里昂商学院，美国普渡大学克兰纳特商学院（Emlyon Business School, France Krannert School of Management, Purdue University, USA）	GEP	2014-01-14	Letter of Agreement to confer a Master Degree among Emlyon Business School (France) and Purdue University (USA) Krannert School of Management and Zhejiang University (China) School of Management

续表

序号	协议方	协议内容	签订日期	协议名
13	荷兰格罗宁根大学 经济与商学院（Faculty of Economics & Business, Graduate School SoM, The University of Groningen, The Netherlands）	博士生联合培养	2012-11-16	Basic Agreement for Co-operation between Zhejiang University, School of Management and The University of Groningen Faculty of Economics and Business Graduate School, SoM
14	瑞典隆德大学工程学院、经济管理学院（Faculty of Engineering LTH & School of Economics and Management, Lund University, Sweden）	iMDE	2012-05-11	Agreement on Educational Collaboration between Lund University Faculty of Engineering LTH and Lund University School of Economics and Management and Zhejiang University School of Management, Zhejiang University Department of Control Science and Engineering, Zhejiang University Department of Industrial Design, Zhejiang University International College

续表

序号	协议方	协议内容	签订日期	协议名
15	加拿大麦吉尔大学德索特管理学院 (Desautels Faculty of Management, Mc GILL University, Canada)	GMM	2012-05-07	Terms of Agreement between Desautels Faculty of Management of McGill University and School of Management of Zhejiang University relating to the intended provision of Global Manufacturing Management (GMM) Program in China
16	美国普渡大学克兰纳特商学院 法国里昂商学院 (Krannert School of Business, Purdue University, USAEmlyon Business School, France)	Global Entrepreneurship Program	2012-03-29	Letter of Agreement between Emlyon Business School, France and Zhejiang University School of Management, China and Krannert School of Management, Purdue University, USA
17	美国杜兰大学弗里曼商学院 (A. B. Freeman School of Business, Tulane University, USA)	Collaborative master's degree or double degree	2012-03-02	Memorandum of Understanding between School of Management Zhejiang University Hangzhou China and A. B. Freeman School of Business Tulane University, New Orleans United States of America
18	法国里昂商学院 (Emlyon Business School, France)	MBA Program in Luxury Business Management	2012-02-25	Memorandum of Understanding between Emlyon Business School, France and Zhejiang University, China

续表

序号	协议方	协议内容	签订日期	协议名
19	美国杜兰大学弗里曼商学院（A. B. Freeman school of Business, Tulane University, USA）	Master of Finance Master of Accounting	2011-12-25	Tulane University-Zhejiang University Graduate Degree Program Cooperation Memorandum of Understanding
20	麻省理工学院斯隆管理学院（Sloan School of Management, Massachusetts Institute of Technology）	MIT Regional Entrepreneurship Program Pilot	2011-11-21	Letter of Agreement for Participation by Zhejiang University in the MIT Regional Entrepreneurship Acceleration Program Pilot
21	香港理工大学酒店和旅游业管理学院（The Hong Kong Polytechnic University School of Hotel and Tourism Management）	合作开展国内酒店及旅游管理领域的科学研究 博士联合培养 兼职教授聘请	2011-05-11	浙江大学管理学院与香港理工大学酒店及旅游业管理学院合作事项备忘录
22	法国巴黎 HEC 商学院（HEC School of Management Paris, France）	A Degree Executive MBA（EMBA）Program	2011-04-22	Cooperation Agreement Related to the Development of a Degree Executive MBA（EMBA）Program between Zhejiang University and Ecole de Hautes Etudes Commerciales de Paris（or HEC School of Management）

续表

序号	协议方	协议内容	签订日期	协议名
23	法国里昂商学院 (Emlyon Business School, France)	Global Entrepreneurship Program World Entrepreneurship Forum Joint Program in Luxury Management Joint Program in Hospitality Management Other Joint Education and Research Activities	2011-01-22	Strategic Cooperation Frame Agreement between School of Management Zhejiang University Hangzhou, China and EMLYON Business School Lyon, France
24	印度管理学院 美国马里兰大学史密斯商学院 (Indian Institute of Management, India Robert H. Smith School of Business, University of Maryland, USA)	Joint Executive Certificate Program	2011-01-03	Memorandum of Understanding between Institution A: Indian Institute of Management-Bangalore, Institute B: Robert H. Smith School of Business, University of Maryland, Institution C: School of Management, Zhejiang University

（内容由管理学院国际合作与认证中心提供）

主办国际会议

表 13-2　浙江大学管理学院主办会议

序号	会议名称	简介
1	世界创业论坛(WEnF) World Entrepreneurship Forum	2015 年 10 月 19 至 22 日,第八届世界创业论坛首次在中国举办全球年会。本次论坛由浙江大学主办、杭州市政府合办、浙江大学管理学院承办,以"创业国际化:全球联动、创新机会"为主题。200 多位来自 20 多个国家的国外创业者、投资人和创业组织代表,超过 400 位国内创业者,40 多家国家知名创投机构代表,20 多家国外媒体、30 多家国内媒体到场。首次在中国召开的"世界创业论坛"全球年会,规模远超往届,并获"第十七届中国杭州西湖国际博览会最具国际化奖" 世界创业论坛创建成员包括法国里昂市政府、里昂商学院、法国毕马威,新加坡创业促进会、南洋理工大学和浙江大学管理学院(浙江大学、杭州市政府后增补为创始理事成员)。论坛旨在联合全世界来自经济、社会、政治和学术领域的工作者,为他们提供一个共同交流、分享创业的平台从而促进企业家精神和社会公正
2	全球化制造与中国国际研究会(GMC) International Symposium on Global Manufacturing and China	GMC 国际会议从 2005 年开始,每年轮流在浙江大学和剑桥大学举办,是制造管理领域的国际盛会

续表

序号	会议名称	简介
3	技术与创新管理国际研讨会(ISMOT) International Symposium on Management of Technology	ISMOT 国际学术会议从 1995 年开始，每 2 年在浙江大学举办 1 次，是创新管理领域的国际盛会，现已成为我国技术创新与技术管理领域中最具规模和水平，并在国际上较有影响的重要国际性学术盛会之一
4	战略人力资源与创业管理国际研讨会(SHRE) International Conference of Strategic Human Resources and Entrepreneurship	该学术会议由浙江大学全球创业研究中心主办，自 2003 年以来每年举办 1 次，在人力资源与创业研究领域具有很强的国际影响力
5	神经管理学和神经经济学国际研讨会 International Conference on Neuromanagement and Neuroeconomics	该研讨会由浙江大学管理学院神经管理实验室主办，是神经管理学和神经经济学领域的重要学术活动，自 2008 年来每 2 年在浙江大学举行 1 次
6	创业与家族企业国际研讨会 International Symposium on Entrepreneurship and Family Business	该研讨会从 2005 年开始每年举办 1 届，是国内创业与家族企业领域影响最大、举办届数最多，也最具国际影响力的学术研讨会之一。自 2008 年开始同时举行国际家族企业论坛
7	战略管理学者高端论坛 Strategic Management Forum	该论坛立足战略管理理论前沿动态，面向中国企业战略管理趋势，围绕企业全球化、创新战略、“互联网+”等特色主题，汇聚世界顶尖华人战略管理学者智慧，贡献战略管理理论新知，指导企业战略管理实践，打造每年度的中国战略管理思维盛宴

续表

序号	会议名称	简介
8	国际顾问委员会会议 International Advisory Board Meeting	浙江大学管理学院国际顾问委员会是由具有国际声誉和地位的资深人士组成的内部咨询机构,协助学院增进对全球教育、经济、科技形式的了解,并为学院制定整体战略与政策提供咨询。 2014—2018年,国际顾问委员会共召开5次会议,专家学者齐聚一堂,探讨新时代下企业、高校乃至中国经济的生存之道

(内容由管理学院国际合作与认证中心提供)

第十四章
社会服务成果

企业发展经营辅助决策系统的研发

20 世纪 70 年代末到 80 年代初，杭州大学数学系教师谢庭藩、谢敦礼和杭州化工学校教师沈祖志跟随著名数学家华罗庚在浙江、四川、安徽等地企业，并受华罗庚教授委托在河南省安阳市推广优选法、统筹法，运用数学建模、数据分析等方法为企业生产和工艺优化，大型工程建设网络计划优化做了大量的工作，取得了显著的成绩。

1983 年末，受浙江省薛驹省长委派，三位老师到浙江炼油厂，运用现代数学方法和计算机技术帮助企业优化生产计划和大化肥工程建设项目的网络计划，显著提高了企业的经济效益，并为大化肥工程按期竣工提供了保障。次年，浙江炼油厂受到了国家计委的表彰和奖励（每位职工按在炼油厂工作的年数 n，得到 n 个月工资的奖励，这在当时是破天荒的），浙江炼油厂为了感谢老师们的工作，不仅拨给了一笔科研经费，而且将每月提供杭州大学 3 吨平价液化气列入国家计划（直到四校合并以后），改善了杭州大学 200 余位教职工的生活条件。该项成果获得了 1985 年浙江省科技进步二等奖。

自1987年以来,决策优化研究所从事决策科学和最优化科学的理论、方法、技术和应用研究,特别是创造性地运用现代决策科学的理论、方法和技术,完成了一批政府和化工企业、热电行业等部门和企业的决策理论和方法的研究工作,并付诸应用,为部门和企业的社会发展和经济建设做出了一定的贡献。

防洪减灾计算机辅助专家决策系统

"防洪减灾计算机辅助专家决策系统"是国家"八五"重点科技攻关项目(合同编号:85-925-09-04),由杭州大学决策优化研究所,浙江大学计算机学院,浙江省防汛防旱指挥部办公室和诸暨市水电局共同完成。

该项目以浦阳江流域为对象,建立了以知识处理为中心的智能性决策支持系统,能根据气象,水文的实测和预报信息,制定防洪水利工程(水库、滞洪区等)调度,抢险救灾的决策方案,并对各方案做出模拟、解释和风险评估。系统建立了包括知识库、模型库,知识获取推理及方案解释三个子系统。知识库存储了水利专家和决策者的知识和经验,水文学、系统动力学的基本原理,规则和决策理论。数据库保存水文、气象、水利工程设施及流域范围内的社会、经济等方面的信息。模型库存放了自行研发的流域动态仿真模型,水库群及滞洪工程洪水调度模型等。同时建立了基于水利调度知识的流域动态仿真模型,洪水调度模型的推理决策子系统,提供方案可信度和辅助决策者方案选择的方案解释子系统。该系统操作简便,已在实际工作中使用,取得了较好的效果。

CIMS和ZRCC-CIMS应用示范工程

"国家高技术研究发展计划(863计划)-CIMS应用示范工程"在浙江省内共有15个大型或重点企业应用示范项目。其中"杭氧集团CIMS应用示范工程"(合同号:863-511-810-021)由杭州大学决策优化研究所、浙江大学计算机学院、浙江大学机械工程学院和杭州制氧机集团有限公司共同完成。"ZRCC-CIMS应用示范工程"(合同号:863-511-910-022)由杭州大学决策优化研究所、浙江大学化工系和镇海炼油化工股份有限公司共同完成。

"杭氧集团CIMS应用示范工程"以项目管理为主线,以市场分析与产品报价为前导,实现了成套产品从争取客户订单到完成技术准备、生产制造、发货和资金回笼全过程的信息集成。空分行业产品复杂、生产周期长、技术要求高,杭氧集团通过率先在国内同行中实施 CIMS 工程,极大地缩短了成套空分设备的技术准备周期、报价周期和生产周期,增加了公司的订货额和资金回笼额,取得了明显的经济效益。

通过"ZRCC-CIMS 应用示范工程"的实施,完成了镇海炼化公司各 MIS 子系统和生产装置区、油罐区的实时数据采集的信息集成,使公司的经营和生产控制过程成为一个有机的整体,逐步实现全公司的决策科学化、管理高效化和控制最优化,从而使企业经济效益不断提高和企业竞争能力不断增强。镇海炼化公司在"十五"期间的 ERP 项目和数据仓库项目仍旧由研究所(此时研究所已改名为浙江大学决策优化研究所)主体负责承担。

关于计算机信息管理系统和辅助决策系统的项目

与杭州化工学校合作建立的《杭州炼油厂石油炼制和经营计划优化》数学模型和编制应用软件,提出了一批计划优化方案,供领导决策,效益较佳。《宁波造漆厂生产经营计划优化》的数学模型和软件系统,通过逐次人机对话,给出便于实施的优化的月生产经营计划,对压缩库存,加速资金周转起了积极的促进作用。在此基础上,开发了《造漆厂产供销管理信息系统》,在《金华造漆厂生产经营计划优化》上推广、扩充和完善。《浙江涤纶厂生产作业计划优化和计算机管理》把计算机技术和数学优化技术直接用于指导生产、管理和作业计划,优化企业的生产和销售结构,提高企业的经济效益和现代化管理水平。

市场产品生产是动态概念,计划如何适应生产变化发展,特别是在品种规格不断更新的情况下,"企业计算机优化管理"课题就是提供多品种多规格计划决策来指导生产,特别为企业领导和有关决策层管理干部提供比较方案起着积极的指导作用。宁波造漆厂《涂料产品配方优化》、更楼化工厂《生产回流工艺及量本利分利分析优化》,浙江桐庐农药总厂《发酵工艺优化控制》,"生产工艺的优化"课题通过对生产工艺参数及过程的优化来提高产品品质,降低消耗,增加产品收得率,达到提高经济效益的目的。

《杭州热电厂运行优化》《杭电化集团公司生产、经营决策支持系统》《巨化集团公司生产、经营决策支持系统》《镇海炼化股份有限公司生产调度辅助决策系统》《安庆石化总厂进口原油加工经营决策支持系统》等决策支持系统(DSS)为企业生产经营优化提到一个新的高度。《衢州市经济与社会发展战略研究》为政府部门层面服务，为地区的社会发展和经济建设服务。浙江省轻工业品进出口公司、镇海炼化股份有限公司、宁波华侨饭店、台州椒江大酒店等的管理信息系统(MIS)为企业现代化管理做出了贡献。

（撰稿人：谢敦礼、邓明荣）

三峡工程的数学模型论证

三峡工程属于"国内第一"，"世界少有"的超大型多功能枢纽工程。由于牵涉到大量事关国计民生的重要问题，工程建设引起了较为激烈的争议。专家们争议最大、意见最不统一的，就是三峡工程巨额投资会不会引起恶性通货膨胀，会不会严重影响我国国民经济的发展和居民生活水平的提高。

1986 年 6 月《中共中央、国务院关于长江三峡工程论证有关问题的通知》(中发〔1986〕15 号，简称 15 号文)中指出，三峡工程在建设的前 12 年只有投入而没有产出，是否会因此影响 2000 年国民经济发展战略目标的实现，需要从国民经济宏观范围做进一步研究。为此，学院马庆国教授受聘任长江三峡工程综合经济评价专题论证专家组专家，和航空航天工业部 710 所分别受三峡工程论证经济专家组

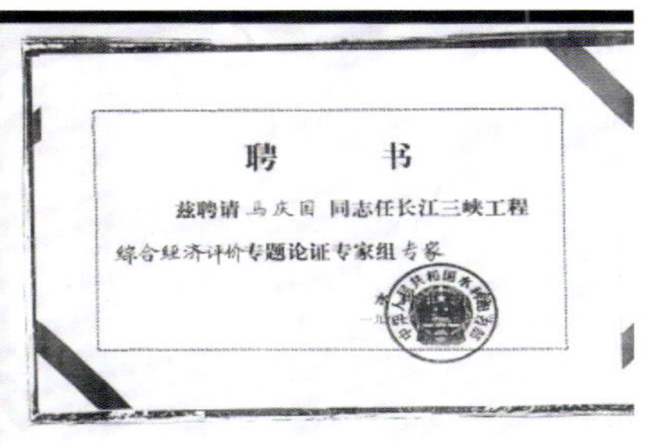
聘　书

兹聘请 马庆国 同志任长江三峡工程综合经济评价专题论证专家组专家

马庆国教授被聘为三峡工程综合经济评价专题论证专家

委托，在宏观国民经济范围内，用数学模型对此问题进行了深入研究。

以马庆国教授为首的浙江大学软科学研究所，和710所分别独立地用自己的方法研究这个问题，并在研究中互不通气。尽管两家的研究方法不同（710所用的是以控制论为基础的模拟模型，本所用的是改进的经济计量模型——变系数方程模型），并且采用的数据来源不同，但是最终的结果却非常接近。

本所解决了诸如“投资进入模型的接口问题”“变系数方法的发展”等学术问题，创造性地建立了经济计量学—控制论—系统动态学混成模型，系统分析并研究了三峡工程投资对国民经济以及通货膨胀率的影响，不同的资金来源对国民经济的不同影响，缓上三峡工程的代价等重大问题，撰写出《三峡工程上马对国民经济的影响与上马时机分析》系列研究报告。研究结果表明：三峡工程投资并没有超出国力承受范围，不会影响我国GNP在2000年翻两番目标的实现。相反，巨大的电力供应将对中国经济发展起到重要作用，甚至在生态方面也有非常重要的正面意义，如果不建设三峡水库而用火电供应同等的电力，就要建煤矿，要年年采煤、运煤，不仅费用巨大，而且烧煤对环境的污染严重（研究中计算了相应的烟尘、二氧化硫、酸雨、致癌物等数量），指出缓上三峡工程则要付出沉重的代价。

马庆国教授关于三峡工程的数学模型论证的综述性论文《缓上三峡工程的代价》刊登在1992年3月版的《科技导报》上。文章针对某些学者反对或主张缓上三峡工程的意见，辩证地分析了三峡工程在经济、生态环境方面的积极作用，计算了三峡工程投资总额随开工时间的递增关系，指出如果不能尽早上马，三峡工程将面临被“放弃”的危险。这项研究成果，对于三峡工程的可行性研究、资金筹措、工程开工时机的选择等关键性问题具有重要的参考价值，引起了很大的反响。至今，三峡大坝参观点介绍三峡工程在生态方面的正面作用时，基本上还是采用本所计算的数据。

在中国长江三峡工程的论证中，论证专家领导小组采用了此项研究成果。1990年7月，潘家铮院士（论证专家组副组长，组长为钱正英院士）在给国务院汇报三峡工程论证结果的正文中，汇报了两个研究单位的成果，一个是航天部710所的论证结果，一个是浙江大学软科学研究所的研究成果。

关于三峡工程论证情况的汇报

潘　家　铮

(1990 年 7 月 6 日)

我受三峡工程论证领导小组的委托，向国务院作关于三峡工程论证情况的汇报。1986 年 6 月《中共中央、国务院关于长江三峡

三峡工程投资大，工期长，建设的前十二年只有投入而没有产出，它是否因此会影响 2000 年国民经济发展战略目标的实现，需要从国民经济宏观范围作进一步研究。为此，综合经济专家组委托航空航天工业部 710 所和浙江大学软科学研究所用数学模型进行了分析测算。两组数学模型采用的数据和方法虽不相同，所得结果的总的概念是一致的

民经济发展战略目

2000 年以后的国民

三峡工程论证汇报会名单

(1990 年 7 月 6 日至 13 日)

一、党和国家领导人（23人）

国务院总理、副总理、国务委员、秘书长：

李鹏、姚依林、田纪云、吴学谦、李铁映、秦基伟、王丙乾、宋健、王芳（不在京）、邹家华、李贵鲜、陈希同、陈俊生、罗

1990 年潘家铮院士给国务院的汇报材料

1995 年，因三峡工程的研究成果对国家决策起到了重要的参考作用，马庆国教授所撰写的《三峡工程投资对我国国民经济影响研究》获得国家教委首届高校人文、社会科学优秀成果经济学二等奖。

（撰稿人：周春慧）

本土化、中国式质量机能展开(QFD)的理论和应用

21 世纪初，中国企业从模仿产品开发模式向自主创新开发模式转变，但新产品如何契合顾客需求，开发过程中如何把控质量，确保产品的设计质量等成为难题。浙江大学管理学院熊伟师从世界质量管理大师、质量功能展开(QFD)理论创始人赤尾洋二教授，成为 QFD 方向第一个博士之后，于 2003 年底回国，致力于 QFD 的研究和推广，并结合中国传统文化和国内企业实践探索出本土化中国式

QFD 理论与方法，逐渐成为定量实现顾客满意和产品创新，打造企业核心竞争力的最重要工具之一，受到国内诸多企业的关注，并在数十家著名企业应用，取得显著经济和社会效益。同时，积极服务国家质量战略和浙江省地方质量发展，担任国家和数十省市政府质量奖评审组长，政府质量工作评审专家，为“质量强国/省/市”提供理论支撑，成为政府和企业在质量发展方面的思想智囊和决策咨询中心，成果多次受到国务院领导和省长的批示。

2004 年熊伟教授与杭州东忠软件公司合作横向课题，首次将 QFD 应用于软件开发项目，取得了明显的效果，公司所承接的软件外包项目质量逐年上升，产品的外部缺陷率从 2002 年的 2.3 个/千行，下降到了 2005 年的 0.67 个/千行；顾客满意度的优良率则从 2000 年的 33%，上升到了 2005 年的 92%，成果《外包软件质量保证技术及其支持平台》获得 2006 年中国质量协会质量技术奖一等奖，并归纳出版专著《软件质量管理新模式》（熊伟、丁伟儒著，中国标准出版社 2008 年版），推动了软件行业的质量提升。2007 年将 QFD 技术应用于中国兵器工业部 70 所的军用车辆发动机概念设计中；2007 年在深圳万科房地产应用 QFD 开展装修房产品质量控制，并形成质量管理规范标准；2008 年将 QFD 应用于浙江电信的转型业务支撑网络服务质量改进，打造面向客户的网络支撑服务模式；2008 年在中国巨石集团集成 QFD、TRIZ 与 DOE 开展管道纱项目开发，使研发周期缩短为类似项目的 1/3，年度累计收益 2400 万元。2009 年在海马汽车公司应用 QFD 提升公司产品创新能力；2012 年针对宁杭高铁完成基于 QFD & FMEA 的铁路客运专线四电工程质量安全风险控制项目，成果获铁路系统科技进步三等奖；2016 年开始连续 4 年在方太厨具有限公司应用 QFD 开展系统化创新项目，打造竞争力超越海外的油烟机等厨具产品；2016 年在振华重工有限公司实践 QFD 系统创新方法，提升海工产品设计质量，支撑该企业获得第二届中国质量奖；2017 年在中国中车株机以 QFD 创新为核心打造轨道交通产品质量管控模式，支撑该企业获得第三届中国质量奖提名奖；2018 年在潍柴动力股份有限公司应用 QFD 提升设计开发质量与可靠性，探索出顾客满意的系统实现方法，归纳成专著出版，并支撑该企业获得第三届中国质量奖；其他还有海尔、TCL、东阳医院、横店集团、杭氧股份、中国铁建等数十家企业的 QFD 应用项目。另外，在浙江省质量技术监督局的支持下，熊伟团队辅导浙江省数十家企业应用 QFD 并获得“浙江省质量创新项目”的资助，2014—2019 年每年一期为浙江省质量技术监督局举办的“浙江制造”训练营中，指导数百家企业应用了 QFD 方法。将在汽车、机械、电器、生物、药品、医院、房地产、软件、玻璃纤维、教育、餐饮、旅游等领域的QFD应用案例和熊伟团队的研究成果总结成QFD系列出版物，作为中国质量协会卓越质量丛书，出版《质量机能展开》（熊伟著，化学工业出版社2005年版），《质量功能展开——从理论到实践》（熊伟著，科学出版社2009年版），《质量功能展开——理论与方法》（熊伟著，科学出版社2013年版）系列三本QFD专著，又分别从研发质量、质量创新、顾客满意三个视角，出版《设计开发质量管理》（熊伟、苏秦著，中国人民大学出版社2013年版），《质量创新——基于质量功能展开的系统方法》（熊伟著，中国质检出版社2015年版），《顾客满意定量实现方法》（谭旭光、熊伟著，科学出版社2018年版）。这6本专著已经成为中国几乎所有QFD研究和实践的参考书。

浙江大学管理学院高度重视质量学科发展，2009年在熊伟教授团队基础上设立院级质量与绩效管理研究所，2014年1月重组升格为集科学研究、人才培养、咨询服务为一体的跨学科校级质量研究中心。为了进一步推广QFD，中心举办了2008年第十四届国际质量功能展开研讨会、2011年中国QFD与创新论坛、2015年第二十一届国际质量功能展开研讨会（浙大紫金港）、2016年首届亚洲质量功能展开与创新研讨会、2017年第二届亚洲质量功能展开与创新研讨会、2018年第三届亚洲质量功能展开与创新研讨会等，每年举办的系列国际会议，又将中国QFD研究与实践推上了新的高度，该系列研讨会已成为国际QFD领域规模最大、水平最高的交流平台。熊伟教授为中国质量协会（数十场QFD及设计开发质量管理培训班）、深圳市质量协会、珠海质量协会等协会讲授QFD公开课，应邀为香港第十二届品质大会、2012全日本质量与标准化大会等作专题报告数十场。为中国航天、中航工业、中船重工、中国兵器、中国商飞、中国电信、第一汽车、东风神龙汽车、海马汽车、海尔集团、海信集团、美的集团、TCL集团、潍柴动力、比亚迪、徐工集团、鞍山钢铁、万科房地产、云南烟草、娃哈哈、横店集团、金蝶软件、福建电力、英博啤酒、正泰电器等数百十家大型企业提供QFD培训和咨询。

所有这些工作都对QFD在中国的普及和应用起到积极作用，QFD已在中国各界引起了广泛的重视。中国质量协会于2005年3月组织成立了全国QFD研究会（熊伟教授任副主任），熊伟教授作为创始成员设立的亚洲质量功能展开协会（AQFDA）为QFD理论的本土化，以及进一步推动中国QFD的理论研究和实践提供了平台。随着对QFD理论认识的不断的加深，同时客户意识、科学管理意识在企业家的心目中不断觉醒，QFD技术在中国各界引起了越来越广泛的重视，我们可以看到QFD理论在中国应用的美好前景。熊伟教授也因QFD研究和实践成绩卓著被授予 2017 年度国际质量大奖赤尾奖，这是国际质量组织 International Council for Quality Function Deployment (ICQFD)，自该奖 1996 年设立以来首次颁发给华人学者。赤尾奖是国际质量管理领域最重要的奖项之一，在全球质量界拥有极大影响力，22 年来有日本、美国、德国、英国、意大利、瑞典、瑞士、澳大利亚、土耳其、墨西哥等国家的专家学者获得过该奖，其中包含美国著名运筹学家、AHP(层次分析法)创始人、美国国家工程院院士萨蒂(T. L. Saaty)教授，以及多个国家的科学院院士。

此外，质量团队积极服务国家质量战略，连续承担国家质量监督检验检疫总局、国家认证认可委员会"十三五"重大课题研究等，参与国家质量管理与质量保证技术委员会，帮助提炼质量管理创新实践的成果，并上升为国家标准。熊伟教授作为核心成员参与中国质量协会全国企业质量管理现状调查研究，研究成果获得国务院领导批示，质量团队关于高质量发展的政策建议刊登于《人民日报》《光明日报》等。

同时积极服务地方政府质量发展，浙江省委、省政府联动推进标准强省、质量强省、品牌强省战略，在全国率先推出了"品字标浙江制造"品牌建设的制度体系，熊伟教授担任"品字标浙江制造"标准审评组长，2014 年起每年一期为政府举办"浙江制造"品牌培育训练营，并出版《浙江制造品牌创新——标准解读与实施指南》(熊伟等，中国质检出版社 2015 年版)，此外，连续多年为浙江省质量技术监督局开展卓越绩效模式实施效果实证研究，中国质量奖创新方法研究推广，浙江省质量创新方法调查研究等，关于质量奖的政策建议受到省长袁家军、副省长王文序的批示。

熊伟教授等担任中国国家质量奖，浙江省、江苏省、安徽省、山东省、云南省、山西省、上海市、重庆市、南京市、无锡市、常州市、宁波市、温州市、丽水市、金华市、台州市、嘉兴市、杭州市等数十省市政府质量奖评审组长。为浙江省、深圳市质量技术监督局，温州市质量强市领导小组，丽水市质量技术监督局，湖州市政府、洞头县政府、嘉兴开发区、金华开发区等地方政府部门开展讲座，及各类质量大讲堂等公益演讲百余场。

浙大质量团队多年的社会服务助力企业高质量竞争力提升，也为"质量强国/省/市"战略和高质量发展提供了支撑。

（撰稿人：熊伟）

房地产研究——为浙江房地产业献计献策

在20世纪90年代，随着改革开放不断深入，我国城镇土地制度和住房制度进入市场化发展轨道，房地产业应运而生。30年来，房地产业在城市化进程中发挥了不可替代的推动作用，成为经济增长和社会财富积累的重要依托。浙江大学房地产研究中心按照“学术服务社会，研究创造价值”的宗旨，依托交叉学科优势，通过人才培养和科学研究，持续不断地为浙江房地产业发展提供了一系列专业化服务。

1995年10月，针对政府和企业急需房地产管理人才的现状，浙江大学工商管理学院与浙江省建设厅合作，开设了管理工程专业“城市建设与管理”研究生课程进修班，30多位城市建设系统政府官员、房地产开发企业经理参加了学习，为浙江省培育了第一批高层次房地产专业人才。

1997年8月，杭州市在国内率先成立了土地储备中心，并由市土管局与浙江大学房地产研究中心合作开展课题研究，系统探索土地储备制度的理论与实践，研究成果《城市土地储备制度：理论、实践、政策》一书，2001年由浙江大学出版社出版，成为第一本系统研究中国城市土地储备制度的著作。实践探索和理论研究紧密结合，使得杭州土地储备制度建设成果和经验得到肯定，原国土资源部在杭州举办了全国市长研讨班，引起了强烈反响。1999年6月，原国土资源部以内部通报形式转发《杭州市土地储备实施办法》，向全国推广杭州开展土地储备的经验和做法，产生了巨大的社会经济效应。到2001年4月，《国务院关于加强国有土地资产管理的通知》明确要求，有条件的地方政府要试行土地收购储备制度。从此，众多城市纷纷成立土地储备机构，土地储备工作在全国迅速展开，成为近20年城市土地使用制度的基本模式。站在今天，人们可能更关注土地储备制度导致地方政府垄断商业性土地供应带来的弊端，但回望20年前，这却是一项有效实现国有土地资源市场价值、利国利民的“阳光工程”，对中国特色的“政府主导、大规模、快速城市化模式”做出了历史性贡献。资料显示，2018年全国土地出让收入高达6.5万亿元，杭州市土地出让收入达到2500亿元，位居各城市首位，土地收益成为城市建设和发展的最重要收入来源。

浙江房地产企业是浙商群体的重要组成部分，从20世纪90年代开始，就活跃在大江南北许多城市中。到2000年，在停止福利性实物分房、加快公房出售和上市交易、发展房地产金融等改革措施推动下，浙江房地产市场出现了“供需两旺”的繁荣景象，全省有房地产开发企业1700多家，还有许多开发企业随着浙商群体活跃在全国各地，被称为房地产的“浙江现象”。

为了总结行业发展经验，促进企业健康成长，浙江省房地产业协会唐世定会长主持，在2002年委托浙江大学房地产研究中心等单位，合作开展了“浙江房地产业成长模式与演进趋势研究”，全面系统分析了浙江房地产业的发展历程，评估了行业现状和存在的主要问题，提出了完善法制、政策和舆论环境、加快国有房地产公司改制、促进民营房地产企业管理提升和品牌建设等对策建议，受到相关政府部门和房地产行业参与主体的积极响应，促进了浙江省房地行业理论提升、观念更新和模式创新。

2003年开始，浙江省房地产业协会长期委托浙江大学房地产研究中心，研究发布年度《浙江省房地产业发展报告》，至今已经过了15个年头。报告除了分析每年房地产在政策、资金、投资、开发、销售、价格、土地等方面的统计数据，还针对市场形势和动态，提出政策调控、投资开发、经营管理等方面的对策建议，供政府和企业决策参考。

“浙江现象”的背后也意味着一大批有竞争力的优秀本土企业的崛起，他们是浙江省房地产业发展的中流砥柱。2003年，浙江大学房地产研究中心与浙江省建设厅、浙江省房地产业协会、杭州市房屋建设开发总公司、浙江国信房地产集团等单位合作开展了“浙江省房地产开发企业核心竞争力研究”。课题组通过对浙江省11个城市30余家房地产企业的走访和问卷调查，运用因子分析总结了浙江省房地产企业的能力架构，发现组织管理能力、人力资源激励能力、营销能力、财务资源获取和运用能力、社会关系能力、企业家能力、管理团队建设能力、企业文化塑造能力、客户掌握能力、体制适应能力和成本控制能力等11种能力，共同构成房地产企业核心竞争力体系，为企业根据自身实际完善和提升核心竞争力提供了依据和方法。

于浙江房地产行业而言，2006年是一个重要时间节点。绿城房产上市不久，创始人宋卫平就提出，“现在绿城不过是个杭州冠军，下来要争取省冠军，将来还要参加全国比赛和国际比赛，必须了解竞争对手”。为此，由浙江省房地产业协会牵头，绿城房产与浙江大学房地产研究中心合作开展了“房地产上市公司案例比较研究”。课题组以万科、金地、绿城、中国海外、合生创展、富力、雅居乐、华润置地、碧桂园、世茂房地产、新鸿基、恒基兆业共12家房地产企业为研究对象，采用访谈、实地调研、专家研讨、资料查阅等方式，从企业文化、发展战略、治理模式、财务运作、土地储备、市场运作等角度进行了系统研究，并总结了对浙江省房地产企业的借鉴意义。课题成果通过省房协发布，标志着浙江房地产企业目光向外，系统学习外地开发企业经验的开始。

到2007年，浙江房地产市场与全国一样，进入了阶段性发展高潮，全省拥有3000余家房地产公司，其中既有绿城、滨江、金都等本土知名企业，也有万科、中海、保利等全国性开发企业，但大多数仍然是中小型民营房地产企业，行业内优胜劣汰和逐步整合将成为一种趋势。在激烈的市场竞争环境下，品牌在企业产品销售、产品溢价能力、合作伙伴选择等方面都开始发挥不可小觑的作用，消费者在选择产品时也对企业品牌建设提出了现实要求。在此背景下，浙江大学房地产研究中心与浙江省房地产业协会、金都房产集团有限公司联合开展了“房地产企业品牌价值形成机制及提升策略”研究，目的是针对房地产企业自身品牌建设和社会对房地产企业能够客观公正评价的实际需要，经过系统的科学研究，深刻理解房地产企业品牌的内涵和实质，揭示品牌价值的表现与要素，其形成与提升机制，提出提升房地产企业品牌价值的对策建议。课题研究工作和研究成果对浙江省房地产企业品牌价值的提升发挥了积极作用。

2008年下半年开始，在国际金融危机冲击下，房地产市场形势急转直下，一轮完整的房地产周期循环基本形成，为研究房地产周期波动和不同企业战略和经营模式的利弊优劣提供了难得机会和样本。鉴于此，浙江省房地产业协会牵头，浙江大学房地产研究中心与滨江房产合作，在2009年开展了“房地产市场周期波动中企业发展战略与经营策略比较研究”。课题在2006年房地产上市公司案例研究基础上，将案例公司范围扩大到16家，侧重对市场周期波动中不同企业的发展战略与经营策略进行比较研究，重点吸收借鉴海内外优秀房地产企业的成果经验，体现了浙江房地产企业直面竞争、走出浙江、开放性发展的姿态。成果发布和出版后，受到房地产企业的广泛关注和学习应用。

在积极开展政策研究和行业研究的同时，浙江大学房地产研究中心还长期跟踪企业实践，参与企业发展战略研究。从2005年开始，中心连续承担了杭房地产、东港集团“十一五”“十二五”“十三五”公司发展战略规划研究任务，研究成果在公司发展中得到应用，促进了公司持续健康发展。例如，2005年，舟山市普陀区委托浙江大学房地产研究中心开展“浙江省舟山东港开发有限公司战略规划研究”，课题组经过深入调查研究认为，东港新城地处普陀旅游金三角的中心，又即将成为普陀区新的行政中心，结合东港、普陀、临城、定海等区域特点和互动关系分析，东港新城应该打造成为“舟山旅游集散地，普陀佛国新地标”。据此进一步提出，东港集团以“沧海变桑塔，东港建新城”作为使命愿景，战略定位为“东港新城的发展运营商”，成果得到采纳和应用。经过十多年的开发建设，目前东港新城已经成为普陀现代化新城区，与沈家门渔港交相辉映，翻开了普陀城市发展新篇章。

（撰稿人：贾生华）

信息技术与经济社会系统研究

浙江大学信息技术与经济社会系统研究中心，近年来聚焦信息通信技术与经济社会变革为核心的管理科学问题研究，面向信息化国家战略需求，从复杂社会技术系统视角，聚焦互联网平台的资源配置与公共治理研究，构建宏观信息系统(Macro-IS)的理论体系，提出了新兴信息技术变革特征与市场演化规律。作为首席专家单位连续主持2项国家社科基金重大项目：“信息技术进步引发社会生产方式和生活方式深刻变革的机理与对策研究”和“信息网络技术对市场决定资源配置的影响与对策研究”；研究成果被全国哲学社会科学规划办公室刊发《成果要报》4篇，分别为：《以网络约车市场治理为突破口，推进“互联网＋公共服务”更好发展》《推进信息化与工业化深化融合的对策建议》《有效推进政府与民众网络互动的对策建议》《加强我国“微博”科学化管理的对策建议》。这些政策建议得到了中央领导同志和国家有关部门负责同志的重视。全国哲学社会科学规划办公室编发通报：“自觉关注现实问题，深入开展调查研究，努力推出高质量的学术研究成果，为国家社科基金更好地服务党和国家工作大局做出了贡献。”

中心主任刘渊教授作为浙江省电子商务专家组副组长，与阿里巴巴集团共建“浙江电子商务发展研究平台”，基于淘宝、天猫平台电子商务交易的大数据研发“全国跨地区网络交易监测平台”，以指导全国各省份电子商务健康发展。在“智慧浙江”建设中，研制了“浙江省物联网产业技术路线图”，提出了新兴产业发展、传统产业转型升级、社会管理与发展三大目标，形成了多目标多阶段的物联网技术路线图评价与预测体系。分管省长毛光烈批示，认为这个研究指导价值高，在全省“智慧城市”建设中起到了很好的战略引领与技术指导作用。研究成果在全省交通、医疗多个行业和地区得到推广应用，获 2013 年浙江省科学技术奖二等奖。

研究中心近年来重点围绕浙江省“数字经济”一号工程，进行积极探索和服务，主持完成《“十万企业上云”的实施路径和关键节点》成果，得到浙江省委书记车俊和分管副省长高兴夫的重要批示，被浙江省经信委采纳应用于《浙江省企业上云水平评估标准》文件，该标准已于 2017 年 10 月印发并执行，并被国家工信部全国推广应用。2018 年主持完成《加快对数字经济发展进行破题的建议》成果，得到浙江省省长袁家军、常务副省长冯飞和分管副省长高兴夫的重要批示，并被采纳应用于《浙江省国家数字经济示范省建设方案》，产生了重要的社会影响力。

（撰稿人：刘渊）